臺灣歷史與文化 研究輯刊

二三編

第 11 冊

知識、權力與台灣原住民教育
——以台東地區日據以來的教育實踐為例

張雪婷 著

花木蘭文化事業有限公司

國家圖書館出版品預行編目資料

知識、權力與台灣原住民教育——以台東地區日據以來的教育實踐為例／張雪婷 著 -- 初版 -- 新北市：花木蘭文化事業有限公司，2023〔民112〕

序 8+ 目 6+288 面；19×26 公分

（臺灣歷史與文化研究輯刊二三編；第 11 冊）

ISBN 978-626-344-203-0（精裝）

1.CST：臺灣原住民族 2.CST：原住民族教育

3.CST：教育發展 4.CST：臺東縣

733.08   111021719

ISBN-978-626-344-203-0

9 786263 442030

臺灣歷史與文化研究輯刊
二三編 第十一冊   ISBN：978-626-344-203-0

知識、權力與台灣原住民教育
——以台東地區日據以來的教育實踐為例

作　者	張雪婷
總編輯	杜潔祥
副總編輯	楊嘉樂
編輯主任	許郁翎
編　輯	張雅淋、潘玟靜　美術編輯　陳逸婷
出　版	花木蘭文化事業有限公司
發行人	高小娟
聯絡地址	235　新北市中和區中安街七二號十三樓
	電話：02-2923-1455／傳真：02-2923-1452
網　址	http://www.huamulan.tw 信箱 service@huamulans.com
印　刷	普羅文化出版廣告事業
初　版	2023 年 3 月
定　價	二三編 13 冊（精裝）新台幣 38,000 元

知識、權力與台灣原住民教育
——以台東地區日據以來的教育實踐為例

張雪婷 著

作者簡介

張雪婷（1991～），女，河南洛陽人，廈門大學民族學博士，現就任於重慶理工大學重慶知識產權學院社會工作系，講師。

提　　要

　　臺灣原住民自有其傳統教育文化，歷經荷據時期、明鄭統治時期、清領時期、日據時期以及光復後等不同的歷史時期，原住民教育也隨著統治政權的更迭而發生變遷。在各個歷史階段，原住民教育的性質、內容、範圍及成效有所不同。本研究聚焦於日據以來原住民教育的發展歷程，依據權力的更迭及社會的變遷，從日據時期、光復初期、20 世紀 80 年代至今三個歷史階段展開論述。在研究策略上，利用歷時與共時、宏觀與微觀、主位與客位相結合的研究方法，在人類學實地調查的基礎上，充分運用所能發現的文獻資料。研究表明，日據以來的臺灣原住民教育是知識與權力交互作用的體現。原住民教育的未來發展趨勢，端視於在知識與權力二者的交互關係中，民族自決和文化自覺的語境下，探討原住民自身的話語權及能動性。

總 序

董建輝

　　從日本殖民臺灣時期起，臺灣原住民族就有占主流的所謂「九族」之說。如今在南投縣的日月湖畔還有「九族文化村」，展示泰雅族、賽夏族、鄒族、布農族、卑南族、魯凱族、雅美族、阿美族及排灣族等九族的傳統文化（爾後又加入了邵族），特別是他們的民居建築。從 2000 年始直到 2014 年 6 月底，原民會已將原住民族擴展為 16 族，除已述及的邵族外，還包括從泰雅族中分化出來的太魯閣族和賽德克族，原先被稱作「南鄒」的拉阿魯哇族和卡那卡那富族，及長期「隱匿」於阿美族中的噶瑪蘭族和撒奇萊雅族。但從歷史的角度看，臺灣原住民族本來還應該包括那些「平埔人」，可惜從荷據時期起，他們就逐漸被漢化──早期應稱作「荷化」，以致最終失去其自身的語言和文化特徵。據研究，這些人至少包括西拉雅、馬卡道、凱達格蘭、道卡斯、巴則海、巴布拉、巴布薩、安雅等諸族群。

　　臺灣原住民族屬南島語族。考古資料顯示，他們從新石器時期晚期開始，就陸續移住於臺灣這個只有約 3.6 萬平方公里的島嶼上。其空間分佈遍及中央山脈、平原丘地及蘭嶼島，且以山地為主。雖同屬南島語族，但其內部多樣複雜，各族群的起源、語言、社會制度、風俗習慣乃至民族性格等都存在廣泛的異質性，甚至同一族群不同支系間也存在一定差別。僅以傳統社會制度論，原住民族就分為兩大類型，一種是具有階級性分層的首領（Chief）制社會，另一種則是強調平權及個人能力的大人物（Big man）制社會。前者以排灣族、魯凱族最為典型，它們有明顯而制度化的領袖，領袖地位多為世襲制；內部分貴族與平民，貴族享有土地所有權、蕃租徵收權等特權，平民狩獵、耕作所得均要繳交一部分給貴族階層。後者則以泰雅族、雅美族為典型，這類社會或根本

沒有正式的領袖，如雅美族；或雖有正式領袖，但通常由推舉產生，其地位也是榮譽和象徵性的，並無實際特權，如泰雅族。即使同為平權社會，各族群的社會組織亦不盡相同。如李亦園先生所指，阿美族社會存在基於年齡級組成的社會活動的基本單位，在親族組織、部落組織、年齡級組織、宗教信仰等方面都反映出某種程度的階序觀念。而泰雅族的社會組織則極為鬆懈，基於血族集團組成社會活動的基本單位，不存在階序的觀念。

造成這種多元異質的原因主要有兩個：其一，原住民各族群移民臺灣的時間先後不一，來源地也各不相同，因而帶來了多樣的原生型文化；其二，由於高山峽谷和深澗激流的阻隔，各族群間的互動有限，特別是在 17 世紀荷蘭殖民者到來之前，其社會生活長期局限在各自相對固定的空間範圍內，因此他們的異質文化得以長期保留。即便發生變遷，也基本遵循各自的文化邏輯運行，受外來影響的程度較小。由此而觀之，地理空間是形塑臺灣原住民族早期社會文化的最主要因素。臺灣特殊的地質條件和地理環境，加上極端性氣候如颱風、豪雨的影響，使得人群的往來移動極為不便，在幫助保留其文化獨特性的同時，也形塑了族群之間關係的基本樣貌。地理位置臨近的人群，可能因分享共同的空間資源（主要是河流）而結盟，也可能因爭奪有限的空間資源如森林、土地而衝突。他們甚至圍繞這些衝突的解決，發展出一套完整的糾紛解決機制——「馘首審」。

臺灣進入歷史時期後，漢人移民日趨增多，清治時已占臺灣人口的多數。原住民族的生存空間嚴重被壓縮，他們逐漸移往中東部多山地區，其間形成了多次波浪式的族群間擠壓效應。其中，原來居住在西部丘陵平原地帶的原住民大多被同化，失去自身的族群特徵，而「脫離」了原住民族，演化成臺灣島上除原住民和漢人之外的第三種人——「平埔族」，或者已然無跡可尋。但對原住民族社會文化及族群關係影響最大的莫過於外來統治力量的介入。在近 400 年的歷史時期中，臺灣先後經歷了荷西殖民統治（1624～1662 年）、明鄭政權統治（1624～1683 年）、清朝統治（1683～1895 年）、日本殖民統治（1895～1945）及光復後的國民黨政府統治（1945～2000 年）。2000 年以後則進入兩黨輪替執政階段。各個階段的統治策略不盡相同，但都對原住民族的社會文化和族群關係產生了巨大影響，最突出地表現在：原住民族的社會文化被顛覆性地改變，特別是作為其精神內核的祖靈信仰，被各種基督信仰取而代之；他們的居住和分佈格局均被強行改變，由此導致族群關係更趨複雜，其中又以日據時

期的「集團移住」政策影響為最巨。

　　由此可見，空間、時間與人群三者是理解原住民族群關係必須考慮的三個維度。其中，空間是最穩定的結構性因素，而時間則是最不穩定的。空間維度體現為山川河流給人群原初的遷徙流動造成阻礙，很大程度上限制了人群的交流與互動。同時，作為一種生存資源與族群記憶的載體，空間又在根本上形塑了族群之間的聯盟與衝突。時間維度則不僅包含通過考古遺址發現史前時期族群關係的生成與原生態樣貌，更體現為外來統治政權的更替如何重塑族群關係，這也是影響原住民族群關係最大的因素。人群維度體現在多元異質的族群之間及族群內部各支系之間，除了必須不斷地適應自然環境的挑戰之外，也必須面對和其他人群接觸之後的合作或競爭關係，更要被迫融入到外來勢力所構建的所謂「文明」社會的框架裡，因而形成具有區域性與歷史性特徵的人群互動關係。當然，這三個維度之間並非完全孤立，而是彼此關聯、互相影響。例如人群並不是完全被動的，而是與統治者之間存在某種互動，統治者也借由各種手段對空間進行某種程度的改造，從而影響族群關係。

　　從 2014 年開始，因為承擔國家社科基金重大項目「臺灣原住民族群關係研究」的原因，我的幾個博士生都致力於不同時期不同區域臺灣原住民族群關係的生成、演變及其內外影響因素的研究，試圖揭示其運行機制和內在邏輯，在加深對臺灣原住民族全面系統瞭解的同時，也助力相關研究的拓展。如果條件許可，我們還希望將來有機會對臺灣原住民族豐富而多彩的非物質文化遺產開展研究。是所期待。

廈門大學歷史與文化遺產學院　董建輝

2022 年 10 月

序

　　又是一個驕陽似火的夏天，我在重慶 40 度的高溫天氣裏，回想起去年五月在廈門大學進行博士畢業論文答辯時的場景還曆曆在目。

　　我出生在洛陽市區一個普通的家庭裏，我有愛我的父親、母親以及其他家人。母親為了我能從小就受到更好的教育，學前班之後便將我轉學至其他學區的學校就讀，這使得我童年似乎少了不少玩伴，但父親總是帶著我去野外釣魚、挖紅薯、捉知了、游泳、打羽毛球、逛公園、逛書店、做遊戲、看展覽、做手工、騎車和旅行，讓我的童年充滿了歡聲笑語。父親的「縱容」也讓我有些任性，只要是自己喜歡的，就一定會堅持下去。我的姥爺是高級工程師，他對我的影響並不僅僅只是為我補習小學數學這麼簡單，他讓我從小就懂得「磨刀不誤砍柴工」的人生哲理，時刻提點我夯實基礎以及要踏實做人做事。我是幸福和幸運的，能夠獲得親人們無限的愛與關懷。可以感知愛，便對整個世界充滿善意及感激。這也使得我對周圍的一切抱有強烈的好奇，也總有些天馬行空的想法。

　　似乎我在別人眼中是按部就班成為現在的「我」，但高考語文的意外低分、考研英語的一分之差和考博的曲折，表明我的求學之路並非一帆風順。在這些重要的時間節點，我可能與另一種人生失之交臂，但也正是因為這些事件的發生，才成就了在這個時間線上的「我」。我讀過了更多的書，走過了更多的路，遇到了更多的人，這些都在我的生命裏留下不可磨滅的印記。

　　在人類學、民族學的知識世界，帶我入門的是我的本科導師毛偉老師。從什麼都不懂的「新手小白」，變成了師弟師妹口中「優秀的師姐」，這一路走

來，首先要感謝亦師亦友的毛老師。我們口中的「毛爺」是我學術道路上的「引路人」，無論是本科、碩士還是博士的各個階段，「毛爺」都為我的學習及生活答疑解惑，也是他讓我對廈門大學充滿無限憧憬。那時我們坐在教室，聽著「毛爺」講廈大的故事，我的思緒也隨著風飄向閩南，飄向「南方之強」這一高等學府。故而考研我堅持將廈大設為目標院校，然而因為英語的一分之差使得我閩南夢碎，去了雲南。我還記得 2014 年我到雲南大學複試時，我哭著給毛老師打電話說：「老師，我要再備考一年，我還是想去廈大」，毛老師安慰我說：「說不定你會愛上雲南，愛上雲大的」。

於是，我在雲南大學度過了三年時光。在這裡，我遇到了白永芳、馬翀煒、李偉華等多位優秀老師，他們不僅給予我學術上指導，也靠各自的人格魅力感染了我，使我不斷完善自我，努力成為更優秀的人。在這裡，我也有幸成為民族學大家庭的一份子，在班級裏同學們團結互助合作交流，也為課餘時光平添了許多歡樂。三年時光便在紅河州哈尼族村寨、老撾以及德宏州景頗族村寨的田野調查中匆匆結束。2016 年，毛老師打電話問我：「還想不想去廈大」，我想去！要是說沒有一點「廈大 PTSD」是不可能的，但是我依舊報名了廈大。大概我是一個不見棺材不掉淚，不到黃河不死心，不撞南牆不回頭的人吧，想去的地方就一定要去，想做的事就一定要做，或許這可以被理解為一種執拗和偏執吧。

在經歷了略有崎嶇的廈大考博後，我終於接到廈門大學錄取通知書。看著遲來了三年的通知書，我認為一切都是最好的安排。如果對一件事情不確定，就交給時間，它會給你最好的答案。當頂著炎炎烈日開學報到踏入廈大校門的那一刻，我覺得這就是我的答案，沒錯了。遇到業師董建輝教授，是我學術及人生道路上的幸運。業師以其嚴謹的學術態度、淵博的科學知識以及豐富的人生閱歷，以身作則教導我不僅要嚴守學術道德及學術規範，更要慎獨自律，修己安人。

2018 年秋季，我跟隨導師董建輝教授及同門兄弟姐妹前往我國臺灣地區做調研，由臺北出發逆時針方向深入原住民聚居區進行環臺踏查。經過臺東時，我們一行深入卑南鄉下賓朗部落，受到卑南族友人孫大山一家的熱情款待。在交談過程中，我被卑南族濃厚的文化底蘊和他們樂觀的性格氣質所打動，這也成為我日後前來此地做田野調查的一個重要契機。

次年，我再一次前往我國臺灣開展深入的調查研究，得到了臺灣專家、學

者、教授及友人的諸多幫助，在此基礎上，我的博士畢業論文便有了「骨」與
「肉」。請允許我向他們表示由衷的感謝！最後，拙作的錯誤之處望各界專家
學者批評指正，不勝感激！

2022 年 7 月 12 日

於重慶

目次

圖目次

第一章 緒 論

第一節 研究緣起及意義

一、研究緣起

（一）個人興趣

作為一名民族學的學生，筆者對於民族教育問題一直抱有極大的興趣。筆者自攻讀碩士研究生起，便重點關注中緬邊境景頗族的兒童教育課題，並取得了一定的研究進展。在調查研究中，筆者發現我國西南中緬邊境的景頗族擁有其獨特的民族文化，但隨著全球化、工業化以及現代化進程的進一步推進，當地的景頗青年因本民族文化傳承中斷而逐漸丟失了他們的民族之「根」。景頗族的教育現狀不容樂觀，家庭、社區、學校教育成效不佳，由此造成民族傳統文化式微，現代學校教育升學率低、輟學率高，且就業機會有限等教育發展問題。通過查閱相關資料和初步的田野調查，筆者發現臺灣原住民的教育現狀和景頗族教育有著某些相似之處。

基於此，筆者一直在思考臺灣原住民教育發展的歷史與現狀。臺東地區在歷史上屬「生番」居住的「後山」[註1]地區，且開發較晚，當地原住民社會有著傳統的教育觀念及教育體系。那麼，原住民的傳統教育是如何促進成員社會化的呢？在歷史上，臺灣歷經不同政權的統治，其中以日據時期的影

〔註1〕「後山」指的是臺灣中央山脈以東的東臺灣地區，包括花蓮縣、臺東縣等地區。

響尤為深刻，那麼，這一時期日本殖民者採取的統治措施對原住民的教育發展又造成何種影響呢？政權的更迭帶來了原住民社會變遷，原住民教育又經歷了怎樣的變化呢？這些問題一直縈繞在筆者的腦海，揮之不去。出於對臺灣原住民教育歷史與現實問題的興趣，筆者選擇該課題作為博士畢業論文的研究方向，以期承接碩士期間對景頗族教育的關注，並從臺灣原住民教育論題中汲取養分，從而進一步深入思考我國少數民族文化教育問題。

（二）對現實的反思

20 世紀 80 年代以來，隨著原住民民族意識覺醒，他們掀起追求民族權利運動的熱潮，從而引發了社會各界對原住民歷史及現實的思考。原住民教育也成為被火熱討論的議題之一。

針對原住民的學校教育而言，近些年臺灣地區的入學考試中曾多次出現具有原住民身份的榜首考生。社會上的各行各業，也經常能看到高學歷的原住民同胞嶄露頭角。乍觀之下，原住民的學校教育發展似乎曙光在望，前景樂觀。然而，無論是從媒體的報導或是學術的研究報告，都可以發現這些「成功」的原住民子弟，只是少數中的少數。其他大多數原住民，長久以來可能一直生活在社會底層，他們教育程度低、就業機會有限，生活充滿了艱辛、苦悶與無奈。受主流價值觀影響，原住民的學校教育難免墮入「萬般皆下品，惟有讀書高」的分數主義迷思。學校教育的成敗完全依據學生的學科成績來評判，卻始終忽視為何原住民的孩子在學科上不易取得成果的深層原因。其實，自光復迄今，隨著臺灣教育事業的發展，臺灣原住民的教育水平得到了一定的提升，但仍然落後於其他民眾。一般來說，原住民在初級教育階段，仍有不錯的教育成效，但在之後的教育階段，他們與一般學生的成績差距便逐漸顯現。截止 2019 年末，我國臺灣地區原住民學生總數為 13.8 萬人，10 年間增長 1.6 萬人；各級學校原住民學生占全體就學人數的 3.2%，10 年間增長 0.8%。就讀幼兒園的原住民學生數為 2.2 萬人，占該學制全體就學人數的 4.0%；國小及國中原住民學生數為 6.6 萬人，占全體學生數的 3.7%，10 年間學生數減少14.5%；高級中等學校原住民學生數為 2.2 萬人，占全體學生數的 3.4%，10 年間學生數減少 15.4%。攻讀大專的原住民學生數為 0.4 萬人，攻讀大學本科的原住民學生數為 1.9 萬人，攻讀研究所的原住民學生數共 0.2 萬人。〔註 2〕從

〔註 2〕我國臺灣教育統計處網站原住民學生概況統計（2019 年度）：http://stats.moe.gov.tw/files/analysis/108native_ana.pdf

這些數據不難看出，臺灣原住民學生在初級教育階段後，學業成績偏低，占同類學生人數的比例在逐步下降。由於沒有良好的教育資歷，大多數原住民只能從事一些層次偏低、收入不定、變動頻繁的體力勞動。這樣的生活無法給予子女良好的家庭教育及學校教育，如此便惡性循環，最終導致其無法跳脫社會底層的藩籬，由此也滋生出更多的社會問題。

原住民教育除了需考量學校教育之外，也應考慮家庭教育、部落教育以及社會教育等不同類型的教育。筆者在調查中發現，一方面，會講原住民族語的人越來越少，原住民部落文化也在口頭傳承中逐漸消逝；另一方面，家庭與部落的教育影響力也在逐漸減弱。正如原住民學者孫大川所言：「可以支撐當今臺灣原住民的四個支柱，有部落、政治、經濟與文化教育四者。但是我們現在只能守住部落，而漢人社會中所注重的政治、經濟，我們是被遠遠甩在後面的，而有關原住民的教育與文化，則更惶論之。」〔註3〕那麼，當前臺灣原住民教育所面臨的困境與挑戰是如何產生、并一步步演變至此的呢？經過閱讀相關文獻，我發現已有的相關研究對此問題亦沒有全面深入的探討與分析。基於此，本研究擬通過回溯臺灣原住民教育發展的歷史進程，從中尋找問題的答案。

二、研究意義

（一）學術意義

其一，原住民教育的發展歷程背後隱含著原住民社會的變遷史，透過臺灣原住民教育三個歷史時期的考察，對於理解原住民社會文化的變遷具有重要意義。

其二，本研究借鑒知識與權力相關理論，分析臺灣原住民教育在各個歷史階段的外在表徵及內部推動力，為原住民教育研究提供了一個新視角。

其三，本研究通過歷史文獻與田野調查相結合的研究方式，從歷史縱向及現實橫向的雙重維度考察臺東地區原住民的教育發展，豐富了原住民教育發展史研究的相關材料。同時本研究致力於宏觀與微觀的闡釋分析，對當今原住民教育內涵及其實踐做了較為深入的描述，並希望藉由此研究，對臺灣原住民教育發展歷程作民族學意義上的分析。

〔註3〕陳昱升：《原住民族群教育在國教體系下的迷失》，《國教新知》，2012年第59卷第1期。

（二）現實意義

本研究有利於加深我國大陸地區學者及民眾對於我國臺灣原住民的瞭解與認知，有利於臺灣原住民重新反思自我族群文化，尋求適合原住民教育發展的路徑。同時，在未來兩岸統一的願景下，本研究的應用價值和現實意義將更加凸顯，能夠為兩岸經濟社會融合共贏發展，以及進一步構築兩岸命運共同體提供學理上的支持。

第二節　相關研究綜述

作為人類社會生活中關鍵的一部分，教育自然地承載並建構著人類社會生活的意義。教育產生的結果——文化傳遞，其自身也是文化的。於是，我們可以說，教育的作用是負責在自身所存在的文化情境中完成文化的傳遞，即教育是特定地域的人們在不同的時間、地點和場合，由不同的人群根據不同的想法創造出來的，是他們根據想像真實世界之特殊方式的一部分，是當地人基於自身意義系統基礎之上的一種「地方性感知」。簡而言之，教育的文化傳承這一過程，其本身就是文化的，可以說是基於自身文化特質上的一種文化傳承。〔註4〕

從教育的本質來說，教育就是群體文化傳承的過程。但另一方面，教育並不僅是為文化的傳承而進行傳承，而是通過文化傳承這一過程，來實現對社會成員當中未成年群體的培養，進而維繫既有整個社會制度的綿延，由此，教育才充分發揮其本質作用，這也是教育在一個社會存在的根本所在。教育總是既定社會制度下的教育，所以教育培養出何種品格的人，必然受到既定社會的限制。將什麼樣的知識傳遞給下一代，什麼樣的知識被視為「規定」知識被寫入課程教材，教育是為了培養出什麼樣的人，用什麼知識來塑造人等，在不同的政治、經濟、社會文化背景下，無疑有著不同的要求。

一、教育人類學研究綜述

（一）國外教育人類學的萌芽及發展

教育人類學，是由教育學和人類學相互交叉，並通過學科之間的進一步整合，由此而形成的一門綜合性的學科。它萌芽於 17 世紀中期，形成於 20 世

〔註4〕白明亮：《文化的教育思考》，《教育理論與實踐》，2001 年第 10 期。

紀。二戰後，隨著歐洲德奧等國對戰爭的深入反思，以美國為代表的北美文化多元主義的興起。20 世紀 50 年代以來，教育人類學的學科理論與體系得到充分發展。但是由於歷史原因，歐洲德奧等國的人類學與美國人類學形成了不同的學術傳統，教育人類學也因此也形成了兩大流派，即以德奧為代表的哲學教育人類學，以美國為代表的文化教育人類學。其中，以美國為代表的文化教育人類學從美國文化與人格的分支學科中產生，該學派更加注重從各種族、民族成員的不同文化背景以及人與教育之間的相互作用關係入手，並據此考察不同社會的文化傳承與習得是如何發生與發展，並且是如何發揮作用的。該學派受美國文化人類學學術傳統的影響，更加注重在實地考察以及田野調查的基礎上構建教育人類學的相關理論範式。

　　20 世紀 50 年代，美國的文化人類學者開始著手對學校教育進行深入探究。較早從事此類研究的是斯坦福大學人類學系主任斯賓德勒（George D. Spindler）教授，他認為人們通過社會化過程和學校教育來培養兒童或青少年特定的價值觀、信仰、技能，同時兒童也從中獲得相應報酬，如功名、地位、金錢等。在這一過程中，教育發揮了重要作用，它建立了工具性的聯繫，使得社會得以運轉，文化得以傳承。他以人類學的「結構主義」和「功能主義」為理論基礎，在此之上，構建了一套獨特的教育理論及體系。〔註5〕他的教育理論更加側重學校在文化學習過程中所發揮的作用，但未能闡明學校教育中具體的學習實踐是如何發生以及如何運轉的，缺陷在於忽視了影響個人學習和選擇的更廣泛的社會因素。1970 年，教育學和人類學這兩大學科的交互滲透與合作達到前所未有的新階段，同時又產生了對於研究對象的激烈討論。教育人類學家反對教育研究者將學校視為正規教育的主要機構這一假設，認為不應該像傳統教育研究那樣孤立地看待學校教育，而應將學校教育放置於整個社會文化背景中加以考慮。他們同時也更加強調少數民族擁有其獨一無二的歷史傳統及文化特質，在學校教育中，少數民族孩子通常成績較差的原因可能是學校教育出現了一定的偏差，即未採用少數民族的文化方式來進行教學、學習與考試。教育人類學家還建議使用「文化的非連續性」（cultural discontinuities）來解釋少數民族兒童從小學習成績差的現象，從而為教育人類學的主要研究議題奠定了基礎。20 世紀 80 年代，多元文化教育

〔註 5〕　參見袁同凱：《George D. Spindler 與文化教育人類學的成長——兼述弱勢群體或少數民族在學業上遭遇的不公待遇》，《西北民族研究》，2010 年第 3 期。

越來越被人們所接受。在教育人類學家看來,他們更傾向於將多元文化教育做這樣的定義,即在多元文化中,能夠幫助所有學生提高其自身社會競爭力的教育。

奧格布(J. U. Ogbu)是繼斯賓德勒之後最為著名的美國教育人類學家,他在斯賓德勒的基礎上,進一步探討非主流弱勢群體在學校教育中的適應問題。〔註6〕他還研究少數民族學生在畢業後面臨的就業困境。〔註7〕奧格布提出一種文化生態學的理論模式,即凸出教育行為與環境(社會組織、價值觀、人際關係、族群關係等)之間的相互作用與影響,並且認為學校的一切活動都與社會經濟發展以及社會結構的要求相一致,它們有著牢固的彼此相適應的群落關係,並通過特定的關係來實現互動。〔註8〕奧格布認為,就內容而言,教育被視為文化傳承與習得,學校教育僅是其中的一種特殊形式。其「文化生態」理論模式的基本概念是文化適應,即人們與他們所處環境的關係方式,為後來研究教育人類學、民族教育的學者提供了較為完整的解釋框架。

(二)我國教育人類學的發展進程

1. 大陸的教育人類學發展

從大陸教育人類學學界來看,1986 年,馮增俊在文章《教育人類學芻議》〔註9〕中首次「教育人類學」,是我國最早使用這一概念的學者。1987 年,王川發表文章《教育人類學》,在其中詳細介紹了西方教育人類學的緣起、發展歷程、研究範疇、研究目的以及研究方法,並對其做了詳盡的結構分析。〔註10〕同年,洪川發表《教育人類學述評》一文,介紹了教育人類學在美國的發展概況、主要的研究對象、研究路徑及相關範式。〔註11〕此後,馮增俊在1987 年至 1988 年間發表了數篇關於西方教育人類學研究的文章,系統介紹哲學人類學和文化教育人類學的發展脈絡、主要分析框架、研究目的、研究方

〔註 6〕 參見 J. U. Ogbu. Cultural Discontinuities and Schooling: A Problem in Search of An Explanation. Anthropology and Education Quarterly 1982 (4).

〔註 7〕 參見 J. U. Ogbu. Variability in Minority School Performance: A Problem in Search of An Explanation. Anthropology and Education Quarterly 1987 (4).

〔註 8〕 參見 J. U. Ogbu. H. D. Simons. Voluntary and Involuntary Minorities: A Cultural-ecological Theory of School Performance with Some Implications for Education. Anthropology and Education Quarterly 1998 (2).

〔註 9〕 馮增俊:《教育人類學芻議》,《當代研究生》,1986 年第 2 期。

〔註10〕 參見王川:《教育人類學》,《外國教研究》,1987 年第 2 期。

〔註11〕 參見洪川:《教育人類學述評》,《西南師範大學學報》,1987 年第 3 期。

法以及相應的研究領域，提出建立我國教育人類學的必要性。〔註12〕在系統審視與反思我國教育理論與相關實踐的基礎上，一些學者試圖從人、文化與教育交互關係的視角闡釋人性存在的多維內涵，並且從宏觀與微觀兩個維度進一步考量我國當前教育思想、教育研究以及教育人類學的學科意義，如滕星的《回顧與展望：中國教育人類學發展歷程——兼談與教育社會學的比較》介紹了中國教育人類學的理論建構，回顧我國教育人類學20多年的發展歷程，並比較其與教育社會學的區別與聯繫，在此基礎上展望了我國教育人類學的未來發展。〔註13〕

此外，我國教育人類學也涉及對於具體方法的闡釋及相關反思，如莊孔韶的著作《教育人類學》一書闡明了包括民族志在內的十三種教育人類學的研究方法及範式。〔註14〕21世紀初，莊孔韶在《人類學與中國教育的進程》中，以人類學為理論基礎和觀察視角，以學校為田野，實地進行調查，以我國育兒理念、育兒方式、學校教育中的師生關係，以及我國正規教育與民俗教育和家庭教育等方面存在的問題為研究內容，系統全面審視了中國傳統與現代教育從形式到內容、從表象到實質的「起、承、轉、接」過程，並指出中國式的約束性教育文化既有其思想的歷史淵源，也同樣有其延續的制度性條件。〔註15〕以上研究均在一定程度上豐富了我國教育人類學的研究主題與範疇。

進入21世紀後，我國教育人類學更加注重構建本土化的學科體系及理論，如馮增俊堅持將溯源考證和跨文化比較教育研究、文獻理論資料與田野調查相結合，並因地制宜嘗試在定義中國教育人類學學科框架之下，從歷史本原把握教育的內在本性和作用機制，以期構建一種新型真實可感、富有活力的現代教育觀；滕星堅持中國教育人類學研究要針對自身多民族的實際進

〔註12〕參見奧格布、馮增俊、吳一慶：《教育人類學的分析框架》，《現代外國哲學社會科學文摘》，1988年第1期；奧格布、馮增俊、吳一慶：《教育人類學的研究目的和研究方法》，《現代外國哲學社會科學文摘》，1988年第1期；奧格布、馮增俊、吳一慶：《教育理論中的互動模式和解釋模式》，《現代外國哲學社會科學文摘》，1988年第3期；奧格布、馮增俊、吳一慶：《教育理論中的結構功能主義和生態學研究方法》，《現代外國哲學社會科學文摘》，1988年第3期。

〔註13〕參見滕星：《回顧與展望：中國教育人類學發展歷程——兼談與教育社會學的比較》，《中南民族大學學報》，2006年第5期。

〔註14〕參見莊孔韶：《教育人類學》，哈爾濱：黑龍江教育出版社，1989年。

〔註15〕參見莊孔韶：《人類學與中國教育的進程》，《民族教育研究》，2000年第2期。

行理論建構，提出「多元文化整合教育理論」，有助於建構本土教育人類學的學科體系和理論，促進該學科研究的學科化及規範化。

此外，我國教育人類學研究也注重研究內容與研究主題的本土化取向，注重從人類學的跨文化視角，對我國的少數民族、弱勢群體、多層級多層次的教育現實問題進行深入探索，本土意識及人文關懷愈加凸顯。如張詩亞探討我國西南民族多樣的教育形態、教育內容、教育方式等問題〔註16〕；滕星探討涼山彝族、廣西壯族及新疆地區的雙語教育問題等〔註17〕。他們的研究均表明，不同民族、社會文化的發展，會影響其教育發展類型的多樣性，進而影響其教育發展的進程，並促進教育發展方式及政策的多元化及多樣性。當前，大陸的教育人類學愈發關注人類學、社會學、心理學、教育學、文化學等不同學科的科際研究，主張在多重語境下解讀不同民族教育中面臨的問題，強調以田野調查的方式考察教育，關注教育的民族氣質與文化意涵。

2. 臺灣的教育人類學發展

臺灣最早的一篇教育人類學論文係於光弘的《環山泰雅人的社會文化變遷與青少年調試》〔註18〕。20 世紀 80～90 年代，鄭重信的《教育人類學導論》〔註19〕、王連生的《教育人類學的基本原理與應用之研究》〔註20〕、詹棟樑的《教育人類學》〔註21〕、《教育人類學理論》〔註22〕等論著將西方教育人類學理論及觀點陸續引進來，由此推動了我國臺灣教育人類學的興起與發展。1993 年，臺灣「中國教育學會」主編出版《多元文化教育》，該上卷「理論與

〔註16〕 參見吳曉蓉、張詩亞：《貴州省民族文化進校園的教育人類學考察》，《民族教育研究》，2011 年第 3 期；張詩亞：《共生教育論：西部農村貧困地區教育發展的新思路》，《當代教育與文化》，2009 年第 1 期；張詩亞：《多元文化與民族教育價值取向問題》，《西北師大學報（社會科學版）》，2005 年第 6 期。

〔註17〕 參見滕星：《涼山彝族社區學校實施彝漢雙語教育的必要性》，《民族教育研究》，2000 年第 1 期；滕星：《壯漢雙語教育的問題及轉向》，《廣西民族大學學報（哲學社會科學版）》，2012 年第 4 期；滕星：《中華民族多元一體格局中的新疆雙語教育》，《新疆教育學院學報》，2011 年第 1 期；滕星：《民族文化傳承與雙語教育發展》，《思想戰線》，2015 年第 2 期。

〔註18〕 餘光弘：《環山泰雅人的社會文化變遷與青少年調適》，臺灣大學考古人類研究所碩士論文，1976 年。

〔註19〕 鄭重信：《教育人類學導論》，臺北：「教育部」教育計劃小組，1980 年。

〔註20〕 王連生：《教育人類學的基本原理與應用之研究》，臺北：「教育部」教育計劃小組，1980 年。

〔註21〕 詹棟樑：《教育人類學》，臺北：五南圖書出版公司，1986 年。

〔註22〕 詹棟樑：《教育人類學理論》，臺北；五南圖書出版公司，1989 年。

發展」介紹了多元文化教育的發展歷程、理念及實踐，下卷「政策與實施」介紹了大陸的少數民族政策和臺灣多元文化教育的政策與實施情況〔註23〕，並且較為全面地論述多元教育的行動策略與發展路徑，是臺灣最早系統介紹多元文化教育理念的著作。

20世紀90年代後，臺灣教育人類學研究注重將國外教育人類學理論與族群文化多樣化的事實及本土的教育實踐相結合。此一時期，牟中原與汪幼絨的《原住民教育》〔註24〕、陳枝烈的《臺灣原住民教育》〔註25〕、吳天泰的《原住民教育概論》〔註26〕、譚光鼎的《原住民教育研究》〔註27〕等著作相繼出版，力圖為臺灣原住民教育現狀及未來發聲。其中，吳天泰在探討臺灣教育人類學的發展與原住民教育問題時，提出應將「人的本質與教育」、「文化觀點的教育」、「教育民族志」及「行動研究」等四類包含在臺灣教育人類學的研究範圍之中。此外，他認為研究一般教育現象與問題、研究原住民教育、以及對教育民族志中研究者角色進行探討，是教育民族志三種不同的研究面向。〔註28〕

從研究方法上，臺灣教育人類學注重使用民族志及跨文化比較的方法，針對臺灣教育的各個方面做了許多經驗性研究。比如周德禎教授已指導20多位研究生利用人類學的相關研究方法針對教育問題進行探討。〔註29〕換言之，利用人類學方法進行教育研究，彌補了臺灣教育領域中量化研究對教育議題的理解不夠全面深入的問題。

以上國內教育人類學學者所做的研究對本研究的啟示在於：從研究方法層面，將民族學、教育學等學科相結合，注重多重語境的考察與反思；從研究主題及研究內容層面，將西方教育人類學相關理論與我國本土實踐相結合，把臺灣原住民教育研究放置於多元文化的維度，從家庭育兒方式與學校教育等多重視角展開；從研究理論層面，基於西方傳統教育人類學的理論，從本土的學科體系出發，關注國內的民族教育問題。

〔註23〕參見中國教育學會編：《多元文化教育》，臺北：臺灣書店，1993年。
〔註24〕牟中原、汪幼絨：《原住民教育》，臺北：師大書苑有限公司，1997年。
〔註25〕陳枝烈：《臺灣原住民教育》，臺北：臺灣師範大學師苑出版社，1997年。
〔註26〕吳天泰：《原住民教育概論》，臺北：五南圖書出版公司，1998年。
〔註27〕譚光鼎：《原住民教育研究》，臺北：五南圖書出版公司，1998年。
〔註28〕參見吳天泰：《原住民教育概論》，臺北：五南圖書出版公司，1998年。
〔註29〕參見呂秋華：《線上遊戲小學生玩家經驗之質性研究》，屏東師範學院教育心理與輔導學系碩士論文，2005年。

總的來說，教育人類學研究者普遍認為，學校教育是一個學習過程，它置於社會文化環境之中，並且與社會中每個成員的日常生活息息相關。就其本質而言，教育實則為一種知識結構傳承的過程。在這一過程中，知識結構本身就會受到社會結構的影響，此外還會受到文化環境的影響。只有認真分析所處的社會文化情境，方可透徹理解知識的傳播與文化的傳承。正如教育人類學者布魯納（Bruner）所言，「教育不是個孤島，而是文化這塊大陸的一部分」〔註30〕。本研究擬在教育人類學的視野下，對日據以來的臺灣原住民教育進行深入探究，將臺灣原住民教育納入更廣泛的社會文化情境下，考察家庭、部落社區、學校、社會政治經濟變動等因素對原住民教育的全面影響。

二、臺灣原住民教育研究概述

（一）1895 年至 1965 年：奠基時期

該時期，臺灣原住民教育研究只是作為原住民研究的一個方面，並未形成獨立的調查研究體系，故為臺灣原住民教育研究的奠基時期。

1. 日本學者壟斷時期

在日本統治臺灣的五十年，對於臺灣及臺灣原住民的研究幾乎被日本學者獨佔。「東京人類學會」時期臺灣原住民調查研究的代表為鳥居龍藏、伊能嘉矩和森丑之助，他們三人通過實地踏查的形式，深入原住民居住區，留下了研究臺灣原住民的諸多著作。

鳥居龍藏在 1895 年至 1900 年間，曾多次前往臺灣原住民地區實地考察研究，並在此基礎上於 1902 年出版《紅頭嶼土俗調查報告》〔註31〕。在書中，鳥居龍藏對島上雅美族生活樣貌的描述，呈現了雅美族的文化圖樣，是最早研究東臺灣蘭嶼島上原住民的人類學著作。

其中，伊能嘉矩對與臺灣原住民研究的貢獻主要在於資料的收集與整理及首創原住民的學術性分類，二者主要體現於其著作《臺灣蕃政志》〔註32〕及《臺灣蕃人事情》〔註33〕。在《臺灣蕃人事情》一書中，伊能嘉矩通過實地踏

〔註30〕〔美〕傑羅姆‧布魯納著，宋文裏、黃小鵬譯：《布魯納教育文化觀》，北京：首都師範大學出版社，2011 年，第 110 頁。

〔註31〕鳥居龍藏著，林琦譯：《紅頭嶼土俗調查報告》，臺北：唐山出版社，2016 年。

〔註32〕伊能嘉矩著，溫吉編譯：《臺灣蕃政志》，臺北：臺灣省文獻會，1957 年。

〔註33〕伊能嘉矩，粟野傳之丞：《臺灣蕃人事情》，臺北：臺灣總督府民政局文書課，1900 年。

查將收集到的原住民材料做了系統的歸納闡述，依據語言、風俗等特徵，對臺灣原住民作了較為科學的九族分類，打破了清代將其籠統稱為「生番」與「熟番」、「高山番」與「平地番」等缺乏科學憑據與學術意涵的分類方式。此外，伊能嘉矩針對原住民的生存環境、生產生活方式、語言文化、習慣風俗等所做的實地調查，對於臺灣原住民研究意義重大，也為日本殖民者制定原住民教育方案及設立原住民學校提供了可依據的材料。

此後，臺灣總督府成立「臨時臺灣舊慣調查會」對原住民開展有計劃成規模的調查研究。在此期間，有《蕃族調查報告書》〔註34〕、《番族慣習調查報告書》〔註35〕以及《臺灣番族慣習研究》系列著作的出版，描述原住民傳統社會與文化的全貌。

隨後，1928 年「臺北帝國大學」成立，並設立專門負責研究臺灣原住民及其文化的「土俗人種研究室」。在此期間，移川子之藏、宮本延人以及馬淵東一等學者為研究原住民社會與文化作出重要貢獻。其中，《臺灣原住民系統所屬之研究》〔註36〕以及《臺灣高砂族原語傳說集》〔註37〕二著集原住民研究之大成，是為日據時期臺灣原住民研究之頂峰，對後世產生深遠影響。

但此時期日本學者對臺灣原住民所進行的調查研究，多為展示其文化全貌，涉及教育方面的內容則夾雜原住民社會文化的全貌性描述中。

大陸學者第一次以實地考察的方式詳細全面研究臺灣原住民則始於林惠祥先生。從 1929 年開始，林惠祥先生赴臺進行臺灣原住民的相關調查研究，次年《臺灣番族之原始文化》〔註38〕一書正式出版，視為中國學者研究臺灣原住民的開端；1935 年林惠祥再次進入臺灣原住民地區進行田野調查，並在兩年後出版《中國民族史》一書，對臺灣原住民的歷史稱謂進行了分析研究。〔註39〕由於 1895 年日本開啟了殖民臺灣的「日據時代」，並限制大陸學者的

〔註34〕 臺灣總督府臨時臺灣舊慣調查會著，「中央」研究院民族學研究所編譯：《蕃族調查報告書》，臺北：「中央」研究院民族學研究所，2015 年。

〔註35〕 臺灣總督府臨時臺灣舊慣調查會著，「中央」研究院民族學研究所編譯：《番族慣習調查報告書》，臺北：「中央」研究院民族學研究所，1996 年。

〔註36〕 臺北「帝國」大學土俗・人種學研究室：《臺灣高砂族系統所屬の研究》，東京：刀江書院，1935 年。

〔註37〕 小川尚義，淺井惠倫：《臺灣高砂族原語傳說集（翻印）》，臺北：南天書局，1995 年。

〔註38〕 林惠祥：《臺灣番族之原始文化》，上海：上海文藝出版社，1991 年。

〔註39〕 參見林惠祥：《中國民族史》，上海：上海書店，1937 年。

進入，對臺灣原住民的研究也因缺乏田野調查而幾乎全部被日本學者所獨佔及壟斷，由此更加凸顯出林惠祥先生所作之臺灣原住民研究的難能可貴，也為後世研究臺灣社會及臺灣原住民的學者提供了豐富的材料，並奠定了堅實的學術基礎。

2. 民族志調查研究時期

日本戰敗投降後，臺灣光復，國民黨政府將日據時代所建的學校重新更名及重建，推行「山地平地化」的一般教育政策。此時期，廈門大學傳承林惠祥先生之研究傳統，開展有關臺灣原住民的族源族稱、宗教信仰、社會經濟發展、民族關係、民族特色文化等專題研究，深化了大陸對臺灣原住民的認識，使大陸民眾對臺灣原住民有更全面的瞭解。期間先後出版《原住民簡史簡志合編》〔註40〕、《原住民風情錄》〔註41〕、《原住民民俗》〔註42〕、《原住民神話傳說》〔註43〕、《原住民文化》〔註44〕等著作。但主要依據不多的文獻資料，且缺乏田野調查。其中，涉及臺灣原住民教育方面的記載更是少之又少，缺乏較為全面詳實的描述。

從臺灣學術界看，我國老一輩人類學學者李濟、芮逸夫、凌純聲、衛惠林等曾進行臺灣原住民的田野調查，並先後培養了李亦園、陳奇祿、喬健、莊英章、黃應貴等數位知名研究臺灣原住民的學者。陳奇祿、李亦園及唐美君所著《日月潭邵族調查報告》〔註45〕、李亦園等所著《馬太安阿美族的物質文化》〔註46〕與《南澳的泰雅人》〔註47〕等成為當時臺灣原住民研究較為現代化的民族志。其中，《南澳的泰雅人》關於教育方面的論述主要體現在兒童社化過程、社群組織等方面，但針對教育並未形成較為系統的概述。

這些前輩留下的民族志為後來學者研究鄒族、邵族、阿美族、泰雅族等原

〔註40〕 中國科學院民族研究所福建少數民族社會歷史調查組編：《原住民簡史簡志合編》，中國科學院民族研究所福建少數民族社會歷史調查組，1959年。
〔註41〕 陳國強編：《原住民風情錄》，成都：四川民族出版社，1994年。
〔註42〕 田富達、陳國強：《原住民民俗》，北京：民族出版社，1995年。
〔註43〕 陳國強編：《原住民神話傳說》，福州：福建人民出版社，1980年。
〔註44〕 陳國強，林嘉煌著：《原住民文化》，上海：學林出版社，1988年。
〔註45〕 陳奇祿、李亦園及唐美君著：《日月潭邵族調查報告》，臺北：南天書局有限公司，1958年。
〔註46〕 李亦園等：《馬太安阿美族的物質文化》，臺北：「中央」研究院民族學研究所，1962年。
〔註47〕 李亦園等著：《南澳的泰雅人》，臺北：「中央」研究院民族學研究所，1964年。

住民提供了較為詳實可供參考的寶貴資料。這些研究多為區域性的研究論著，重點在於對臺灣某一區域內某一原住民族群的文化全貌作出全面的描述，因而臺灣原住民教育僅僅作為這種全貌性書寫的某一方面。這一時期，在研究方法上較多受歷史學派的影響，並且在一定程度上帶有較為濃厚的學院派「理想」色彩，在一定程度上更為著重解釋歷史、重建過去，而相對忽略了社會文化的動態及其變遷的動力等問題的闡釋。

總體而言，20 世紀 40 年代至 60 年代中葉臺灣原住民教育研究未形成獨立的體系。前期多依賴於文獻，形成整合性的文化全貌圖像，內容較為籠統；而後期在實地考察的基礎上，偏重區域性研究，注重共時性研究，缺乏歷時性的思路，且教育只作為研究的某一方面，並不是研究的重點所在。

（二）1965 年至 1987 年：初步發展時期

該時期為臺灣原住民教育研究的初步發展時期，在此期間原來作為人文學科的民族學、人類學，聯合吸收來自社會科學的研究方法，如吸收社會學、心理學等學科的相關範式。可以說，此時期的臺灣原住民教育研究進入學科綜合研究的階段。

在研究主題上，以更積極的態度從事社會問題的探索。20 世紀 70 年代後期，李亦園開始重點關注臺灣原住民的現代化適應問題。李亦園在主持的「社會文化變遷中的青少年問題」研究計劃中，選擇泰雅、阿美、布農、排灣、雅美等五個具有代表性的原住民族群，進行參與觀察與深度訪談，並運用社會科學方法對臺灣原住民青少年的現代化適應問題進行科學測驗和比較分析。1978 年李亦園與許木柱發表的《社會文化變遷與原住民青少年問題：以環山泰雅族為例的初步研究》引得學界矚目。該研究在實地調查的基礎上，首次將臺灣原住民青少年問題作為研究關注的重點，對環山泰雅人移入城市的原因、職業、族群和人際關係、教育、家庭生活、精神與心理、不良適應行為等進行探究。李亦園認為，臺灣原住民進入城市後由於無法正常地適應城市生活，而出現了各種困難和不良適應行為。其中，在教育適應方面，李亦園將原住民學生在城市學習生活中遇到的最主要的困難總結為經濟、交通、學習和情緒上的安全感四個方面。其中經濟困難是由於原住民獨特的文化特質，對金錢沒有合理利用的觀念，因此往往短期內就會將生活費花光。又由於原住民文化在城市中多受到歧視，致使原住民學生在學校無法和漢人正常交友，造成情感上缺乏安全感。由於學習基礎差，學習內容與固有的文化背景不符，從而造成學習

困難。〔註48〕次年，李亦園發表《社會文化變遷中的臺灣原住民青少年問題：五個村落的比較研究》〔註49〕。李亦園對於臺灣原住民青少年文化適應問題的研究，大多綜合應用了心理學、社會學等社會科學的研究方法，也是臺灣人類學界早期進行的教育人類學、應用人類學方面的研究。但總體而言，上述研究對於原住民教育發展的歷時性考察不夠，縱向比較的視野較為缺乏。

（三）1987年至今：繁榮時期

隨著1987年臺灣解除戒嚴之後，社會逐漸走向開放，各族群之間更密切的交往也帶來了新問題，由此，新的研究主題也不斷湧現。其中，臺灣原住民教育研究又在80年代的「正名」運動下有了新發展。20世紀90年代後，臺灣原住民族群意識和權力意識高漲，傳統文化開始復興甚至再造。此時期，研究者重新反思此前歷史學派式的研究方式，對原住民研究開始採取主位的視角和人文關懷的傾向，關注多元文化視角下的原住民教育問題，並進一步思考原住民教育的未來發展路徑，臺灣原住民教育研究進入繁榮階段。

我國大陸方面，學者郝時遠通過回溯臺灣原住民教育的歷史發展歷程，提出這一過程就是外來勢力和主流社會不斷改造和取代原住民社會情境的過程。進而，他認為臺灣原住民教育問題是原住民問題的綜合反映，實質是不同文化系統在互動過程中產生的結果，只有切實提升原住民經濟生活，改善其生活條件及環境，才能真正提升原住民教育發展。〔註50〕

在以臺灣原住民為中心議題的專業刊物方面，臺東大學「原住民研究中心」發行的《原住民教育季刊》（1996～2004）推動了臺灣原住民教育的研究與實踐。此外，還有臺灣政治大學「原住民族研究中心」發行的《原教界：原住民族教育情報志》，該期刊每一期都針對臺灣原住民教育的某一專題進行探討，對原住民教育研究貢獻甚巨。

目前，臺灣學界關於原住民教育的相關研究，根據側重點的不同，主要集

〔註48〕 參見李亦園與許木柱：《社會文化變遷與原住民青少年問題：以環山泰雅族為例的初步研究》，刊於文崇一、李亦園、楊國樞等編：《社會變遷中的青少年問題研討會論文專集》，「中央」研究院民族學研究所專刊之24，臺北：「中央」研究院民族學研究所，第281～297頁。

〔註49〕 李亦園：《社會文化變遷中的臺灣原住民青少年問題：五個村落的比較研究》，「中央」研究院民族學研究所集刊48，臺北：「中央」研究院民族學研究所，1979年。

〔註50〕 參見郝時遠：《臺灣「原住民」教育問題論述》，《中央民族大學學報（哲學社會科學版）》，2003年第5期。

中在以下方面：

1. 臺灣原住民的學校教育實踐及相關教育政策研究

針對臺灣原住民學校教育實踐及相關教育政策的論題，《淡江中學的原住民族教育》〔註51〕、《到他者的學習之路——原住民教育課程的行動實踐與反思》〔註52〕、《排灣族文化之田野研究及其對國小社會科課程設計之啟示》〔註53〕等論文從學校層面關注原住民的族語學習與傳承，並對原住民的教育課程體系進行反思。許志庭則從階級權力觀點入手，認為中上階級以其文化霸權掌握課程的篩選機制，是造成原住民學生低成效的主要原因〔註54〕；潘裕豐與王雅玄關注原住民的學校教育中原住民師資力量的培養〔註55〕；趙素貞與鄧毓浩分別從雙語教育政策制定及實施的可行性對其進行論證。〔註56〕

2. 臺灣原住民教育與文化認同、族群認同的關係研究

針對臺灣原住民教育與文化認同的關係論題，張耀宗認為差異是認同的起點，文化差異是原住民維持主體地位的最後防線；鼓勵民族自我書寫，形成知識生產，建構自我論述，是未來原住民教育的走向〔註57〕。周德禎從原住民教育看臺灣原住民族群關係及族群認同〔註58〕；湯仁燕則深入探討臺灣原住民文化認同的變遷與發展，分析文化認同與教育困境的潛在關係。〔註59〕

〔註51〕 芝苑・阿仁、劉建政、林江義：《淡江中學的原住民族教育》，《原教界——原住民教育情報志》，2006 年第 8 期。

〔註52〕 王雅萍：《到他者的學習之路——原住民教育課程的行動實踐與反思》，臺北：臺灣政治大學出版社，2015 年。

〔註53〕 陳枝烈：《排灣族文化之田野研究及其對國小社會科課程設計之啟示》，臺灣高雄師範大學教育研究所博士論文，1994 年。

〔註54〕 參見許志庭：《課程內容篩選的階級權力及其影響性——以原住民的教育困境為例》，《原住民教育季刊》，2000 年第 1 期。

〔註55〕 參見潘裕豐：《析論原住民族教育之師資培育政策》，《臺灣原住民研究論叢》，2009 年第 6 期；王雅玄：《進入情境與歷史：臺灣原住民教師的多元文化素養及其實踐》，《臺東大學教育學報》，2008 年第 1 期。

〔註56〕 參見趙素貞：《臺灣原住民族語教育政策之分析》，屏東教育大學教育行政所博士論文，2010 年；鄧毓浩：《從民族主義論臺灣原住民教育實施之研究》，臺灣師範大學「三民主義」研究所博士論文，1996 年。

〔註57〕 參見張耀宗：《文化差異、民族認同與原住民教育》，《屏東教育大學學報》，2007 年第 26 期。

〔註58〕 參見周德禎：《從同化、族群認同到族群融合——以原住民教育作為討論的起點》，《原住民教育季刊》，1997 年第 8 期。

〔註59〕 參見湯仁燕：《臺灣原住民的文化認同與學校教育重構》，《教育研究集刊》，2002 年第 4 期。

3. 臺灣原住民教育歷史脈絡及教育制度史研究

針對臺灣原住民教育史研究，有學者從荷據、日據等殖民時代的臺灣原住民教育實踐的視角切入，追溯特定時代下的臺灣原住民教育政策。如《日治時期對於原住民的教化及其影響》〔註60〕、《臺灣原住民學校教育溯源——日治時期山地初等教育研究》〔註61〕、《日治後期校園忠君愛國思想的強化：以嘉義市初等學校為例》〔註62〕、《臺灣原住民教育史研究（1624～1895）》〔註63〕、《日治時期臺東廳一般行政區原住民教育探討——以臺東廳馬蘭社、卑南社為例》〔註64〕等，都從不同角度對不同殖民時代下對臺灣原住民教育的理念、方式、目的及影響進行了深入探討。

4. 臺灣原住民家庭教育、社區教育研究

針對臺灣原住民家庭及社區教育層面，學者的研究或探討家長教育價值觀與其對子女教育期望之內涵及形成因素〔註65〕；或通過漢族與原住民的差異對比，發現原住民家庭及社區對於原住民學童教育成效的影響〔註66〕；或分析漢人與原住民的社會經濟環境的差異，進而探討推動原住民家庭教育與社區教育相結合的新模式。〔註67〕

5. 臺灣原住民學生的文化適應研究

針對原住民學生在學校教育中的文化適應問題，譚光鼎探討原住民青少年國中學生在學校適應及流失的問題，認為偏差行為與低教育成就可能和家

〔註60〕 蒲忠成：《日治時期對於原住民的教化及其影響》，《當代教育研究》，2005 年第 4 期。

〔註61〕 王雅玄：《臺灣原住民學校教育溯源——日治時期山地初等教育研究》，《臺灣初等教育學刊》，1999 年第 7 期。

〔註62〕 蔡元隆、張淑媚：《日治後期校園忠君愛國思想的強化：以嘉義市初等學校為例》，《臺北市立教育大學學報》，2009 年第 2 期。

〔註63〕 張耀宗：《臺灣原住民教育史研究（1624～1895）》，臺灣師範大學教育研究所博士論文，2003 年。

〔註64〕 郭佑慈：《日治時期臺東廳一般行政區原住民教育探討——以臺東廳馬蘭社、卑南社為例》，《臺灣原住民研究》，2011 年第 4 期。

〔註65〕 參見何美瑤：《從家庭因素探究原住民父母教育觀之學業成就之研究》，《學校行政》，2006 年第 41 期。

〔註66〕 參見張善楠、黃毅志：《臺灣原漢族別、社區與家庭對學童教育的影響》，臺北：師大書苑，1999 年。

〔註67〕 參見黃惠慈：《原住民社區家庭教育推廣的工作模式》，《原住民教育季刊》，2000 年第 3 期。

庭問題有關〔註68〕；廖千惠、許智香以「後殖民」的觀點出發，探討臺灣原住民知識分子在文化實踐中對殖民情境的解構，是一種在「揉雜中產生顛覆力」重新建構的過程〔註69〕；陳枝烈、石與華、劉春榮、吳清山、陳明終等學者也都致力於探討都市原住民的文化適應及教育問題。〔註70〕

6. 臺灣原住民教育之未來發展的研究

針對原住民的教育問題，更多的學者開始進行反思究竟何種教育方式最適合原住民的發展。這些學者研究的視角多元化，都體現出對於臺灣原住民教育反思的人文關懷。更典型者如《臺灣原住民教育：從廢墟到重建》及《原住民教育：18 年的看見與明白》等著作，更是立意高遠，從更加宏觀的角度出發，總結歷史經驗教訓，試圖為原住民教育的未來指明出路。其中，《臺灣原住民教育：從廢墟到重建》一書從臺灣原住民教育的十個問題切入，以「民族主體性」為主軸貫穿。作者譚光鼎認為，歷來原住民教育問題的核心在於主體地位的喪失，進而使得固有傳統文化走向衰落，甚至滅絕成為廢墟。要重建原住民教育，就要恢復原住民的主體性。〔註71〕《原住民教育：18 年的看見與明白》的作者陳枝烈從原住民一般教育、民族教育、民族文化等方面，思考原住民教育政策、族語教育、民族學校、部落大學、原住民知識系統等論題，認為應讓原住民有權利與機會選擇自己所要接受的教育形態與內容，而不是只提供一套漢族中心的教育制度。〔註72〕

此外，臺灣原住民對於本族的教育發展也有著自己的思考，出現了一批臺灣原住民學者，他們從主位視角出發，深入研究本族文化的內涵及對於教育的實際需求，思考本民族教育的未來，典型者如鄒人巴蘇亞‧博伊哲努（浦

〔註68〕 參見譚光鼎：《原住民學生適應與流失問題——新竹縣原住民學生的探究》，《原住民教育季刊》，2002 年第 3 期。

〔註69〕 參見廖千惠、許智香：《生命的揉雜與創生：另一種對臺灣原住民文化處境與教育的思考與解讀》，《原住民教育季刊》，2006 年第 6 期。

〔註70〕 參見陳枝烈：《都市原住民兒童適應問題之探討——二個兒童的晤談》，《原住民教育季刊》，1996 年第 1 期；石與華：《淺談都市原住民教育之發展——臺北市原住民教育現狀》，《原住民教育季刊》，2001 年第 2 期；劉春榮、吳清山、陳明終：《都會原住民兒童生活適應與學習適應及其關聯研究》，《初等教育學刊》，1995 年第 4 期。

〔註71〕 參見譚光鼎：《臺灣原住民教育：從廢墟到重建》，臺北：臺灣師範大學書苑，2002 年。

〔註72〕 參見陳枝烈：《原住民教育：18 年的看見與明白》，屏東：臺灣屏東教育大學出版社，2010 年。

忠成）以及卑南族孫大川等學者。

這一時期，臺灣原住民教育研究的發展方向主要是透過被研究者的主位觀點與人類學理論之間的交互驗證，進而重新檢討當今原住民教育樣態，並且在多元文化的語境下，思考原住民文化傳承及教育發展的未來。

此外，一些日本學者也通過回溯日據時期的原住民教育，對教育制度史進行研究，如松田吉郎以及北村嘉惠等學者〔註73〕，補充完善了日據時期原住民教育的歷史。

臺灣原住民傳統上沒有文字，相關歷史資料極為有限。雖然荷據及清領時代留有不少記錄，但真正較全面記錄臺灣原住民的歷史，可以說從日本殖民時代才開始。原住民教育是研究臺灣史不可缺少的一部分，學界對於臺灣原住民教育的研究取得了較為豐碩的學術成果，加深了我們對臺灣原住民教育的認識，但就總體而言，臺灣原住民教育研究在臺灣研究中的比例仍偏低。此外，針對臺灣原住民教育的研究還存在一些不足，主要表現在：一、共時性研究較多，歷時性研究相對較少，對於長時段內原住民教育的發展歷程缺乏必要的關注；二、相對較為忽略民族文化的傳承及學校教育實踐之間的互動關係；三、立足教育學所開展的研究較多，從民族學視角開展的研究相對較少。基於此，本研究希望透過歷史進程，透視日據時代以降原住民教育的發展脈絡，藉由歷史的縱向視野、比較的橫向視野以及社會的文化視野，對日據以來臺東地區原住民教育進行審視，以期站在前輩學者專家的「肩膀」上，進一步思考臺灣原住民教育及文化發展問題。

三、知識與權力的相關理論

知識與權力是福柯理論的思想主軸。他在其「知識考古學」的框架下，分析了權力是如何運作的，並將對於權力的考量放置於知識、技術及身體等維度。在後期，福柯更是直接用譜系學的方法對知識、權力與身體進行分析，以此對人的「主體性」相關問題作出分析與闡釋。

福柯認為，關於權力的理論主要有兩種，其一為馬克思主義經濟學的理論，其二為法理主義的法權理論。福柯將權力置於後現代的語境下重新進行思

〔註73〕 參見松田吉郎：《臺灣原住民と日本語教育——日本統治時代臺灣原住民教育史研究》，東京：晃洋書房，2004 年。北村嘉惠：《日本植民地下の臺灣先住民教育史》，札幌：北海道大學出版會，2008 年。

考。首先，他認為不能簡單地將權力視為宏觀制度性的特權力量或是階級特權力量，而應同時考慮到權力的微觀滲透及表現。福柯在其著作《規訓與懲罰》中根據由邊沁所提出「圓形監獄」這一概念，進一步對監獄制度進行分析，他認為規訓權力最直接的體現就是監獄。〔註74〕在監獄中，犯人身處環形全景敞視的監控體系中，宏觀權力通過層級監視、規範化裁決以及檢查等手段體現，而微觀權力則通過空間分配術、時間控制術、活動編碼術以及組合編排術體現。〔註75〕由此，福柯認為權力無所不在。現代社會的權力比起舊時君主制度下的懲罰體系以及18世紀人道主義的懲戒模式，相對而言較為溫和，但它卻悄無聲息地滲透進日常生活中，如學校、兵營、工廠等，對個體的操控更為嚴格及周密，對個體的身心進行有意識的控制及改造。〔註76〕福柯認為，我們在看待權力的時候，如果只單純地把它與法律或是國家機器聯繫在一起的話，那麼就會把權力問題「貧困化」。福柯認為權力則「更複雜、更稠密、更具有滲透性」。〔註77〕

　　福柯對於「知識」（或真理／話語）做了詳細討論則在其著作《知識考古學》一書中。他提出知識是在詳述的話語實踐中可以談論的東西。它是一個空間，在這個空間裏，主體可以占一席之地，以便談論它在自己的話語中所涉及的對象。〔註78〕同時，他認為「某種權力形式能夠生產出對象和結構都極為不一樣的知識」〔註79〕。在其著作《瘋癲與文明》中，福柯揭示了知識促使權力對人發生作用的過程。他認為，那些所謂的「精神錯亂」是由知識製造並構建出來的〔註80〕，即是知識在批准權力的行使，說服民眾必須遵守由它所指定的

〔註74〕　參見〔法〕福柯著，劉北成、楊遠嬰譯：《規訓與懲罰：監獄的誕生》，北京：三聯書店，1999年。

〔註75〕　參見董建輝、張雪婷：《規訓之術：日據時期的臺灣原住民教育》，《廈門大學學報（哲學社會科學版）》，2019年第4期。

〔註76〕　〔法〕福柯著，劉北成、楊遠嬰譯：《規訓與懲罰：監獄的誕生》，北京：三聯書店，1999年。

〔註77〕　〔法〕福柯著，嚴峰譯：《權力的眼睛：福柯訪談錄》，上海：上海人民出版社，1997年，第161頁。

〔註78〕　〔法〕福柯著，謝強、馬月譯：《知識考古學》，北京：生活・讀書・新知三聯書店，2003年，第203頁。

〔註79〕　〔法〕福柯著，嚴峰譯：《權力的眼睛：福柯訪談錄》，上海：上海人民出版社，1997年，第146頁。

〔註80〕　參見〔法〕福柯著，劉北成、楊遠嬰譯：《瘋癲與文明：理性時代的瘋癲史》，北京：生活・讀書・新知三聯書店，1999年。

規則。〔註81〕而通常行使知識論述的人，通常是社會關係中擁有權力的人，且可運用此權力來進行知識的傳播。〔註82〕福柯進而認為，知識與權力二者之間存在密切的關係。他提出，「權力製造了知識」，「權力和知識是直接相互連帶的」，「權力—知識，貫穿權力—知識和構成權力—知識的發展變化和矛盾鬥爭，決定了知識的形式及其可能的領域」。〔註83〕

總之，知識與權力密切聯繫，一方面，權力是一種關係，權力作用於知識，知識是由權力造就的；另一方面，知識促使權力對人發生作用，權力的運作和知識的積累之間存在密切的關係。〔註84〕知識依賴權力，以此增強其自身的權威及地位，同時權力又依賴知識，使得自身更合法化。〔註85〕概言之，知識與權力相互作用，緊密關聯。福柯認為，規訓的目的在於培養出「馴順的肉體」〔註86〕，受訓者「也被呈獻給新的知識形式」〔註87〕。

臺灣學者陳明仁對知識及權力有如下論述：權力在發生作用的過程中，透過多種且多層論述的競逐過程，在特定的時間與空間中，形成某種暫時的意識形態或文化霸權。而此種伴隨著語言所產生的權力關係，涉及文化詮釋的權力、意義的賦予、再現、認知等等意義的過程。〔註88〕他認為，權力會形成文化霸權，同時，語言也會產生權力，並作用於意義的建構。

從福柯關於知識與權力的相關論述中，可以得出權力產生知識，知識反過來又使得權力發生作用的結論。借助二者間的這種交互關係，我們可以進一步思考教育產生的背景、內涵、性質及意義。

〔註81〕 參見王友葉：《福柯的知識——權力理論闡釋及當代發展》，安徽大學社會學碩士畢業論文，2018 年，第 9 頁。

〔註82〕 楊翠雲、林惠如、馮翠霞：《以傅柯知識權力觀點論述健康團體角度下的戒檳榔行為》，《高雄護理雜誌》，2013 年第 30 卷第 3 期。

〔註83〕 〔法〕福柯著，劉北成、楊遠嬰譯：《規訓與懲罰：監獄的誕生》，北京：三聯書店，1999 年，第 29～30 頁。

〔註84〕 參見黃瑞祺主編：《再見福柯：福柯晚期思想研究》，杭州：浙江大學出版社，2008 年，第 118 頁。

〔註85〕 參見王友葉：《福柯的知識——權力理論闡釋及當代發展》，安徽大學社會學碩士畢業論文，2018 年，第 10 頁。

〔註86〕 〔法〕福柯著，劉北成、楊遠嬰譯：《規訓與懲罰：監獄的誕生》，北京：三聯書店，1998 年，第 156 頁。

〔註87〕 〔法〕福柯著，劉北成、楊遠嬰譯：《規訓與懲罰：監獄的誕生》，北京：三聯書店，1998 年，第 175 頁。

〔註88〕 參見陳明仁：《東臺灣歷史再現中的族群與異己——以胡傳之〈臺東州採訪冊〉的原住民書寫為例》，臺北：稻鄉出版社，2005 年，第 132 頁。

第三節　概念界定與研究方法

一、概念界定

（一）臺灣原住民

本研究所涉及的「臺灣原住民」指的是包括 16 個次級族群及平埔族，此概念等同於臺灣原住民族、臺灣少數民族、臺灣南島語族、臺灣高山族等。

在歷史上，臺灣原住民曾被稱為「番」、「夷」、「生番」以及「熟番」等多種帶有歧視性的稱呼。日據時期，日本殖民者則稱其為「番民」、「高砂族」以及「平埔族」。1945 年國民黨統治臺灣後，便將「高砂族」改成「山胞」，而「平埔族」因與漢人較為接近而被視為漢人。20 世紀 80 年代，隨著臺灣社會的「戒嚴」，社會風氣逐漸開放，「山胞」也在國外「土著民族」爭取權利運動的感召下掀起「正名」運動，因而改稱「原住民」。在整個 20 世紀，臺灣原住民族主要被分為九族，簡稱「高山九族」，即泰雅、賽夏、布農、鄒、阿美、卑南、排灣、魯凱及雅美族。截至 2014 年 6 月，臺灣官方認定的原住民已有 16 個族群，包括：泰雅（Taiyal）、太魯閣（Truku）、賽德克（Seediq）、賽夏（Saisiyat）、邵（Sao）、布農（Bunun）、鄒（Tsou）、魯凱（Rukai）、排灣（Paiwan）、阿美（Amis）、撒奇萊雅（Sakizaya）、卑南（Puyuma）、雅美（Tau，也稱達悟）、噶瑪蘭（Kavalan）、拉阿魯哇（Saaroa）和卡那卡那富（Kanakanavu）。此外，還有臺南市政府地方認定的西拉雅人（屬平埔人）。

（二）原住民教育

本研究所涉及的「原住民教育」不僅限於學校教育的範圍，而是將家庭教育、部落（或社區）教育、社會教育也納入研究的範圍。教育人類學相關理論認為不能孤立地看到學校教育，而是應將學校教育放置於整個社會文化背景中加以考慮。即從不同層級的教育環境中，整合分析教育發生作用的過程及產生的影響。

二、研究方法

（一）文獻研究

整體而言，對於區域社會的研究，首先應瞭解被研究族群的相關歷史沿革、地理環境與地方生活習俗，通過文獻的解讀，藉由歷史的透鏡審視地方社會。本研究利用文獻研究的收集、閱讀整理以及總結前人所做的臺灣原住民

教育研究與日據以來原住民教育實踐的相關文獻資料。文獻研究對於本研究至關重要，讓筆者可以站在「巨人的肩膀上」，回望歷史的發展，並提出自己的研究發現。在本研究中，筆者試圖通過文獻資料的運用，加入歷時性的研究方式，增加共時性研究的歷史層次，在動態過程中，凸顯原住民教育的變遷軌跡。

（二）田野調查

筆者於 2018 年 11 月首次前往臺灣進行考察，遂將本研究的田野點確定在臺灣的臺東地區，此後筆者曾多次赴臺進行田野調查，收集相關研究資料。本研究選擇臺東地區為研究點，首先考慮到該地區多民族混合雜居，亦有不同的民族文化及教養傳統，可以更加全面地瞭解臺灣原住民的教育；其次，該地區為臺灣的「後山」地區，屬歷代開發者開發較晚的地區，相比於其他地區，臺東地區保留的原住民文化相對更為完整。

通過長期的田野調查，筆者對於臺東地區的自然環境、原住民的分布、原住民的獨特文化特質及原住民教育發展有了更進一步的瞭解與認知。在「他者」的生活場域及各樣情境中與當地原住民「同吃、同住、同勞動」，深刻領悟臺灣原住民教育文化中的生命觀和宇宙觀。

（三）參與觀察

在田野調查期間，筆者深入到臺東地區諸多原住民家庭、部落社區及學校的日常情景中，參與觀察其祭祀儀式、家庭教育實踐、部落教育實踐及學校教育實踐等，深入瞭解不同層面的原住民教育文化的意涵。在參與觀察後，利用「深描」（thick description）方法，呈現其生動而富有戲劇化的場景，試圖還原臺灣原住民教育的文化情境。

（四）深度訪談

在田野調查過程中，尋找到一個好的報導人尤為重要，也是讓一個來自外部文化的「外人」快速且成功融入該族群（或部落、社區）最直接的途徑。一個好的報導人一定要在本文化的社會環境中長期生活較長時間，具備一定本族群文化的知識儲備，或是能跳脫出習焉不察的日常生活思考行為背後的文化意涵。筆者有幸能在臺灣的田野調查之行，遇到很多熱情的報導人們，他們或是從事民族教育及民族文化研究的教授，或是本族群的文化精英，或是部落裏的耆老，筆者針對他們的不同身份及訪談目的，對其進行結構性或

非結構性的深度訪談，並記錄當地原住民文化，如原住民生活概況、個人生命史、人際互動以及祭典儀式活動等，以便能夠多層次多維度地闡釋原住民教育的內涵。

第二章 臺東地區原住民概況

第一節 臺東地區概況

一、地理位置

　　臺東縣位於我國臺灣東南部，全縣中心位置的經緯度為東經 120°10'，北緯 20°41'，總面積達 3515.25 平方公里，面積僅次於花蓮縣及南投縣，是臺灣的第三縣。該地區北接花蓮縣，東臨太平洋，南及西部毗鄰屏東縣與高雄縣。因臺東地區「平原萬畝，可農可工，而森林之富，礦產之豐」，連橫將其稱之為「天府之國也」，「久為世人所稱道」。〔註1〕從地貌特徵來看，臺東地區位於花東縱谷〔註2〕平原的南段，東西夾於海岸山脈及中央山脈之間，呈平直且狹長的河谷地形。卑南大溪、太平溪、利嘉溪以及知本溪等河流沖積作用下形成了如今廣袤的臺東平原，它也是我國臺灣東南沿海岸線最大的三角洲平原。卑南大溪是臺東平原最大的水系，滋養周圍的山林及野生動植物。從氣候特徵上來看，臺東地區屬熱帶及亞熱帶氣候，7 月份氣溫為年平均最高溫為 29.5℃，1 月份氣溫為年平均最低溫為 12.52℃，年均溫為 22.6℃。因臺東地區東臨太平洋，受海洋性氣候影響，海風強勁，每年夏秋季節（即 6～10 月）為颱風高

〔註1〕 連橫：《臺灣通史（下冊）》，北京：商務印書館，2017 年，第 609 頁。
〔註2〕 花東縱谷是臺灣東部縱谷地形景觀，夾在中央山脈和海岸山脈之間，由菲律賓板塊及歐亞大陸橋板塊擠壓行程，因橫跨花蓮及臺東而得名，在臺灣日據時期也被稱為「中仙道平野」或「中仙道」。花東縱谷南北長約 180 公里，東西寬 2～7 公里，面積約 1000 平方公里，海拔為 50～250 米不等。

發時節，其中以 8、9 月發生颱風的次數最多，臺東地區易受其影響，易對農業及房屋造成嚴重損失。除颱風直接帶來的損害外，臺東平原的河流也會因颱風帶來豐沛的雨水導致水位暴漲，沖毀農田及林地。臺東地區因位於中央山脈東側，下午日沒時間早，以致全年日照率較低、且日照時數較少。

　　面積僅 45 平方公里的蘭嶼島，是一座火山島，它主要由安山岩、蛇紋岩及玄武岩等構成。蘭嶼島地形以山地為主，島的中央為聳立的高峰，沿海則為狹窄的平地，且土質貧瘠，不利於農耕。蘭嶼島上河流短促，水流急險，因降水豐沛而水流量大；島內氣候同臺東其他地區類似，屬熱帶氣候，全年多雨且潮汕，又因處於颱風交集之地帶，夏秋季多颱風。

圖 2.1　臺東之於臺灣的位置示意圖

深色部分為臺東區域

二、歷史沿革及建制

　　臺灣古稱為「夷州」、「流求」，明洪武年間於福建設承宣布政司，臺灣隸屬於泉州府晉江縣。荷蘭人據臺時期，設立四個地方集會區負責管理各個區域，其中臺東地區設立以卑南為中心的東部地方集會區，並每年定期在 5、6 月召開東部卑南地方會議。1662 年，明末延平王鄭成功將荷蘭人全部驅離臺灣，開啟了明鄭統治臺灣的時代。但明鄭的力量在臺東平原並未威脅到卑南族的統治地位。可以說，荷蘭人離開後至清朝統治臺灣前，在臺東地區生活

的原住民受到外來文化的影響微乎其微，他們怡然自得地生活在臺灣的「後山」地區。

1683 年，清政府統一臺灣後開啟「清領時期」，為了完善行政規劃及建制遂設立臺灣府，隸屬福建省管轄。1684 年劃分臺灣行政區域，此時臺東仍未被劃入漢人開墾區域。可以說，清政府領臺前期，仍將臺東地區視為「化外之地」，將臺東地區的「蕃人」視為「化外之民」。作為清政府在臺東地區的最後一位地方行政長官，胡傳在《臺東州採訪冊》中記載：「州在臺灣山後，地皆群番所居。康熙時，全臺入版籍，原係南路理番同知所轄之境。第以其地荒僻，其人不解耕織，故不責其貢賦而化外視之。」〔註3〕

1875 年，清政府決定設立臺北府，並設置卑南及埔里社兩廳。其中，南路同知駐卑南，北路同知為中路駐埔里社，對當地的「蕃民」加以綏撫，以辦理民蕃交涉之事，遂開始施行積極的「開山撫番」政策。〔註4〕具體設廳情形如下：「開山撫番之議既行，以總兵吳光亮率中軍，同知袁聞柝率南軍，提督羅大春率中軍，三道而入，募商工隨行，設招墾局，獎勵移民，建卑南廳以理之。」〔註5〕將「南路撫民理番同知」移駐卑南（簡稱卑南廳）的舉動，標誌著清政府正式在「後山」規制行政機制，設官統治管理。清政府將「後山」納入行政管理的範疇，出於「牡丹社事件」〔註6〕後對於日本政治防範的目的，所設「卑南廳」也是清政府積極介入「後山」政策下的產物。臺灣學者陳明仁認為「這個位置『邊陲的邊陲』的卑南廳之所以重要，卑南廳之所以需要設官，卑南廳駐紮軍隊的原因，卑南廳積極拓墾的理由，除了因為『體恤民瘼』或『造福百姓』等堂而皇之的藉口外，更是千里之遙的帝國中樞面臨重重危機，亟需安定。卑南廳的安定與否，直接、間接地關係到清代帝國版圖的穩定，國防的安危。」〔註7〕表明雖卑南廳處於清政府統治版圖的邊陲地帶，但它的戰略地位卻十分重要，清政府對東臺灣卑南廳防範外敵的屏障作用很是看重。

〔註3〕　〔清〕胡傳：《臺東州採訪冊》，南投：臺灣省文獻委員會，1993 年，第 1 頁。
〔註4〕　參見宋龍生：《臺灣原住民史：卑南族史篇》，南投：臺灣省文獻委員會，1998 年，第 266 頁。
〔註5〕　連橫：《臺灣通史（下冊）》，北京：商務印書館，2017 年，第 609 頁。
〔註6〕　即 1874 年日軍對臺灣屏東牡丹社發動攻擊，以懲罰牡丹社原住民殺害船難漂流至此的琉球人，是為「牡丹社事件」。
〔註7〕　陳明仁：《東臺灣歷史再現中的族群與異己——以胡傳之〈臺東州採訪冊〉的原住民書寫為例》，臺北：稻鄉出版社，2005 年，第 66 頁。

1880 年，清政府又增設招撫局，施行政策性移民拓墾，臺東才正式開發。臺東所設撫墾局下設兩分局，分別為璞石閣及花蓮港分局，各自管理其下轄區域，並按照「各社設置一名教讀，以教番人讀書；設置一名教耕，以教番人耕田」〔註8〕，開展「撫民」計劃。此後，漢人逐漸進入「後山」，來到臺東平原墾殖、繁衍。

1887 年，臺灣建省，並將卑南廳改為臺東直隸州，行政管理方面則設置知州、州同、州判各一名，負責管轄南鄉（卑南覓）、廣鄉（成廣澳）、奉鄉、新鄉（新城）、蓮鄉（花蓮港）等五鄉。至此，臺東州轄「蕃社」共十一社，即斗史五社、太魯閣八社、加禮宛六社、南勢七社、秀姑巒二十四社、璞石閣平埔八社、成廣澳沿海八社、成廣澳南阿眉八社、卑南覓南十五社、卑南覓西二十二社、卑南覓北九社。〔註9〕

1985 年，甲午戰後日本侵佔臺灣。同年 7 月 18 日，臺灣總督府改臺東直隸州為臺南縣下轄的臺東支廳，隨後又改為臺東出張所。兩年後，臺灣總督府調整地方行政區域為六縣三廳，其中，東部地區獨設臺東廳，管轄卑南、水尾、奇萊（今花蓮市）三個辦務署。1909 年，花蓮港廳自臺東廳分出，獨立設廳，臺東的管轄範圍縮減至今日的海端、池上、長濱三鄉以南的區域。1945 年臺灣光復後，臺東廳改為臺東縣。

三、現況

臺東地區是由阿美、卑南、魯凱、布農、排灣、雅美等多族群混居的地區，其中較為特殊的是雅美族居於蘭嶼島內，與臺東地區其他原住民族群隔海相望。截止 2021 年 1 月底，全臺灣總人口為 23,548,633 人，原住民為 577,029 人，占全臺總人口比率為 2.45%。其中，臺東地區原住民為 78,487 人，占全臺原住民總人口數 13.60%，〔註10〕占全縣人口比例三成以上。

如今，臺東地區下轄一市即臺東市、兩鎮即成功鎮和關山鎮，以及十三鄉即長濱鄉、東河鄉、池上鄉、海端鄉、鹿野鄉、延平鄉、卑南鄉、金峰鄉、太麻里鄉、大武鄉、達仁鄉、綠島鄉以及蘭嶼鄉等，行政區劃如下圖所示：

〔註 8〕 連橫：《臺灣通史（上冊）》，北京：商務印書館，2017 年，第 348 頁。
〔註 9〕 連橫：《臺灣通史（上冊）》，北京：商務印書館，2017 年，第 110 頁。
〔註10〕 數據來源於臺灣政府統計諮詢網：https://stat.ncl.edu.tw/bulletinDetail.jsp?p=00000020，1，-1.5427579E8，「內政部戶口司」發布的《戶籍人口統計速報（110.01）》。

圖 2.2　臺東行政區劃圖

　　臺東地區物產豐富，以檳榔、釋迦、洛神花、池上米、小米等產品馳名全島。此外，其獨特的地理位置及得天獨厚的自然資源造就了臺東擁有眾多知名的旅遊景點，如風景秀麗的「三仙臺」景區、令人驚歎大自然鬼斧神工的「水往上流」景點、視野開闊最佳俯瞰地「鹿野高臺」、秒回電影場景的「伯朗大道」以及度假休閒勝地知本溫泉等，都令人流連忘返。

第二節　臺東原住民族群及其文化

　　清領臺後期，臺東地區聚居著原住民及從西部移民而來的漢人，清代胡傳〔註11〕所著《臺東州採訪冊》有記載：「臺東本番地，土著皆番人；以居平地，稱『平埔番』。客民則閩、粵人，自前山來者居多；北路，則宜蘭人居多。」〔註12〕如今，有卑南、阿美、布農、排灣、魯凱及雅美族等原住民與漢人共同生活在這片區域內。

〔註11〕胡傳（1841～1895）於 1893 年至 1895 年間曾任臺灣臺東直隸知州一職，兼統領鎮海後軍各營屯。
〔註12〕〔清〕胡傳：《臺東州採訪冊》，南投：臺灣省文獻委員會，1993 年，第 49 頁。

一、族群的起源及分布

（一）卑南族

臺東地區的卑南族，自稱為「Puyuma」（即「普悠瑪」），分為兩個系統，即知本系統和南王系統。其中，知本系統包括五個部落：知本、建和、利嘉、泰安、初鹿；南王系統包含三個部落，即南王、賓朗、寶桑部落。

卑南族很早便移居至此，在物產豐富、美麗富饒的臺東平原一代一代繁衍至今。卑南的南王部落耆老對於族群起源有如下口述史記錄：

> 太古時期世界上發生很大的洪水，類似洪水滅世之情況，大地被洪水淹沒得看不到山。那時南王社的祖先領一家人約三十名，乘坐大方舟自南方漂流到臺東，從遠處發現一個三角形的黑黑的東西，如同朝下擺放的鍋子，他們努力朝前駛去，想認出那東西，一靠近時才知道原來是一座山，那座山就是現在的都蘭山。先祖在那裡登陸，很久以後才發現在都蘭山之南方有一大片平原，是一個可以耕作居住的地方，乃遷移到這裡。〔註13〕

由此觀之，族群的起源仍繞不開「大洪水創世」的神話母題，而臺東地區卑南族的祖先相傳也在遭遇大洪水後乘坐方舟漂流至臺東地區，並從都蘭山登陸遷移至臺東平原。

除了「大洪水創世」神話以外，臺東的卑南族通常將本族群的起源劃分為兩個系統，即信仰石生神話的知本社群和信仰竹生神話的卑南社群。鳥居龍藏在踏查臺灣過程中，問及卑南社關於其祖先之事，族人回答「我們的祖先和知本社的祖先，本來是同族，都是從知本的饗山石中剩下來的」，亦有族人認為他們的祖先是從阿美族所栽種的竹子中生下來的。〔註14〕鳥居龍藏所記的「知本蕃」再後來學界將其劃歸為卑南族，鳥居龍藏在踏查紀行描述其祖先來歷時有如下記載：

> 原來是從知本開始繁衍的。古時，有神人從這巨石裂縫出現。最初有三個兄弟，長兄名叫「西仔西效」，老二叫「祕哨」，又叫「甘密得吉」，而老三叫「喊」。另外有三個姐妹依長幼次序分別叫「蜗味蜗密」、「睹姑」、「馬邏祿」。這六個兄弟姐妹，分別是卑南、知本

〔註13〕 臺灣總督府臨時臺灣舊慣調查會：《番族慣習調查報告書（第二卷）》，臺北：臺灣「中央」研究院民族學研究所，2000年，第15～16頁。

〔註14〕 臺灣總督府臨時臺灣舊慣調查會：《番族慣習調查報告書（第二卷）》，臺北：臺灣「中央」研究院民族學研究所，2000年，第15～16頁。

地方各社的祖先，從他們才有族群的繁衍。〔註15〕

　　筆者在調查過程中，曾拜訪卑南族的部落耆老，正如鳥居龍藏所記載的那樣，卑南族認可「竹生」與「石生」的起源神話。在卑南族部落也口耳相傳著祖先的起源故事：其中，「石生神話」主要講述了知本社群的祖先在 Ruvolan 海岸，由一塊石頭生出，男名為 Sokasokau，女名為 Tavatav，此後他們結合又生後代，便成為知本社群的祖先；而「竹生神話」描述了從海上而來的天神將茅草插在 Panapanayan 的海岸，而生長出來竹子，竹子分裂而生出男人和女人，男人和女人結合便生出卑南社群的祖先。

　　在調查中筆者發現，無論是竹生還是石生系統，卑南族都認為祖先的發祥地位於知本以南大約四公里處，臨近海岸的同一個地方，這就是知本社群稱之為「陸浮岸」（Ruvoahan）的地方，也是卑南社群稱之為「巴那巴那彥」（Panapanayan）的所在。祖先發祥地的位置準確地來說位於臺東縣太麻里鄉三和村與華源村之間，現有一石碑刻有「臺灣山地人祖先發祥地」字樣。臺灣宋龍生教授認為卑南族的知本社群比卑南社群離開發祥地的時間要早，他們在離開發祥地後，便向中央山脈南端發展，以石板建屋，建立固定的部落，並且經過了多次遷徙，而後於一山崖處新建部落，可以鳥瞰整個臺東平原。此時期是知本社群的全盛時期，此後他們又漸次下山，並沿著中央山脈的東麓，向北延伸。而卑南社群在離開發祥地後，遷移至卑南大溪所衝擊的卑南平原，以竹子和茅草建屋，綿延部落。〔註16〕

　　歷史上，卑南族曾有一個頭目，統轄本族及東部平原的其他原住民，即「卑南王」。相傳，卑南王在世時期，卑南社是整個臺東平原的統治中心，管轄著 70 多社，「任何一個番社，即使殺了一頭野獸，也必須將一隻獸腿送到王府。」〔註17〕卑南族的繁盛時期大約 1700 年至清代治臺末期，也是「卑南王」的時代。卑南社馳騁東部平原，屬地部落要向其上繳土地租稅及貢品〔註18〕，在當時被稱為「卑南大社」。清朝《臺東志》有載：

　　　　道光以前，卑南生番甚眾。有一番超乎眾之上，稱為卑南王，

〔註15〕鳥居龍藏，楊南郡譯：《探險臺灣：鳥居龍藏的臺灣人類學之旅》，臺北：遠流出版社，2012 年，第 183 頁。

〔註16〕參見宋龍生：《臺灣原住民史：卑南族史篇》，南投：臺灣省文獻委員會，1998 年，第 4 頁。

〔註17〕鳥居龍藏，楊南郡譯：《探險臺灣：鳥居龍藏的臺灣人類學之旅》，臺北：遠流出版社，2012 年，第 180 頁。

〔註18〕主要指土地上農作物的貢租、獵場使用的獵租及在區域內河流、海岸的漁租。

總管七十二社。七十二社之中，凡有射鹿、殺牛、宰豬者，必送一足於卑南王，名為「解貢」。阿眉〔註19〕常與卑南喜愛相鬥，阿眉屢敗，屢被卑南捆縛，殺傷甚多。阿眉因之生畏，甘心歸順為奴，居住卑南側後；凡卑南耕田種土，阿眉代為出力，如奴僕一般。〔註20〕

往昔卑南社為優秀的大頭目統御附近的蕃社，他們都以粟、肉類、貝類進貢。自詡為地位最高的「蕃人」，因而以卑南尊稱。〔註21〕由此可見，「卑南王」這個稱呼並不是官方的敕封，而是來源周邊部落對其的稱呼，是在這一時期卑南族在東部平原擁有極大權威和地位的象徵。

英雄總會遲暮，「卑南王」的統治勢力在清領臺後逐漸走向衰落。正如1887 年一位英國探險家在其見聞中所描述的那樣：

卑南社一度是東福爾摩沙的首府，這裡是海岸地區國王舉行會議所在……但這個一度強力聯盟的關係已瓦解……卑南社維持在竹林內的樣子，仍保持原始的美麗，但民族的光榮已褪色，最後一位頭目在不久前仍輝煌的時代死去。之後，這個民族就沒落了。他的女兒尚健在，但嫁給漢人。為了吸食鴉片，將王冠〔註22〕賣給一些漢人古玩商。〔註23〕

縱觀之，臺東地區的卑南族分為「竹生」與「石生」兩個起源系統，他們的遷徙路線從海洋上由臺東地區的都蘭山登陸，進而遷移至臺東平原。在歷史上，卑南族曾成為馳騁臺東平原的「霸主」，對轄內的其他原住民族群建立統治地位。時至今日，臺東地區的卑南族的分布區域主要位於中央山脈以東以及卑南溪以南的地區，成為卑南族的聚居區。

（二）阿美族

臺東地區的阿美族自稱「Amis」，他們也有與卑南族類似的「石生」起源神話，這些神話也從反映了阿美族的族群遷徙及分布狀況。

〔註19〕即阿美族。
〔註20〕〔清〕陳英：《臺東志》，附錄於《臺灣歷史文獻叢刊第 81 種：臺東州採訪冊》，南投：臺灣省文獻委員會，1993 年，第 81 頁。
〔註21〕劉克襄譯著：《後山探險：十九世紀外國人在臺灣東海岸的旅行》，臺北：自立晚報社文化出版部，1992 年，第 50 頁。
〔註22〕指乾隆御賞的六品頂戴。
〔註23〕劉克襄譯著：《後山探險：十九世紀外國人在臺灣東海岸的旅行》，臺北：自立晚報社文化出版部，1992 年，第 120 頁。

　　臺東地區阿美族的馬蘭部落（Varang）內流傳著這樣的說法，即「古時候，Sanayasai 與臺灣島之間，有陸橋聯絡，兩地的人往來容易。」〔註24〕筆者在調查訪談過程中，阿美族耆老也印證了這一說法。

　　針對「石生」的起源神話，鳥居龍藏在他踏查臺灣的紀行中，遇到一位90 歲的臺東阿美老人，老人向他講述族群的「石生」起源以及遷徙歷史：

　　　　卑南地方我們這一個阿眉〔註25〕蕃社，創立的時代最古的了。
　　祖先是一對男女，男的名叫 Tiruchi，女的叫 Tihogai，兩人是從知本
　　饗山的巨石出生的。他們來自北方，但不知道往何方離去。我們這
　　一族原來居住在卑南社，後來遷到窩碗社，又遷到蝦仔山，最後遷
　　到卑南這地方。古時候居住在蝦仔山時，分為南北兩社，以一條溪
　　溝為界，兩社的族人遷到卑南時，合成一社。水尾〔註26〕與花蓮港
　　兩地方的阿眉蕃，不是我們同一個地方的人，我們不知道他們是來
　　自何處，往何處離去。我們這一族的阿眉蕃居住於窩碗社，只有七
　　年，然後遷到蝦仔山的。〔註27〕

　　基於此，鳥居龍藏認為居住在卑南的阿美族，以及北部的阿美族，是在不同的年代遷入的。卑南社的卑南王稱霸東部以後，阿美族也逐漸衰微。

　　森丑之助在他的調查中，也提到東海岸平地阿美族的創世神話及遷徙歷史：

　　　　太古的時候，最早的祖先是一對男女，他們出現於奇密社〔註28〕
　　背後的 Ragasan，繁衍後代子孫。又有一則傳說，古時候發生海嘯，
　　很多族人溺死，只有一對男女乘坐一個春小米的方形木臼，劃到
　　Ragasan 避難，成為人類祖先。也有族老口述說，這一對男女是駕獨
　　木舟登陸於 Kawasan〔註29〕的。〔註30〕

〔註24〕　《蕃族調查報告書》阿眉族南勢蕃、馬蘭社及卑南族卑南社篇，大正 2 年 3 月
　　　　出版，引自安倍明義：《凱達格蘭族、噶瑪蘭族與阿美族》，楊南郡譯：《臺灣
　　　　百年曙光——學術開創時代調查實錄》，臺北：南天書局，2005 年，第 119 頁。
〔註25〕　即阿美族。
〔註26〕　即現今花蓮縣瑞穗。
〔註27〕　鳥居龍藏，楊南郡譯：《探險臺灣：鳥居龍藏的臺灣人類學之旅》，臺北：遠流
　　　　出版社，2012 年，第 173 頁。
〔註28〕　即現今花蓮瑞穗鄉的奇美，是阿美族古老的部落之一。
〔註29〕　即猴仔山。
〔註30〕　森丑之助，楊南郡譯：《生蕃行腳——森丑之助的臺灣探險》，臺北：遠流出版
　　　　社，2012 年第三版，第 542～543 頁。

阿美族的古老傳說都提到其遷徙至臺灣前，在南方早已有排灣族生活，而在西方，從中央山脈一直綿延至秀姑巒平原則生活著布農族，花蓮的內山有泰雅人，由此森丑之助認為「阿美族移入臺灣的年代，比其他種族晚得多。」〔註31〕

此外，臺東地區阿美族部落還流傳著如下神話：

> 太古時代，Botol（紅頭嶼）有一塊巨大岩石，某一天裂開，生出包括阿美族的人類。只有我們的祖先久久留在那裡。某一天我們的祖先站在海岸向四周眺望，看到一座橋，於是走上這座橋到 Sanayasai〔註32〕，暫時住在那裡。因為地方很小，生活不方便，又過橋到 Kakawasan，之後到南方的 Alabanai（知本南邊的美和村南端），從此以後族人各依照自己所好，輾轉到各地。其中，有的到 Posiko（璞石閣，現今的玉里）方面，有的沿著海岸繼續朝北方前進。到 Posiko 的族人後來走到花蓮港，發現陸地已盡，前面只有大海，驚嚇得掉頭逐漸南下。〔註33〕

由此可知，臺東地區的阿美族流傳著「石生」的起源神話，並且較晚才遷移至臺東地區生活。筆者在調查過程中，拜訪阿美族的部落，部落耆老也講述過相似的「石生」起源神話。現如今，臺東地區的阿美族主要分布在長濱鄉、成功鎮、東河鄉、卑南鄉等地。

（三）排灣族

臺東地區的排灣族屬東排灣群，他們最初是從臺灣西部，經由中央山脈而遷至此地。除此之外，還有從臺東遷來的、且屬卑南族系統的一群人也與之混住於其內。〔註34〕

據傳，在太古時代，臺東地區排灣族最早的祖先是從大武山的岩石中誕生的，故排灣族不但將大武山視為祖先降生、發祥之靈地，同時也是人死後靈魂

〔註31〕 森丑之助，楊南郡譯：《生蕃行腳——森丑之助的臺灣探險》，臺北：遠流出版社，2012 年第三版，第 543 頁。

〔註32〕 即綠島。

〔註33〕 源自《蕃族調查報告書》，引自安倍明義：《凱達格蘭族、噶瑪蘭族與阿美族》，楊南郡譯：《臺灣百年曙光——學術開創時代調查實錄》，臺北：南天書局，2005 年，第 118～119 頁。

〔註34〕 馬淵東一著，楊南郡譯：《臺灣原住民族移動與分布》，新北：「原住民族委員會」，臺北：南天書局，2014 年，第 223 頁。

回歸的居所。排灣族又有石生間接變形成人的故事，即先是從巨石中生出猴子、胡獲，之後有老虎、鳶及百步蛇。猴子與胡獲到 papadain 這個地方，第一次變成像人類的模樣，但很不完整。後來又到另一個叫 pultji 的地方，才變成真正的人形。又有一說，是說排灣族誕生於從天而降的一個古甕，即有一母陶壺受到太陽光的照射，接著便產出一個女性的蛋，這個孵出來的蛋與 Pocoan 家一個男性的靈魂結婚，此後便產下一女子。這個女子又嫁給山林裏的百步蛇，婚後便產下了排灣族的祖先。〔註35〕筆者在調查過程中，也曾聽聞有百步蛇誕生排灣族的祖先一說。

　　排灣族也認為他們的先祖是臺灣人類的祖先。當祖先在大武山出現之時，當時四周便是一片泥海沼澤，唯獨只有大武山聳立並露出海面，是唯一的陸地，〔註36〕也成為排灣族的發祥地。臺東地區的排灣族屬東排灣的巴卡羅群，現如今主要分布在金峰鄉、達仁鄉、太麻里鄉以及大武鄉等地。

（四）魯凱族

　　臺東地區魯凱族的祖先起源也有類似的「石生」傳說，日據時代的日本考古學與民族學家國分直一曾在他的文章中有如下描述：

> 相傳西方的中央山脈深山裏有一個叫做 Daroaringa〔註37〕的湖
> （今俗稱大鬼湖），從湖畔的一塊大石生出了一個始祖，名字叫做
> Homariri，另外從地表下生出了一個女的始祖，名字叫 Sumrium。
>
> 〔註38〕

　　臺東地區的魯凱族為東魯凱族。日據時代，日本人為方便管理原住民族部落，以武力強迫臺東地區魯凱族的達魯瑪克部落離開祖居地 Kapaliwa，部落幾經遷徙最終落腳利嘉溪畔的臺東縣卑南鄉大南村，是臺灣東部唯一的魯凱族部落。1969 年中秋節之夜，適逢艾爾西颱風，大南村發生嚴重火災，因遷居

〔註35〕參見孫大川：《山海世界：臺灣原住民心靈世界的摹寫》，臺北：聯合文學出版社，2010 年，第 184 頁。

〔註36〕參見森丑之助，楊南郡譯：《生蕃行腳——森丑之助的臺灣探險》，臺北：遠流出版社，2012 年第三版，第 541～542 頁。

〔註37〕即大鬼湖，位於臺灣中央山脈西側，高雄、屏東與臺東交界處，又稱他羅瑪琳池。魯凱族傳說 Dadel 社頭目的女兒嫁給湖神蛇郎君，為了愛投身於此。東魯凱族將此視為神聖之湖 Daroaringa，西魯凱族及排灣族稱之為 Daroparing，音譯為他羅瑪琳。

〔註38〕國分直一，楊南郡譯：《蕃界南路山海行》，《臺灣百年曙光——學術開創時代調查實錄》，臺北：南天書局，2005 年，第 350 頁。

山下石板取得不易，當時部落的房屋多是木造建築，在風助火勢之下，一夕之間部落家屋陷入火海之中盡數燒毀，族人生命財產損失慘重，許多魯凱族的傳家之寶、傳統服飾、珍貴照片亦付之一炬，原地重建後，因「大南」音似「大難」，乃更名為「東興」，希冀部落不再遭受災難，能再新興之意。時至今日，臺東地區的魯凱族只分布於東興村。

（五）布農族

臺東地區的布農族有關於「石生」的起源神話，與其他原住民族群類似，即布農族的祖先由巨石生。此外，布農族還有關於葫蘆、陶鍋、昆蟲變人的起源神話。〔註39〕

日據時代日本的地理學家、民族學家鹿野忠雄認為布農族的發祥地在濁水溪沿岸，布農族的神話也提及其發祥地 Lamogan 位於濁水溪下游，是個土地呈赤褐色、檳榔樹繁茂的地方。鹿野反對布農族是從臺灣東海岸登陸的觀點，而是認為他們在較晚年代從西部移入東部，並推斷布農族的移動方向是從濁水溪下游溯溪進入山地，長時間居於丹大溪、郡大溪等支流，在各流域形成各自的部落，他們所謂 Asanraigal（本社或大社）指的是巒大溪畔的巒大社，也指郡大溪畔的郡大社等蕃社。進而，鹿野推斷距今大約 300 年前，布農族的丹大社、巒大社及郡大社從他們北部的根據地，越過中央山脈到東部花蓮地區；進而於距今約 210 年到 230 年前，另一批郡大社和巒大社向東南方的臺東地區移動；距今 150 年前，郡大社向更東南方的臺東鹿野溪上中游及南部高雄地區移動。此外，鹿野認為南北兩端布農族語言的一致性，表明族群的大規模移動是較晚年代發生的。〔註40〕另一位學者馬淵東一認為布農族約在 18 世紀開始翻越中央山脈，前往花蓮及臺東地區。〔註41〕現如今，臺東地區的布農族主要分布在海端及延平兩鄉。

（六）雅美族

臺東地區的雅美族，也稱為「達悟族」。日據時代的日本考古學與民族學

〔註39〕 參見歐柏伶：《布農族神話故事應用於校園彩繪牆製作之研究——以花蓮縣卓溪國小為例》，臺東大學美術產業學系碩士論文，2017 年。

〔註40〕 參見鹿野忠雄，楊南郡譯：《山、雲與蕃人——臺灣高山紀行》，臺北：玉山社，2000 年，第 272～273 頁。

〔註41〕 參見馬淵東一，楊南郡譯：《臺灣原住民族移動與分布》，新北：原住民族委員會，2014 年。

家國分直一曾在他的文章中有如下描述：

> 自己的族人之間，自稱 Tau Tau（達悟族），祖先是從一座叫做
> Di-Kmaimoron 的山（大森山），叫做 Di-Paptok 的山腰處，長出的竹
> 子和石頭誕生的。這就是所謂以 Di-Paptok 為發祥地的古老傳說。忽
> 然想起了西海岸蕃社所流傳的一首古謠，這是關於石生祖先之歌，歌
> 名叫做「Anoanowud no Anakna no Nemutak Luraditan」：從天上降臨
> 的一塊石頭裂開，祖先誕生了，從 di-paptok 下山來，完成 mibanowa
> 祭典後，在 di-maramai 開始捕魚，在火把的火光照耀下，aribanban
> 〔註42〕群飛而至。〔註43〕

　　除了「石生」及「竹生」的起源神話之外，另有洪水後創世神話一說，即
「大洪水後，天神有意繁衍人類，乃命其二孫下降於島上。二孫告訴天神，島
上沒有食物，下降可能遭受飢餓，天神乃答應供給食物，二孫遂從天而降來到
島上。在下落過程中，天神命令一人需藏在一塊石頭內，而另一人需躲在竹子
裏，然後從天上投下來。石頭的重量較竹子大，所以先降落在 djipaputok 山
上，竹子較後落下。著陸後，石頭和竹子都裂開生出人來，兩人碰面，都很吃
驚，相互稱呼『tao』，就是『人』的意思。」〔註44〕他們便是雅美族的祖先。
現如今，雅美族分布於臺東地區的蘭嶼島上。

二、族群的傳統文化圖景

（一）服飾

　　傳統上，臺東地區原住民的傳統服飾符合其山林生活的需求，衣服多由
自織的麻布、獸皮與樹皮等原料加工而成。其中獸皮多為鹿皮、山羊皮等，樹
皮則多使用椰樹皮和芭蕉等材質稍軟的纖維組織。男子用來遮蔽下體的衣物
則不甚相同，有的在工作或是辛苦勞作之時便僅用木葉遮體，有的則使用腰圍
遮蔽，有的則使用方形的布片遮蔽，有的則使用一條長布將腰布全部包裹起
來。而原住民的女性都穿著長裙或使用兩件衣物圍腰及腳。衣物的剪裁方式
亦是簡單，北部原住民的衣物僅有一塊方形布，即外褂、蔽胸，還有的人把長

〔註42〕即雅美語的飛魚。

〔註43〕國分直一，楊南郡譯：《蕃界南路山海行》，《臺灣百年曙光——學術開創時代
　　　　調查實錄》，臺北：南天書局，2005 年，第 343 頁。

〔註44〕許世珍：《雅美族紅頭嶼社傳說一則》，「中央」研究院民族學研究所集刊，1960
　　　　年第 9 期，第 286 頁。

方布料兩條縫合三道，留下胳膊可以穿過的袖孔，作開襟無袖無扣無帶的樣式，即胸衣、長衣。〔註45〕清代《臺東州採訪冊》對其也有詳細記載：

> 番人男女皆上穿窄袖、對襟小衫，長僅及臍；下圍以裙。男裙長僅尺餘，女裙長二尺餘，皆不穿褲。寒則或以嗶吱、或以氈、或以粗厚麻布縫之，如北方平口布袋之式而反之；底開領口，底旁左右各開一口。自頂套下，露頭與頸及兩臂於口外；亦有前開襟者。腿及膝下，或縛布套如民人之套褲；男女皆然。喜紅綠色。亦有上體不穿衣者。木瓜男番，並裙亦不穿；僅以布尺許以繩繫腰垂下以遮羞。上體或以闊布、或以氈被之，如僧之袈裟。〔註46〕

臺東地區的原住民有著獨特的服飾文化，每一個族群、甚至是每一個部落的傳統服飾都有所不同。

鳥居龍藏在踏查臺灣時，對臺東卑南族的服飾特點有如下描述：「著短裙，上身穿漢衫或改良型背心，周邊縫飾傳統的條紋。上衣都是紺色，用的是木棉的質料。女子用紺木棉的頭巾纏繞頭部，腰部用長長的紺木棉布圍成腰布；有的人裸露肩部或整個上身，也有人和男子一樣，上身穿漢人的衣衫或背心。身份高的卑南蕃女子著古式的漢服，脖子上戴著用穿孔的琉璃珠、果核等穿綴成串的頸飾。」〔註47〕筆者在調查中發現，臺東地區的卑南族傳統服飾穿戴有六個規範，即「穿、束、繞、綁、扣、戴」，服飾的穿戴順序亦要遵守從下到上的規範。卑南族傳統服飾有「山、水、風、花」等不同的花紋，「山」代表熟知部落的傳統領域範圍；「水」代表認識水中的生物，會捉魚會放陷阱；「風」代表會看風向，會狩獵；「火」代表會炊事。

此外，卑南族的「花環」也是區別於其他原住民族的一個特色標誌。「花環是卑南族獻給世界的禮物」〔註48〕，在重要節日和祭典時，卑南族的婦女會親手編織花環並為家人佩帶，象徵美好的祝福。在不同的語境下，卑南族的花環有著不同的含義。筆者在調查過程中發現，卑南族男子晉升成年的儀式，由

〔註45〕參見林惠祥：《臺灣番族之原始文化（影印本）》，上海：上海文藝出版社，1991年，第15～16頁。
〔註46〕〔清〕胡傳：《臺東州採訪冊》，南投：臺灣省文獻委員會，1993年，第51頁。
〔註47〕鳥居龍藏，楊南郡譯：《探險臺灣：鳥居龍藏的臺灣人類學之旅》，臺北：遠流出版社，2012年，第176～177頁。
〔註48〕訪談詳情：林蕙瑛（女，卑南族），訪談時間：2019年12月6日，訪談地點：臺東卑南鄉下賓朗部落林蕙瑛工作室。

家人為其佩帶花環，象徵著他走出少年會所，要進入男子會所，邁入如花般燦爛怒放的階段；每年的卑南族大獵祭，凱旋而歸的男性總會收到家人親手編織的鮮花花環，地位越崇高，越受人尊敬，他得到的花環數量就會越多，這代表著家人及族人對他勇氣的肯定；在大獵祭，卑南族會為部落裏不幸失去親人的喪家送去花環，代表為他們除喪，清除掉過去一年的悲哀及不幸，為他們送去新年的祝福；卑南族也會為遠道而來尊貴的客人們送去花環，這代表著他們對於客人熱情的歡迎，纏繞的花環寓意著彼此之間剪不斷的聯結。花環不僅是區別自我與他者的外在表象，也是獲得他人對自己認同的體現。卑南族以佩帶花環區別於別族，同時，花環也是個人身份、社會地位的體現，這是對自我認同，也是族群認同。它也體現了一種親密感。通常卑南族的花環由家人親手編製而成，在成年禮、大獵祭也只會送給自己的家人，或是送給得到其認可的尊貴客人。花環作為情感的聯結，就像圈起來一個閉合的回路一般，將卑南族認為有情感共通的人放置於圓圈的內部。

居於臺東地區的阿美族服飾顏色較為鮮豔，多以黃、綠、紅、橘以及紫紅等顏色作為服飾的主要顏色。女子服飾有珠冠、裙、有袖上衣以及檳榔袋；男性著盛裝時，佩戴羽冠、綁腿、長外上衣與檳榔袋。男女常佩帶、耳墜、項鍊、腰帶等裝飾，對此清代《臺東州採訪冊》有如下記載：「後山南番，男女皆不刺面。惟中路阿眉男番，兩耳下垂處，皆扯長穿孔（圓徑寸許），以圓錫鏤花紋嵌入，或上插羽毛及小紅綠絨球，以為美觀；俗謂之大耳番。」[註49]筆者在調查過程中發現，臺東地區的阿美族的服飾在臺東六族群中最為鮮豔，具有較明顯的辨識度。

針對臺東地區東排灣族的服飾特點，森丑之助有這樣的描述：排灣族大多喜深藍色，多用深藍色的棉布裁制而成男性的上衣以及短裙。男子的短裙長度不長通常很短，在圍腰處留有細碎的皺褶。而女子的裙子則長度很長，通常有很多格子條紋作為裝飾。男女所穿的裙子根據固定的樣式製作而成，森丑之助認為其與南洋土著人的草裙有異曲同工之處，故推斷是由草裙演變而來。[註50]「男子的正裝用藍緞子、黑緞子或淺黃色的棉布裁制，沒有領子，有長達手腕中央的袖子。在袖口的裏子三寸長的地方，用紅、藍、紫、黃等色

〔註49〕〔清〕胡傳：《臺東州採訪冊》，南投：臺灣省文獻委員會，1993年，第53頁。
〔註50〕參見森丑之助，楊南郡譯：《生蕃行腳——森丑之助的臺灣探險》，臺北：遠流出版社，2012年第三版，第247頁。

線刺上排灣族特有的刺繡,再翻過來露出表面。」〔註51〕

此外,筆者在調查中發現,排灣族喜琉璃珠。這也是該族群服飾文化的一大特點。排灣族喜以琉璃珠為裝飾,珠子多半呈圓柱形,以直徑和長度大約相同的為最多,長度小於直徑的稱為『臼』形珠,另外尚有棗形、圓形、剝皮的橘子形、上面穿平行孔洞的扁平形或非常小的圓形等,大小以直徑三四分的為最多,也有達六七分,或小得不足一分的。有些是單色的,但顏色稍黑,呈現多彩而不光亮的顏色,包括藍、深藍、紅、赤紅、黃、米黃、綠、紫、黑、白和褐色等,十幾種顏色間或混在一起。根據顏色的不同,劃分為為半透明及不透明,又或是在一種顏色的基礎上,添加其他不同的顏色而共同構成美化的圖案花紋,著實令人稱讚。排灣族將這些琉璃珠當做男女的頸飾和腕飾,當中放一個或兩個最上等的珠。琉璃珠也是排灣族頭目尊貴社會地位的體現,品質好的琉璃珠由大頭目收藏,並世系流傳給後代,象徵著部落中頭目的權利與地位。〔註52〕

臺東地區魯凱族的服飾通常由麻布與棉布製成,族人因身份不同所著服飾也不盡相同。傳統上,頭目的服飾通常繡有百步蛇與太陽等紋飾圖案,而其他人則不能穿著及佩戴這些圖案的服飾。但筆者在調查過程中發現,現如今這些圖案成為魯凱族服飾文化的一部分,與陶壺、百步蛇、蝴蝶成為較為常用的服飾圖案。與排灣族類似,魯凱族也佩戴琉璃珠,每一個琉璃珠的色彩、花紋及圖案均不相同,每一個琉璃珠也有各自不同的名稱。除此之外,根據圖案花紋的不同,琉璃珠分為男珠和女珠兩種。除了琉璃珠以外,魯凱族多佩戴山豬牙、動物角及齒、銀質配飾、肩帶、戒指、獵袋等作為裝飾,形成了有魯凱族特色的服飾文化。

日據時代,鳥居龍藏在踏查臺灣時,這樣描述臺東地區布農族的服飾特點:「有的人用一條紺木棉的細帶,在腰間橫繫,有部分人使用一小布片以此遮蔽私處,在其胸前掛著用麻線織製的胸兜(Kulin),也兼作胸袋,裏面裝著煙草、煙斗,以及日常使用的小工具等。他們的頭部,用紺木棉製的頭布,盤繞於頭上。女子上身裸露,但下身用兩塊布圍成腰裙。男女都佩頸飾(Kalush),

---

〔註51〕〔日〕鈴木質著,林川夫譯:《臺灣蕃人風俗志》,臺北:武陵出版社,1998年,第104頁。
〔註52〕參見〔日〕鈴木質著,林川夫譯:《臺灣蕃人風俗志》,臺北:武陵出版社,1998年,第46~49頁。

是用草的果實、小豆、竹管、獸牙、琉璃珠穿綴而成，頸部所掛的有好幾串。他們的手臂上，也戴著用藤條編成的臂環。」〔註53〕此外，《臺灣蕃人風俗志》也有如下詳細描述布農族的傳統服飾：「布農族根據所在地的不同買衣服的種類和樣式也不同，大致分為上衣、胸兜、肚兜、兜襠布、腳絆等五種。上衣有皮質和麻布兩種，皮質的是用他們稱為山羊的野生羊的皮鞣製成，兩塊皮接合起來，前片的中央剪開，肩和腋下縫合，留出袖口和領口，通常沒有袖子，偶而也可以看到有袖的上衣，當做獵衣或禦寒用。穿的時候是有毛的一邊朝裏面，雨中外出時，就反過來穿。麻布製的上衣是用兩塊寬約七、八寸的麻布縫合，製法如同皮衣，麻布的兩端、背脊和前面中央部分，用有色的線織出圖案。胸兜是用寬約八、九寸的方形麻布，從中央斜斜折成三角形，附上皮繩後掛在胸前。露在外面，折成三角形，掛在脖子上，垂到腹前。胸兜和腹兜是成年男子才使用的，未成年男子只用胸兜，女子則完全不用。兜襠布也是男子專用，用交換而來的藍色或淺黃色棉布裁成寬八、九寸的方形，上端穿繩子做成。成年以上的男子將繩子結在腰間，棉布垂到身前，以覆蓋局部。女子則用兩塊寬約七、八寸，長約二尺三、四寸的麻布縫合，兩端穿繩子，做成兩片，纏在左右腰部。」〔註54〕

　　鳥居龍藏在踏查蘭嶼時，對臺東地區雅美族的服飾特點有如下描述：「平時只圍繫丁字褲，上身裸露，只有祭儀的時候，才穿上衣。」〔註55〕「男子的上衣是用寬六、七寸的淺灰色粗布縫製而成，長約一尺二、三寸，沒有袖子和領子，只用繩子在胸邊打結。男子的兜襠布則是寬六、七寸，長八、九尺的粗布，在腰邊僅僅的卷兩重，局部用黑線縫出龜甲的形狀。女子則用手巾形的布，從肩膀斜斜地掛到腋下，以遮蓋乳房，下面綁寬約一尺的粗布圍裙。男女平常都不穿衣服，平時男人用兜襠布，女人用圍裙遮羞。」〔註56〕

　　時至今日，經過歷史的洗禮和沖刷，如今臺東地區原住民的傳統服飾也發生了諸多變化，隆重的傳統服飾只在特殊節慶或儀典場合穿著，平時穿著則與漢人無異。

〔註53〕鳥居龍藏，楊南郡譯：《探險臺灣：鳥居龍藏的臺灣人類學之旅》，臺北：遠流出版社，2012 年，第 154 頁。

〔註54〕〔日〕鈴木質著，林川夫譯：《臺灣蕃人風俗志》，臺北：武陵出版社，1998 年，第 96～97 頁。

〔註55〕鳥居龍藏，楊南郡譯：《探險臺灣：鳥居龍藏的臺灣人類學之旅》，臺北：遠流出版社，2012 年，第 257 頁。

〔註56〕〔日〕鈴木質著，林川夫譯：《臺灣蕃人風俗志》，臺北：武陵出版社，1998 年，第 113 頁。

（二）飲食

臺東地區的原住民食用肉類多以山豬及家畜為主，五穀多食用大米、小米、糯米、番薯等。據清代《臺東州採訪冊》記載：

> 番人日食，皆地瓜、小米；芋熟，則食芋；鮮食稻米。向無碗箸，以藤編圓器（徑尺許）如盆以盛食，或以海蛤為匙、或以手掇而食之。遇喜慶或客至，則為米粿（謂之「巴巴」）以為敬。飲則以瓢。尤好飲酒。酒以小米蒸而釀之；其用糯米釀者，味甚醇美，經宿即成；無「以口嚼米吐出釀酒」之說。〔註57〕

圖 2.3　原住民蒸製糯米飯用的竹桶

圖 2.4　原住民製作的糯米團「Abay」

〔註57〕〔清〕胡傳：《臺東州採訪冊》，南投：臺灣省文獻委員會，1993 年，第 51 頁。

　　筆者在調查過程中發現，臺東地區的原住民喜食糯米，他們將包好的熟糯米團成為「abay」（音「阿拜」），「abay」也因族群及製作方式的不同，有各不相同的名稱。通常在節慶祭典時，部落中的每家每戶都要製作熟糯米團，或贈與參加猴祭的少年，或贈與參加大獵祭的男性，或在儀式過後的聚餐中一起分食。在同一個時空內，與祖靈、與族人共同分享食物，通過食物將祖靈與自己聯結在一起，也將部落的族人緊密連接在一起，熟糯米團這種食物也成為神聖與世俗之間聯結的紐帶。

　　因臨近太平洋，臺東的原住民喜食新鮮的魚類、海鮮、藻類等食物，製作方式通常較為簡單，多為生食、白灼或是炸製。阿美族更是善於捕魚的族群，從河魚到海魚，他們熟知哪個時令哪種魚最為肥美，也熟知每種魚最美味的烹飪方式。除了三餐外，臺東地區的原住民常嚼檳榔。《臺灣蕃人風俗志》有記載：

> 他們把檳榔子剖成兩片，在切口塗揉好的石灰，再用老葉包起來咀嚼。咀嚼後吐出紅黑色的汁液，看起來很像吐帶黑色的血般。牙齒因此而染成黑色，嘴巴周圍有檳榔渣，使嘴巴看起來很大，就像咬滴血的生肉一樣。〔註58〕

　　筆者在調查過程中發現，臺東地區的原住民在閑暇之餘便會嚼食檳榔，年齡較大的原住民因頻繁咀嚼檳榔，導致牙齦以及整個口腔變成深橘紅色。當問及嚼食檳榔的原因，一部分原住民表示「就是想吃，不吃就覺得嘴裏沒東西就怪怪的，這個檳榔就是我們原住民的口香糖」，另一部分原住民則表示「吃檳榔提神醒腦呢，開車的時候不會困，天冷的時候來一顆就不冷了。」此外，檳榔在原住民的人際交往中也扮演著重要的角色，族人見面問好後便會共同分食檳榔。在此種社會交往的情境下，檳榔則具有社會互動的意涵。另一方面，在筆者參與的原住民祭典儀式中，檳榔常與「abay」、米酒一道成為奉祀祖先的供品。在此類儀式性的文化語境下，檳榔與「祖靈」溝通的神聖性特質則被強調。

　　因其獨特的地理位置及豐富的山林資源，臺東地區的原住民也更喜愛田鼠、飛鼠這種「奇特」的食材。筆者在調查期間，一位南王部落的出租車司機得知我們住在吳花枝阿姨家時說：

〔註58〕〔日〕鈴木質著，林川夫譯：《臺灣蕃人風俗志》，臺北：武陵出版社，1998年，第107頁。

　　　　她請你們吃田鼠了嗎？她可是超會捉田鼠的，每次她開車去長
　　濱，都會放架子，回來就捉回好幾隻田鼠。我們原住民都喜歡吃這
　　個，以前我妻子坐月子的時候，我就弄那個給她吃，很補呢。一開始
　　她還不吃，後來喜歡上吃了，還自己學著放架子去捉田鼠呢。〔註59〕

　　筆者有幸在調查期間吃到了吳阿姨做的田鼠美食，先將田鼠清洗乾淨慢慢
炸製後調味翻炒，肉質緊實，濃厚醇香，這也是卑南族餐桌上難得的美味。

　　此外，居住在蘭嶼島上的雅美族最為出名的美食便是飛魚。每年3月至7
月，飛魚伴隨黑潮而來，帶給雅美族豐富的食物，他們靠海吃海，是「真正的
海洋民族」〔註60〕。

（三）婚姻家庭

　　臺東地區原住民的家族分為母系制度及父系制度兩種。其中，阿美族、卑
南族為母系制度，其餘為父系制度。相較於卑南族，臺東地區的阿美族在傳統
上是更為嚴格的母系制度社會。母系制度的世系及子嗣系統是根據母親的系
統來計算，家的系譜由女性傳承，故女方不嫁入男方家，而是男方進入女方家
為婿，他們所生之子女，不屬父親那邊的男方家，而是屬母親這邊的女方家。
《臺灣府志》有載：「重生女而不重生男。男則出贅於人，女則娶婿於家也。」
〔註61〕在母系制度下，家通常由女性管理，男子在年幼時受到母親照顧，當其
成長到一定階段，便會居於部落中的男子集會所，婚後則居於妻子家中，若是
婚姻破裂或是喪偶，便會搬回集會所居住。對此，清代胡傳所著《臺東州採訪
冊》有如下記載：

　　　　生男未成童，尚為父母任樵牧；稍長，則出居「擺郎館」，不事
　　耕作以養父母。惟持刀槍日出遊獵，得鹿或殺人則自以為豪，眾亦
　　稱之。出贅婦家，轉為婦之父母耕作；歲收所入，盡歸婦之父母。
　　或其父母窮乏，不過小小周恤之；往來其家，亦視之如客。其待兄
　　弟，亦不如待其姊妹及妻姊妹之親切也。〔註62〕

〔註59〕訪談詳情：南王部落的出租車司機（男，卑南族），訪談時間：2019年11月
　　　23日，訪談地點：臺東南王部落出租車內。
〔註60〕孫大川：《山海世界：臺灣原住民心靈世界的摹寫》，臺北：聯合文學出版社，
　　　2010年，第14頁。
〔註61〕〔清〕蔣毓英著，陳碧笙校注：《臺灣府志校注》，廈門：廈門大學出版社，1985
　　　年，第56頁。
〔註62〕〔清〕胡傳：《臺東州採訪冊》，南投：臺灣省文獻委員會，1993年，第49頁。

筆者在臺東地區調查期間，聽卑南鄉下賓朗部落的耆老講述過這樣一個故事，從中可以加深理解其母系制度的意涵：

> 有一天，在一個卑南族的家中，母親和女兒準備打掃衛生，於是把丈夫的手提包掛在了門外，丈夫下班回來到家門口一看，發現自己的包被掛在了門外，心中震驚又傷心，想著自己被妻子掃地出門了，於是拿起包，騎著自行車就離開了。家中的妻子和女兒等著丈夫回來，等呀等，等到天都黑了，丈夫還是沒有回來，他們就很著急，按個給親戚朋友打電話，詢問丈夫是否在他們那裡。一個一個電話撥過去，終於撥到了丈夫的一個遠方親戚那裡，得知丈夫在那裡留宿。丈夫接起電話，妻子詢問他為何這麼晚不回家，去遠方親戚這裡，丈夫說「你把我的包掛在門外，難道不是把我掃地出門，不要我了嗎？」妻子聽後哭笑不得，連忙解釋是自己在家打掃衛生，一時間提包沒有地方放，就順手掛在了門外。〔註63〕

這個故事說明在卑南族家中，女性是掌控一切的管理者，財產、收入、家務均由其負責，男性實際上處於附屬地位，若不滿意，女性可以將男性「掃地出門」。對於男性來說，被趕出家門是一件不光彩甚至是恥辱的事情，若是他回到集會所，便會受到恥笑，因此故事中的男主角沒有去臨近的親戚家，而是投宿於遠方親戚。

傳統上，阿美族、卑南族的男女兩性分工十分明確，家中男性通常從事築設田地之柵欄、採收製作房屋器具之藤條、建造房屋、製作家具日常用品和農具、搬運收穫物、狩獵漁獵、製作及保養武器，以及從事集會所之勤務；女性則從事烹飪、搗米、養育、耕作、飼畜、女紅、產品交易、金錢保存收支，以及其他家事。但是，阿美族及卑南族的母系制度並不等同於漢族社會所認為的「入贅」。在筆者調查過程中，卑南下賓朗部落的林蕙瑛認為：

> 對很多母親來說，我的兒子能到女方家幫他們做事，讓他們過的好，是很榮耀的事情。〔註64〕

而阿美族則是一種「互助式」的婚姻形式：

〔註63〕訪談詳情：孫大山（男，卑南族），訪談時間：2019 年 11 月 18 日，訪談地點：臺東卑南鄉下賓朗部落孫大山家。

〔註64〕訪談詳情：林蕙瑛（女，卑南族），訪談時間：2019 年 12 月 6 日，訪談地點：臺東卑南鄉下賓朗部落林蕙瑛工作室。

通常看雙方家田地的大小，誰家田地大，就來誰家居住，可以幫忙打理田地。〔註65〕

林蕙瑛也據此編排過一個舞蹈，描述阿美族的這種習俗，就叫做《入家》。《臺東州採訪冊》對此習俗也有記載：

番俗婚配由男女自擇，父母不能為之主。南路埤南等社，皆男自擇女，悅之，則時至女家，饋女以煙、以檳榔；女亦悅之，乃告父母挽親戚說合，以布及米粿、檳榔等物為禮，而贅於女家。阿眉等社，皆女自擇男，時至鄰里親戚家助其婦女執炊、汲水，與其少年子弟相悅，乃歸告父母招贅之。中路各社，則皆男女幼自擇配，私相盟約。〔註66〕

若夫婦反目，則男子持其刀槍及隨身衣飾，單身出居「擺郎館」；所生男女及資財、牲畜，皆為婦有。〔註67〕

時至今日，在阿美族及卑南族的社會裏，母系制並非如此嚴格，稍有弛緩，但不可否認，這一制度仍深刻影響著阿美族及卑南族的社會，是其社會組織特徵中一重要特質。在此制度下，女性的權力遠超男性，女性在家中是財產的管理者及傳承者。

此外，在婚姻習俗方面，臺東地區的魯凱族曾在歷史上有過掠奪婚的習俗。日據時代日本的考古學家、民族學家國分直一有過這樣的描述：

大南社還保留著掠奪婚的古俗。娶新娘的日子，女方的家人和親族一起聚在新娘旁邊，抵制新娘被搶，而男方的家人和親族，則裝著搶新娘的架勢，一來一往之後讓新郎抱走新娘。一對新人進入洞房後，立即關上門窗，兩人各穿著一件 waist-cloth（腰裙），上身裸體，按照習俗格鬥，如果新郎被打敗，新婚之夜他就占不到便宜了。〔註68〕

（四）宗教信仰

傳統上，臺東地區的原住民多信仰萬物有靈的原始信仰及祖先崇拜。各部

〔註65〕訪談詳情：林蕙瑛（女，卑南族），訪談時間：2019 年 12 月 6 日，訪談地點：臺東卑南鄉下賓朗部落林蕙瑛工作室。
〔註66〕〔清〕胡傳：《臺東州採訪冊》，南投：臺灣省文獻委員會，1993 年，第 50 頁。
〔註67〕〔清〕胡傳：《臺東州採訪冊》，南投：臺灣省文獻委員會，1993 年，第 51 頁。
〔註68〕國分直一，楊南郡譯：《蕃界南路山海行》，《臺灣百年曙光——學術開創時代調查實錄》，臺北：南天書局，2005 年，第 351 頁。

落多以祖靈信仰作為其宗教信仰體系中最為重要的一部分，日常生活、生命禮俗及歲時祭祀皆以祖靈信仰為依託，祖靈信仰也是原住民社會文化的核心。

在原住民的宗教信仰中，他們相信靈魂不滅，認為在漫漫生命歷程中，最終目的就是進入祖靈所居的世界。「祖靈」包含了最高祖靈和各姓氏的祖靈，「靈」與「人」息息相關，祖靈庇護族人，族人從祖靈那裡尋找精神慰藉與情感寄託。他們認為日常所做之事都要以祖靈為遵循的方針，才不會招致災禍。同時，族人的日常行為切不可觸犯祖靈，嚴重者甚至會殃及全族。因此，臺東地區的原住民格外重視祭拜祖靈。在祭拜祖靈時，族人虔誠對祖靈進行拜祭，後代子孫被祖靈時刻監視及守護。若做好事，祖靈則會庇佑其福澤綿長；若做壞事，祖靈則會給予其懲罰，將好運收回。如阿美族等每年會舉行隆重祖靈祭，祈求保佑族人平安和來年穀物的豐收。

祖靈信仰深深印刻在臺東地區原住民的心中，他們相信祖靈具有無窮的力量，可以給予他們戰勝困難的勇氣，他們也相信祖靈能夠幫他們做出正確的人生選擇。臺東的卑南族在喝酒前需用手指蘸取杯中酒，向空中點撒三下，即敬天、敬地、敬祖靈，他們認為要祖靈先喝，自己才能喝，這是對祖靈的敬畏與尊重。他們也設有祖靈屋，安放祖靈，並在每個重大節慶祭典時，為祖靈敬上好酒和祭上新鮮的檳榔。此外，他們也會在做重大決定時向祖靈請示凶吉，並且確信祖靈的「旨意」，因為「這是祖靈告訴我的」。

除了祭拜祖先的儀式外，臺東地區原住民的祭祀儀式大多與農事有關，如射耳祭、播種祭、收穫祭等，祭祀儀式盛大而隆重，一般為部落全體成員共同參與。

小　結

臺東地區位於臺灣的東部，歷經荷據、清治以及日據等歷史階段，現如今在這片區域生活著六個原住民族群，即阿美族、卑南族、排灣族、布農族、魯凱族以及雅美族等。這六個原住民族群遷移至臺東地區並在此生活，創造了各有特色的原住民文化。

第三章　原住民傳統教育

　　原住民的傳統教育是一種生活體驗教育，一個人的教育從家庭到部落、從社會到自然，隨著生命成長而達至人與人、人與自然的和諧狀態。臺灣原住民傳統教育的奧秘就在部落，它是一個有機的場所，促使所有的學習能和生活與生命相聯結。在臺灣原住民的傳統教育觀念裏，知識是與所生活的世界緊密聯結在一起的，傳統教育的目的是將其社會化為一名真正的「部落人」。原住民自有一套傳統的教育觀念及方式，即建立在原住民傳統「知識觀」之上的教育形式，並以口耳相傳及以身作則的方式傳遞給下一代。

第一節　口傳敘事中的傳統教育

　　臺灣原住民對於子女的教育方式與漢人社會不同，原住民社會的人際互動綿密，部落耆老位高權重。因沒有自己的文字，早期原住民教育依靠口傳心授，在日常生產生活中耳濡目染上一輩的傳統與習俗，學習祖輩的知識及技能。傳統上，男孩跟隨父親學習狩獵，分辨方位、天氣、動植物等；女孩則跟隨母親學習種植、織布、刺繡等。另一方面，透過節慶祭儀學習祖先傳承的神話、歌謠、古調等口傳敘事。

　　臺東地區原住民的傳統教育注重道德品質及行為規範的培養，長輩通常在日常行為及傳說故事中灌輸後代以「尊老」、「兄弟和睦」的道德觀念。就原住民的傳說故事而言，臺東的阿美族部落流傳著「兒子違抗母命變成猴子」的故事，即：

　　　　有一個地方住著一對母子，有一天，母親叫兒子去撿柴，兒子

不但不順從，還出言頂嘴。母親一怒，用長飯勺打了兒子的屁股，一不小心，長飯勺刺進屁股裏難以拔出，兒子在驚嚇之餘，跑進北方山嶽一去不回，據說，現在山上的猴子就是他的後裔。〔註1〕

臺東地區的卑南族部落也流傳著「兄弟打架變成猴子」的故事，即：

古時候，有對兄弟為了搶食烤架上的香蕉而大打出手，一路打到山上，出乎意料地變成了猴子。〔註2〕

另有「姐弟爭執變成猴子」的版本，即：

在 babaTuran（地名）有某夫婦生育姊弟兩人，一如往常，夫妻倆相攜到耕地，因父母忘記為孩子備妥食物便出門了，兩個孩子只好忍著空腹等待雙親歸來，但終究難熬飢餓，看見垂在爐上方的竹棚有芭蕉，弟弟便攀爬柱子，坐到棚上吃起芭蕉來，其姊仰頭請求弟弟給她一根，但弟弟不給，因此姊姊亦攀爬柱子到棚上去，弟弟把所有成熟又大的芭蕉全部占為己有而不給姊姊，姊弟倆便起了爭執。附近的人們為兩個孩子的苦惱爭吵聲所驚動，上前來一探究竟時，只見在爐上竹棚相爭的姊弟，身體生出尾巴和毛、臉部變得赤紅而成了猴子。〔註3〕

同樣地，布農族部落中也有因違背敬老尊老的道德規範，導致「人變成猴子」的傳說故事〔註4〕。總體而言，臺東地區原住民的傳說故事多運用了與其息息相關的自然知識來教育孩子，即利用與原住民生存環境相關的、淺顯易懂的故事告誡後代須尊敬長輩、孝敬父母以及與兄弟姐妹和睦相處。

除了傳說故事體現了原住民傳統教育觀，還有古調和歌謠蘊含了原住民的教育智慧。布農族的歌謠大致可分為祭儀性質的歌謠、生活性質的歌謠以及童謠這三部分。其中，生活性質的歌謠及童謠體現了其傳統教育觀。如生活性質歌謠中有婦女工作歌，其內容為布農婦女在工作勞動中不忘祖先如何克勤克儉的生活，謹記布農族儉樸持家的美德；童謠大多為寓言式的故事以

〔註1〕 臺灣總督府臨時臺灣舊慣調查會：《蕃族調查報告書（第一冊）》，臺北：臺灣「中央」研究院民族學研究所，2007年，第217頁。

〔註2〕 臺灣總督府臨時臺灣舊慣調查會：《蕃族調查報告書（第一冊）》，第297頁。

〔註3〕 臺灣總督府臨時臺灣舊慣調查會：《番族慣習調查報告書（第二卷）》，臺北：臺灣「中央」研究院民族學研究所，2000年，第277頁。

〔註4〕 達西烏拉彎‧畢馬（田哲益）：《走入布農的世界》，臺北：海翁出版社，1998年。

教導孩童要孝順父母、尊敬長者。卑南族的歌謠可分為一般性歌謠、古謠以及祭歌三種。其中，古謠和祭歌體現了其傳統教育觀。如古謠有表達祖先遷徙歷史的曲調，提醒族人記得祖先的艱辛；祭歌有婦女除草完工祭歌，其內容為族人要團結一心互相幫助，珍惜勞動的果實。在調查過程中，筆者瞭解到臺東地區原住民其他族群的歌謠大多也與日常生產生活以及祭典儀式相關，其內容可以歸納為以下幾類：其一，教育族人不忘歷史，銘記祖先；其二，教育族人勤儉持家、忌奢侈浪費；其三，教育後代懂得尊重長輩，維持和睦的家庭及人際關係。

　　由此可見，臺東地區原住民的口傳敘事涉及對後代品行道德及行為規範的教育、對族群歷史的教育以及正確處理人際關係的教育這三個方面。它是基於原住民自身生存的自然環境而形成的一種「知識觀」的體現，屬原住民的家庭教育與部落教育的交互部分，對於原住民歷史記憶及意識形態的文化傳遞起著重要作用。

第二節　部落組織及制度中的傳統教育

一、年齡階層制與傳統教育

　　在臺灣原住民社會中，許多原住民族群有年齡階層制度。各年齡階層既是原住民部落內傳統教育觀達成文化傳遞的組織，也是個人獲得社會地位的依據，同時也是整個部落施以統一軍事行動的核心樞紐，更是祭典儀式的主持機構。最重要的是，它亦是部落成員互相密切合作、維持部落正常生產生活運行的團體。〔註5〕

　　通常而言，當部落內的男子成長到某個特定年齡，便開始加入該年齡階層，隨著年齡的增加，男子從低的年齡階層畢業，升入更高的年齡階層。隨著階層的變動，男子對於部落的義務會隨之發生變化，最終要承擔起保衛整個部落的責任。

　　臺東地區的阿美族及卑南族的社會都存在年齡階層制度。相同的是，這兩族群都將部落中的男性按照其年齡劃分為不同的階層，每一階層都有各自所屬的名字，依據年齡的變動及長者對於下級各項素質的考察，達成階層的

〔註 5〕 參見李亦園：《臺灣土著民族的社會與文化》，臺北：聯經出版社，1982 年，
　　　　第 281 頁。

晉升。各階層在組織中以長幼有序、互助團結、絕對服從為基本原則，各成員密切合作，以達至對男性教育訓練以及服務部落的義務與責任。每一年齡階層都設有一位或多位負責的管理者，以組織管理本階層成員或對外處理其他雜事。李亦園認為這種年齡階層呈「階梯體系」（hierarchy），成為阿美族及卑南族社會活動的「概型」（scheme）〔註6〕。這一體系從橫向來看，是有一定規律且固定的，但從時間的縱向來看，它卻是「輪轉不息，繼續向上移動的」〔註7〕。這種具有流動性的年齡階層制度，不僅是其會所制度的基礎，而且影響著阿美族及卑南族的社會生活，同時，也蘊含著原住民的生命觀及宇宙觀。

阿美族的傳統權力結構是年齡階層組織，它是行政、軍事、政治、教育多種功能於一體的社會組織形態。阿美族的男性與年齡階層相伴終身，從出生、成年到結婚成家，男性的一生都與年齡階層緊密聯繫，隨著年齡的增長，擔負的責任也隨著年齡階層的晉升而不斷改變。阿美族的各個部落對於年齡階層的劃分也不完全相同，如有五年編組一次及八年編組一次的不同。其中，五年編組一次的部落，按照傳統待部落中男孩從嬰兒長成小孩後，如果年齡超過15歲，那直到22、3歲之間，就一定得加入年齡組的前階段——未成年組，這一組叫做 masa-trots，亦即成為 toros，有所屬之意，成為這一階層的男性要服從上級的命令與指揮。青年人各組內分別有組長三至四名，年輕組只要負責監督以及命令下一級的各組，以保衛部落安全。〔註8〕臺東地區阿美族馬蘭部落的年齡階層可分為未成年者、青年以及長老這三級。其中，未成年組有服從上級成員命令的義務，在成為 pakarungai 的第四年，在收穫祭之時，則晉升為青年組。晉升青年組後，便可依據頭目的命令取得名稱，也可結婚娶妻，工作也將變得輕鬆。各組都有組長，所有人在 pakarungai 之時，就要練習雄辯的能力，主要是因為雄辯是成為組長的必備條件之一，組長有斥責下組，與上組進行交涉的責任。長老除了原有的普通組名外，還有資格擁有祭儀上的組名。〔註9〕

〔註6〕 李亦園：《臺灣土著民族的社會與文化》，第 281 頁。
〔註7〕 李亦園：《臺灣土著民族的社會與文化》，第 281 頁。
〔註8〕 參見〔日〕古野清人著，葉婉奇譯：《臺灣原住民的祭儀生活》，臺北：「原民」文化出版社，2000 年，第 240～242 頁。
〔註9〕 參見〔日〕古野清人著，葉婉奇譯：《臺灣原住民的祭儀生活》，臺北：「原民」文化出版社，2000 年，第 253～255 頁。

　　年齡階層也是卑南族文化中重要的特質，卑南族男子的年齡階層有著嚴格的劃分。其年齡階級採用通名製，即同一階級採用同一專屬稱謂。在男性的一生，隨著年齡的增長他要經過不同的階級，每一階段他在家庭、部落的地位都會有所不同。每一個階層因擔任的角色不同，而有不同的名稱及服飾，每一個部落的年齡階層名稱也不盡相同。通常來看，與阿美族類似，卑南族的年齡階層大致也可分為未成年組、青年組以及老年組。筆者在調查中發現，在臺東卑南族的南王部落，可以進入少年會所的少年期男子通稱為 takobakoban，分為四級：即 malanakan 一年級（13～14 歲）、ribatukan 二年級（14～15 歲）、kitubasal 三年級（15～16 歲）、malatauan 預備役級（16～18 歲）。成功晉升為青年組在今後的三年內，要接受上級的嚴酷役使，在第四年便可成為 vasalen，表示已成為堂堂正正的男子。Vasalen 是未婚的階層，已婚者到三十歲為止，稱為 mailang。宋龍生認為卑南社群族人對嬰兒期之男女及老年期的男女，是不分性別的，為依據人類之出生和衰老所作之自然的階級分類。兒童至兩歲時，即予以分化；進入少年期則具有強制規律性的集體生活訓練的社會化階段，年級分明、層層節制，下級須服從、尊重上級。而進入少年期的女子自然被歸為待嫁狀態，一直到結婚後方可獲得部落的認可，升為另一階級即已級的人。〔註10〕不同的階層所需擔任的職責是不同的，每一個男性在他的生命歷程中，他都明確自己在會所中所處的位置，整個卑南社會也因為會所制度而井然有序。

　　年齡階層是將原住民按照年齡劃分為不同的層級，由此對應每一個年齡段需掌握的生活生產技能以及社會責任。各層級之間體現著長幼有序、互助團結以及絕對服從的原則，是原住民部落教育的重要組成部分。

二、會所制與傳統教育

　　在臺東地區，阿美族和卑南族的部落組織基本上是建立在年級階層制度上的，即以年齡階序的差別而組成的團體，而與年齡階層密切相關的則是會所制度。

（一）少年會所

原住民男性青年是部落裏的核心力量，到達特定年齡的男子便要進入少

〔註10〕參見宋龍生：《臺灣原住民史：卑南族史篇》，南投：臺灣省文獻委員會，1998年，第 295～296 頁。

年集會所，由高階層的男性帶領進行勞動服役或是嚴格訓練，以磨練其強壯的體格及培養堅毅頑強的性格。

1. 空間格局

卑南族在日據時期被認為由八社十個部落組成，其中卑南社六大家系原本居住較為分散，六個家族以更生北路為界，南北各三個。因要共同抗敵，集中力量，故南北合為一個會所。1929 年 Puyuma（普悠瑪）〔註11〕部落由卑南向西遷移至南王，新建其少年會所及成人會所。1959 年無法使用而廢除，遂於南王國小南側的空地修建了普悠瑪傳統文化活動中心。該中心正門以普悠瑪男性長老帽飾作為標誌，裏面設有男子會所（Palakuwan）及少年會所（Trakuban）。鳥居龍藏曾在 1896 年踏查臺東時，參觀臺東地區卑南社、知本社等部落的少年會所，對少年會所的建築結構有如下描述：

> 知本蕃的公館，與其他蕃族的公館，在結構上是不大相同的。公館的地板非常高，用數十支圓木柱支撐，木板上鋪以竹席。屋樑中央部分比人高，但是越是接近屋簷，高度越低，最低處只到胸部的高度。屋頂向兩面傾斜，室內地板的中央部分設有火爐。從外面進屋時，沿竹梯上去。〔註12〕

現如今南王部落內少年會所中央為火塘，四周置物架，後方為少年們的床鋪，在空間的布局上形成了由中心至四周，由下至上的立體結構，其中也蘊含了長幼有序，層級嚴明的空間與倫理規範。

臺東地區的阿美族也設有集會所，為全社人所共有，構造與住宅大致相同，分為全部泥土地和一部分鋪地板等兩種。有些在中央設一個爐子，也有的在適當的地方設幾個；有些四面無壁，有些則是三面社牆壁，另一面開放，各地方不同。其相同之處在於，在白天，集會所是男性成員共同作業的場所，而在晚上則變為部落中未婚男性的集體宿舍。此外，集會所也充當了俱樂部、會議所以及禮堂的功能。集會所的一隅備有木鼓或竹鼓，供成員發布集合的號令或在危險時刻傳達警報。〔註13〕

此外，臺東地區大南社的魯凱族也曾設有少年會所。日據時代日本的考古

〔註11〕Puyuma（普悠瑪）是南王系統的卑南族對的自稱，是團結、聚集之地的意思。
〔註12〕鳥居龍藏著，楊南郡譯：《探險臺灣》，臺北：遠流出版社，1996 年，第 185頁。
〔註13〕參見〔日〕鈴木質著，林川夫譯：《臺灣蕃人風俗志》，臺北：武陵出版社，1998年，第 112 頁。

學家、民族學家國分直一對臺東大南社的魯凱族的少年會所有這樣的描述：

> 這是女人的禁地。屋內有 30 個榻榻米那麼大，中央是泥土地
> 面，兩側分為上下兩層的臥鋪。梁柱都刻著頭戴百步蛇的裸體人像，
> 男女私處特徵也有雕刻。〔註14〕

2. 少年會所之教育

少年會所的成員在會所期間接受部落教育，主要為兩個方面，其一為嚴苛的身心訓練，旨在訓練他們強健的體格和過人的耐力；其二為教育其對上級的服從，以及尊崇長者的道德規範及禮儀。

臺灣宋龍生教授曾在上個世紀 60 年代前往臺東的南王部落進行調查，在調查中，南王部落中的卑南耆老向他介紹卑南族的會所制度：以前古時候，少年會所 takuban 的成員通稱之為 takubakuban。男孩子們到了十三、四歲入少年會所，後來因為有學校了，就把入會的年齡漸漸降低，現在也有十一、二歲就入會的，施以集體的訓練，為期約四、五年。然後於大約十八歲時升入到成年會所，成為服役級 miabutan，要服三年的勞役。在升級是，少年或他的父母要請一位素來尊敬的長者老人給他圍上一塊藍色的腰布 butan。此老人從此即成為他的「教父」kinubasinan（意思為「我像他」，即「他是我的榜樣」）或直接稱「mu」（祖父）；祖父即對這個孩子為「徒弟」pinubarisinan，或直接稱為「tan」。認了義父的青年要終身服務於所認之族父。處於服役級的青年，需在成年會所完成三年的勞役後，方可晉升，成為除役級，稱之為 vensalan。〔註15〕

民族音樂家、教育家卑南族陸森寶〔註16〕先生在他的自傳中這樣寫道父親曾向他講述少年會所裏「嚴酷」的磨練：

〔註14〕 國分直一，楊南郡譯：《蕃界南路山海行》，《臺灣百年曙光——學術開創時代調查實錄》，臺北：南天書局，2005 年，第 351 頁。

〔註15〕 參見宋龍生：《臺灣原住民史料彙編 4：卑南族的社會與文化（上冊）》，南投：臺灣省文獻委員會，1997 年，第 21 頁。

〔註16〕 陸森寶是一位在日據時代出生（1910 年 11 月 2 日）於臺東廳卑南社的卑南族音樂歌謠創作家，他的族名為 Baliwakes（巴力瓦格斯），「Bali」在卑南語中是「風」的意思，「Baliwakes」即「旋風」，1941 年，他改名為森寶一郎；1946年改名為陸森寶。他應該算是卑南族第一代的知識分子。1915 年，陸森寶就讀卑南蕃人公學校，1919 年畢業；1923 年就讀於臺東公學校，1926 年畢業；1927 年就讀於臺南師範學校，1933 年畢業並取得臺灣公學校甲種本科正教員的資格；同年，出任新港公學校（現今三民國小）教師，1938 年任寧埔公學校（現今寧埔國小）教師；臺灣光復後，擔任臺東農校（現今臺東專科學校）的體育及音樂教師。

如果你要加入 takuban，你上一級的長輩會交付給你許多的任務，你會疲於奔命。在少年會所裏，即使天氣非常寒冷，你們低年級的仍要打赤膊，只能下半身圍上短短的藍裙。無論颱風下雨，你們都地當長輩們的跑腿，幫他們回家拿飯盒，帶到會所給他們吃；一定要等到長輩們全部吃飽之後，你們低年級的才可以開始吃飯，不管白天、晚上甚至三更半夜，你們如果被發現犯了錯，高年級的長輩會立刻叫你們出列，拿棍子來伺候。你們只能順從，站到長輩面前，誠心接受他們的棍棒。而長輩們打人的時候，絕不手軟，打在你們屁股上的聲音，是 vek、vek、vek 那樣結實的聲音。不過，無論怎樣疼痛，你們都不可哇哇哀叫。〔註17〕

筆者在調查過程中，通過參與原住民的祭典儀式，更加體會到少年會所對年輕一輩原住民的教育意涵。在訪談中，臺東大學的林清財教授也肯定原住民的會所制度，他說：「不然你以為當時卑南族是怎麼統治東部這麼大一片區域的呢？都是靠這個，會所制度對他們來說很重要。它有秩序地把部落族人組織在一起訓練，都是有他們一套運作體系的，這樣才能形成強有力的政權吶，才能在當時馳騁整個卑南平原。」〔註18〕

臺東地區大南社魯凱族的少年會所與卑南族的會所制度類似，都強調對少年的「苦行」訓練。日據時代日本考古學家、民族學家國分直一對其有這樣的描述：

15 歲以上的青少年終年裸身，睡在青年集會所裏，接受為期 3 年的訓練，這訓練期叫做 parisin，通過考驗後才能進階，改睡在上鋪。但是，要被長老判定為成年人，這個青年或少年必須睡在鋪滿毒草的木板上，也要過 4 天的斷食苦行，其間每天被長老打屁股，最後要通過長程賽跑的考驗，才完成訓練階程。這是一種斯巴達式的訓練，目的是讓未成年者身心耐勞耐苦，遠離性的衝動。〔註19〕

〔註17〕陳光榮、陸賢文編譯：《〈陸森寶親筆自傳〉初稿》，附錄於孫大川：《Baliwakes：跨時代傳唱的部落音符——卑南族音樂靈魂陸森寶》，宜蘭：傳統藝術中心，2007 年，第 31 頁。

〔註18〕訪談對象：臺東縣臺東大學音樂系林清財教授，訪談時間：2019 年 12 月 22 日上午 10 時，訪談地點：臺東縣卑南鄉下賓朗部落內。

〔註19〕國分直一，楊南郡譯：《蕃界南路山海行》，《臺灣百年曙光——學術開創時代調查實錄》，臺北：南天書局，2005 年，第 351 頁。

　　由此觀之，少年們在少年會所內接受禮節、服從命令、膽識及戰鬥的訓練。其中，禮節的訓練包括尊重長者及上一層級，按照長幼有序的原則規範其日常行為，如年幼者不能比年老者先睡覺或吃飯，在路上遇到老年人時需肅立垂首等等，正如《臺灣府志》有載：「年少之番，遇耆老尊長，必傍立低頭讓其去而後行」〔註20〕；服從命令的訓練要求集體命令下達時，下級要迅速作出反應，將任務完成；膽識訓練通常在夜間進行，事先將某物放置在山林深處，命令少年在夜間將物品取回，而上個階層的人會在必經之路暗中隱藏，故意發出聲音嚇唬受訓練的少年。

　　少年會所設立的首要目的，就是教育。少年會所的教育屬原住民部落教育的重要組成部分，同時也是社會化的教育過程。它讓原住民少年明白如何成為一名合格的原住民男性，帶有部落性及政治性。一方面，少年會所在一定程度上，是在模擬成年男性的制度，內部實行「自治」，即自己管理自己的所有事物，他們在會所建立自己的社會地位，也在會所增強自己的社會能力。少年會所為原住民青少年提供互動及自我學習的環境基礎，在此情境下有利於兒童自我認同及人格品性的養成，對於認識族群文化、承接社會責任、增強凝聚力及向心力、傳承部落文化具有重要意義及作用。可以說，少年會所是原住民男性的「學校」，這種教育模式與我們所熟知的學校教育全然不同，它是根植於原住民本文化語境下的獨特的教育形式，青少年在其中具有話語權。有人將其稱之為「斯巴達」式的教育模式〔註21〕，筆者認為少年會所制度更像是一個社團，少年們在成年前在這個「社團」內與他同階層的人一起長大，並同時進入年齡階層的制度結構中，接受嚴格的考驗，他們是共同承擔責任的朋友。而上一階層的人更像是「社團」內有經驗的學長學姐，對下一階層進行培育。其中，會有嚴格的軍事體育訓練，會有對上一等級絕對服從的道德灌輸，但也存在著分享與分擔。青少年在會所分享各自的心事、煩惱與經驗，聽取同齡人或上一級的建議或受到寬慰，這些關於成長、家庭、學習的煩惱與擔憂都可以找到發洩的出口。少年會所聚合了諸多有生命經驗的有血有肉有情有義的生命共同體，他們在自我成長的同時也伴隨著彼此的成長，這也是臺東地區原住民傳統教育文化的一部分。

〔註20〕〔清〕蔣毓英著，陳碧笙校注：《臺灣府志校注》，廈門：廈門大學出版社，1985年，第58頁。
〔註21〕斯巴達式教育是指以軍事體育訓練和政治道德灌輸為主，教育內容單一，教育方法嚴厲，其教育目的是培養忠於統治階級的強悍的軍人。

圖 3.1　臺東地區南王部落卑南族的少年會所

（二）成年會所

　　成年會所是少年會所的進階，相對於少年會所，成年會所的作用則更為重要。它是原住民部落最重要的組織，具備政治、軍事、經濟、社會、教育等功能，對內負責部落族人的事務，對外則負責與其他族群的公共關係。若原住民男子不加入會所，便會被一整個部落瞧不起，就不會被視為一個真正的男人，也不會有女性願意與之婚配。

1. 會所之設置

　　臺東地區卑南族的成年會所稱之為 Palakuan，即「巴拉冠」。據記載卑南族在歷史上共有六所成年會所，分別屬六個大的家族。六所集會所分別為 Pataban、Kinutul、Balubalu、Karunun、Gamogamot、Kinaburao 集會所。〔註 22〕

　　清代《臺東州採訪冊》有記載：

> 番人小年未有婦祭有婦已死或反目分離者，皆別居一處，曰「擺郎館」（一曰「巴樓館」）。社中守望及出供差役，皆此館中人任之。館必建於社之路口，而皆不置炊具；夜則共宿於館。日則或歸食於父母姊妹親戚之家、或其姊妹親戚饋之食，社各從其舊俗。而館中人必受頭人老番約束。〔註 23〕

〔註 22〕參見宋龍生：《臺灣原住民史：卑南族史篇》，南投：臺灣省文獻委員會，1998年，第 239～244 頁。

〔註 23〕〔清〕胡傳：《臺東州採訪冊》，南投：臺灣省文獻委員會，1993 年，第 49～50 頁。

鳥居龍藏在踏查臺灣時也有對卑南族成年會所的描述：

> 每一個蕃社都蓋了一座大房屋，土人把它叫做 Parangan，就是公館。公館是未婚青年寄宿的地方，頁作為蕃社的會議場所，可以說社內的公事，都在 Parangan 決議。〔註24〕

1887 年英國探險家泰勒在他行至臺東地區的卑南社時，對社內的成年會所做出如下描述：

> 卑南社附近的每一個村子，依自己的大小，有一個以上的 Palangkan。它是個大房子，供青少年居住，直到他們結婚。他們的食物由父母準備送到 Palangkan，年輕的小夥子並不允許住在父親的房子。在這些住宅裏，可以討論公共事務，任何訪客皆可進入，懸掛自己的物品，用公共的火煮食。平常，由一名年輕人輪流來看管。經常，整個村子的人都去田野，只有他守在 Palangkan 門外昏昏欲睡。無論何時，準備舉行一項公共會議，或是傳達任何重要的訊息，看守者會取下入口的鐵鐘，繫在腰上，跑過村子。他們的通知速度根據事情的緊急需要而定。〔註25〕

傳統卑南族的成年會所，有一長、寬各約三公尺的方形燃火區（即「火塘」）是必要的設施，在天氣轉涼時，集會所內每燃起火，老人們則圍坐在燃火區的四周長木（或竹）凳上取暖。〔註26〕火塘四周則為男子床鋪，及置物架等生活區域。

2. 會所之傳統教育

成年會所通常分為四個階層，即 miaputan 服役級（18～22 歲）、vasalan 除役級（22 歲以後）、paraparapat 已婚級（50 歲以下）、maidan（50 歲以上）。其中，服役級需在會所服役三年，在此期間內不得與女子交往，待服役期滿，並考核合格後即可晉升為除役級，晉升為此級別便可進行婚配。而 50 歲以上的 maidan 是整個成年會所的領導階層，擁有權威與聲望。在成年會所內，男子受

〔註24〕鳥居龍藏，楊南郡譯：《探險臺灣：鳥居龍藏的臺灣人類學之旅》，臺北：遠流出版社，2012 年，第 178 頁。

〔註25〕劉克襄譯：《後山探險：十九世紀外國人在臺灣東海岸的旅行》，臺北：自立晚報社文化出版部，1992 年，第 105～106 頁。

〔註26〕參見宋龍生：《臺灣原住民史：卑南族史篇》，南投：臺灣省文獻委員會，1998 年，第 359 頁。

上級長輩的口傳教育，有如下幾個方面：

其一，關於集會所內的規矩禮節；

其二，集會所來客之接待禮法；

其三，不讓集會所的水斷絕；

其四，集會所的火不熄滅；

其五，不得常常從集會所返回私宅；

其六，待長者、父母、婦人之道；

其七，男子須會唱一切歌謠；

其八，狩獵、漁獵之心得；

其九，出草須知的相關範圍及禁忌；

其十，各種祭典、儀式之規則；

其十一，各種祈禱之方法（馘首、狩獵、出征、凱旋、遠行的場合）；

其十二，卑南族的傳說、神話。〔註27〕

除了接受長輩的口傳教育，進入會所的青年也有義務為他們各自的「族父」〔註28〕服役，而教父則教導他服從、尊重老人，並教授青年許多知識和技能。

成年會所也同少年會所相似的訓練，如抵抗飢餓的訓練、不睡訓練、競走訓練、技能及生活訓練等。居於男子會所的服役級和除役級每日只吃一餐，飯由家中姊妹送來會所，且會所中男性不得在長者面前用餐，即使在會所內，也要等長者熟睡後方可用餐，若用餐過程中，長者醒來，就須終止用餐，因此服役級往往至黎明時分仍不得用餐。會所中的青年進行跑步訓練或到卑南大溪取水，更是需忍受飢餓。這種飢餓訓練對於會所中的青年亦是很大的挑戰。不睡的訓練也是建立在對於長者的服役和尊重的基礎上，需等到長者熟睡後方可稍作休息，早上在長者起床前需待命，這也是要培養青年警惕外敵入侵、保

〔註27〕 參見臺灣總督府臨時臺灣舊慣調查會：《番族慣習調查報告書（第二卷）》，臺北：臺灣「中央」研究院民族學研究所，2000年，第290～291頁。

〔註28〕 卑南族社會中有認義父（也稱「族父」）的習俗，通常由熟悉孩子性格和成長經歷的姑姑和阿姨代為尋找，挑選到和孩子性格比較符合的人選後，再由母親領著孩子詢問是否願意做孩子的義父，若願意，便進行認族父的儀式。而族父人選的選擇，則通常要求未喪偶且家庭美滿、有孩子，年齡與父母相仿，與孩子相差一代，通常55歲左右。族父在卑南族兒童的成長過程中扮演著至關重要的角色，他在每一個生命階段都參與其中。在判斷是否可以順利晉級下一年齡階段時，族父擁有第一權力，長老擁有第二權力。

護部落的能力。競走訓練則為了鍛鍊青年的體格，同時也是增強其保護族人的能力。技能及生活的訓練主要包含製器、編織、狩獵、祭儀、詠唱等卑南男子必備的技藝及技能。

　　晉升為服役級初來乍到的青年，需時刻在集會所待命，日常工作負責服侍上級並完成會所的雜事，例如縫紉、汲水、養護獵刀、農作。他們只可在晚上享用餐食，白天則不可用餐。在進行戶外狩獵時，服役級要嚴格聽從上級的指揮與命令，完成上級交代的各項指令與勞役。通常服役級在狩獵時的主要任務是負責協助上級，幫助其完成狩獵，例如承擔驅趕野獸以及在夜間負責準備食物等工作。此外，服役級須遵守以下規則：

　　其一，不得染齒；

　　其二，不得嚼食檳榔；

　　其三，不得清洗身體和臉；

　　其四，不得纏繞有花環的頭巾；

　　其五，短髮不得抹油；

　　其六，不得穿著有色的布（藍、紅、黃等）；

　　其七，刀鞘不得施以色彩；

　　其八，禁止頸飾和指環；

　　其九，不得輕佻地發笑，尤其是面對上級時禁止笑；

　　其十，與上級在路上相偕而行時，應背持上級的攜帶物品；

　　其十一，路上遇見長老時要馬上讓開避到岔路，沒有岔路時，則必須在看見長老的地點佇立，以待其通過；

　　其十二，長老走在前面時不得超前；長老從後面前來時，則須加快腳步，並藏其身影；

　　其十三，深夜不得唱歌或吹口哨；

　　其十四，與女子交談時要肅靜低聲，絕不能笑或高談闊論開玩笑；

　　其十五，進食時不得被家屬以外的人看見，用餐中遇有訪客來時，宜避開進食；

　　其十六，在集會所不得穿衣服。即使被雨淋濕，亦不得脫下兜襠布；

　　其十七，不可在長老面前抽煙；

　　其十八，長老坐在爐邊時，不得靠近火爐；

　　其十九，上級之餐食送來時，從其家人手中接下，於用餐時端給上級食

用，待上級食用後再把它收拾好並奉上水。〔註29〕

以上皆為嚴守長幼之序、尊敬上級、竭誠侍奉相關的規範。

原住民的會所制度側重於培養原住民男子驍勇善戰、有勇有謀、忠愛孝悌的性格及氣質，同時也對其進行嚴格的「肉體」訓練，更像一個「訓練」的場域。加入會所，也是原住民男性得到部落認可的必經之路，也是他們社會化的過程。成年會所是年齡階層組織的活動中心，也是排解糾紛的判決所、未婚男子的住地，更是男人學習各項知識技能的重要場域。男性成年後進入成年會所生活，便不再回家，等到結婚時便隨之在女方家生活。男性是部落的財產，部落一旦有外族入侵或是其他重要事情，男性便義不容辭衝鋒在前。成年會所起到了繼續社會化或再社會化的教育功能。它就像一個小型的部落，或是一個小型的社會。如臺東地區卑南族母系社會的特徵，使得家族中諸多事務由女性負責，女性也是家族、親族關係維繫的紐帶，而在成年會所中，男性的地位被強調，男性擁有更多的表現的機會，如議事、交涉，甚至是裁決等。另一方面，成年會所也有著經濟及軍事的功能。在會所中，男子共同生活，增強了部落的向心力及凝聚力，部落的文化也在一代一代口耳相傳、耳濡目染中保存、流傳下來，也是原住民傳統「知識觀」的傳遞。

圖 3.2　臺東地區南王部落卑南族的成年會所

〔註29〕參見臺灣總督府臨時臺灣舊慣調查會：《番族慣習調查報告書（第二卷）》，臺北：臺灣「中央」研究院民族學研究所，2000 年，第 294～295 頁。

圖 3.3　臺東地區下賓朗部落卑南族的成年會所

第三節　祭典儀式中的傳統教育

　　文化傳承需要透過文化教育而實現。祭典是代表一個民族文化永續經營的根本，原住民按照四季的更迭而發展歲時祭儀。傳統的祭典與祭儀是原住民與土地及自然環境和諧互動的體現，歲時祭儀中也具體展現了部落的傳統信仰、社會組織結構、生產生活習俗以及禁忌等文化要素。通常在祭典儀式的過程中，原住民族人在傳統文化的感召下實現了集體歡騰，同時也實現了文化傳遞。臺東地區原住民的這些祭儀蘊含了族人的傳統教育觀念，通過儀式的表現形式，原住民把本族對待生命的態度，以及價值觀與宇宙觀，都傳遞給下一代，完成了原住民傳統文化的代際傳遞，也成為延續及傳承原住民文化的重要途徑，同時也是原住民部落教育的重要組成部分之一。

一、小米祭與傳統教育

　　傳統上，臺東地區的原住民依據氣候變化及農作物的採播時令區分四季，以農耕、漁獵等為主的傳統經濟生產方式依據歲時的運行而展開。為了祈求祖靈保佑作物的豐收及族人的健康平安，歲時祭儀由此產生。

　　小米在臺東地區原住民的文化中是珍貴的糧食，布農族、阿美族、魯凱族、卑南族等族群的傳統部落生活節奏都與小米的生長息息相關。

　　小米在布農族的社會中扮演重要角色，族人依照小米的生長劃分農耕及農閒的時間。鳥居龍藏踏查臺灣時，對布農族的歲時有如下描述：「他們知道年，相信一年有十二個月。他們以這次的滿月（布農語 momo）到下一次滿月的期間，當做一個月，累積十二個月就滿一年。」〔註30〕並列舉了布農族觀念裏與小米有關月份之含義，如下表所示：

表 3.1　小米在布農族時間觀中的體現

月　份	布農語	含　義
三月	Sagsapasan	旱田整地之月
四月	Pahatageyan	狩獵之月
五月	Shioran	採粟穗插在屋簷之月
十月	Kahuman	農閒之月（只做割草砍柴）
十一月	Pinagan	播種之月
十二月	Asshinshinaban	祭祀之月

資料來源：筆者根據鳥居龍藏，楊南郡譯：《探險臺灣：鳥居龍藏的臺灣人類學之旅》，臺北：遠流出版社，2012 年，第 395 頁重新編制。

　　布農族收穫小米創造了祈禱小米豐收歌，即 pasibutnut（「八部合音」）小米祭是族人共同集聚歡慶豐收的重要節慶，同時也告誡族人要懂得感恩與分享。鳥居龍藏在踏查臺灣時，曾參與布農族的小米祭祀活動，有如下描述：

　　　　他們把小米碾成粉末，加水用手揉成小米團，如同日本的「茅卷」，包在芭蕉葉裏，蒸熟即成。家家戶戶大開酒宴。〔註31〕

　　小米在阿美族的社會也扮演著同樣重要的角色，與其禁忌和祭典儀式息息相關。臺灣原住民信仰萬物有靈，阿美族也不例外。他們認為小米同樣也有「靈」，族人要謹慎對待小米的播種、耕作、收穫及儲藏使用，才不會惹怒小米的「靈」而招致禍患。

　　小米祭除了是全體族人歡慶豐收的時刻，也是臺東地區魯凱族青年男女尋覓意中人的時機。東魯凱族將小米收穫祭稱為 kalralisiya，日據時代日本的考古學家、民族學家國分直一對臺東大南社的魯凱族的小米祭有這樣的描述：

〔註30〕鳥居龍藏，楊南郡譯：《探險臺灣：鳥居龍藏的臺灣人類學之旅》，臺北：遠流出版社，2012 年，第 394～395 頁。

〔註31〕鳥居龍藏，楊南郡譯：《探險臺灣：鳥居龍藏的臺灣人類學之旅》，臺北：遠流出版社，2012 年，第 396 頁。

　　8 月間舉行的小米祭期間，青年們上山砍取竹竿，而少女們則
去採集藤蔓。他們用竹子和藤蔓製作秋韆，擺在蕃社入口處廣場。
祭日那一天，青年男女聚集在秋韆旁邊歡樂。少女們輪流蕩秋韆，
有意向這個少女求婚的青年，扶著她從秋韆下來。每年只有一次機
會，讓青年男女彼此做親密接觸。〔註32〕

　　臺東地區卑南族與小米也有著密不可分的關係，小米不僅關係到農作豐
收，同時小米田也是卑南女性獲得傳統教育的場域。

　　筆者在調查中瞭解到卑南族一年有四個歲時節日，其中小米的播種到收
穫是一「季」，代表一個時令。播種小米的儀式稱為「小米播種祭」，為小米除
草的儀式稱為「除草祭」，收穫小米的儀式稱為「小米收穫祭」。在和小米有關
的勞作中，蘊含著卑南族對於女性的教育。如果說少年會所是男性訓練與學習
的場所，那麼小米田就是女性受啟蒙教育的「課堂」。

　　卑南女性與男性一樣，也分為不同的年齡階層，即初級、中級、中高級和
年長級（即高級）。小米田通常是女性進行勞作的地點，卑南族的南王、下賓
朗、利嘉等部落，都有由部落婦女組成的「除草團」，負責小米除草等勞作。
傳統上，大約 12 歲左右的卑南女性便被納入「除草團」，以家或親族為最小單
位，跟隨年長的上級女性加入部落性勞作團體的農作中。

　　筆者在調查期間通過訪問多位卑南女性，獲得了關於卑南族開展小米祭
儀的珍貴材料。通常，每年 12 月中旬小米播種祭開始，播種前要告知祖先，
播種時要求安靜，通常 40、50 歲的中高級女性會從事撒種的工作。撒種分為
撒播和滿播，通常是將小米與玉米間隔撒種。部落女性在小米田裏忙碌時，部
落的男性就負責提供食物，家裏的男性便回來小米田便送餐食。播種後，便要
進行除草，過去除草通常陸續要進行一個月左右，而現在的除草變成兩天，女
性長輩早上去除草，外出工作的年輕女性則會選擇在周末或是除草的最會一
天去完成除草工作。其中，小米祭儀的過程會在其中一天完成：清晨時分由兩
位成員負責搖鈴通知大家集合，人到齊後，由長老祈求祖靈保佑活動順利，再
依年齡順序列隊前往小米田。通常除草完畢後，辛苦勞作的女性便集聚在一起
用餐，此後要向部落宣告已經除草完畢，女性會去附近的林地撿拾木材拿至長
輩家中，之後便開始賽跑比賽。女性們身著傳統服飾進行賽跑，年長的女性便

〔註32〕國分直一，楊南郡譯：《蕃界南路山海行》，《臺灣百年曙光——學術開創時代
　　　　調查實錄》，臺北：南天書局，2005 年，第 351 頁。

會監督檢查年輕女性的服飾穿著是否正確，若不正確便會糾正。賽跑比賽中，拿到終點處竹子的女性會成為「傳令兵」，成為部落女性的榮耀。比賽完畢後，女性會在一起唱別離的古調，在歌中感謝幫忙的親戚家人和朋友，感謝勞動工具，感謝祖靈。

女性在小米田中播種、除草，不僅僅是單純的勞作，而且包含著上一輩對下一輩女性的教育，主要包含以下幾個方面：

其一，「生活要勤儉持家，不能鋪張浪費」生活習慣的教育；

其二，教育年輕女性要知禮懂禮的禮儀教育，林蕙瑛說：「以前部落裏不會有咬耳根嚼舌根、不會有八卦的事情，因為在小米田裏老人就會告誡年輕的婦女，你的嘴巴要閉緊一點，有問題就去解決，不能說別人壞話不懂禮」；

其三，教育年輕女性要尊重長者：「在小米田裏，老一輩會教導年輕女性對長輩要絕對尊重，要多去幫他們的忙」；

其四，教育年輕女性正確處理男女關係：「女性不能成為男性的拖累」；

其五，小米田也是緩和家庭矛盾的調節場合：「夫妻吵架後，男性的女性親戚或是女方的女性親戚便會找女方詢問情況，並在其中適度調節，最終都會在小米田裏講和。」〔註33〕

小米田間的辛苦勞作會讓年輕女性學習小米播種、除草的勞動技能和農事知識、如何正確處理人際關係以及熟知卑南族的禮俗等。一代一代的年輕女性在上一輩長者的教育薰陶下慢慢成長起來，她們又承擔起教育下一代年輕女性的責任和義務，就這樣在小米田間，教育的傳遞生生不息，卑南族的傳統文化和族群性格氣質完成了代際傳遞。

縱觀之，小米田的勞作對卑南女性的成長教育而言，主要有以下三種內涵：

首先，對於少女階段的卑南女子而言，在小米田從事勞作能夠使其向前輩學習日常生活及為人處世的原則及方法，如簡單農具的使用、學習縫紉、烹飪、舂米等家務，學習尊敬長輩之禮儀等；

其次，對於中年婦女而言，他們在小米田培養其領導能力，以及完成承上啟下文化傳遞之作用。在每年除草祭期間，會由部落耆老或領導者觀察每位成員，考察她們的能力、體力及領導力，試探她們的愛心、耐心及態度，挑選並培養下一位可以接替領導者的領袖人才；

〔註33〕訪談詳情：林蕙瑛（女，卑南族），訪談時間：2019 年 12 月 6 日，訪談地點：臺東卑南鄉下賓朗部落林蕙瑛工作室。

最後，對年長女性而言，在小米田裏強調了她們權威的地位，她們以身作則，展現出勤勞、堅毅、勇敢、能幹的人格魅力，為後輩樹立榜樣。

女性通過集體除草的勞務活動，由年長者教育年輕一輩關於部落倫理、禮節、兩性觀念及社會關係的知識，使得卑南女性具備成為女人及母親的資格。同時，卑南女性也以實際行動教育後輩，謹記與族人團結互助，尊敬長者。故有「小米田是卑南女性的學校」之說，足以可見小米田對於傳統原住民女性的教育發揮了至關重要的作用，與傳統原住民男性的教育場域相呼應，成為原住民傳統教育的重要組成部分。

二、少年猴祭與傳統教育

少年猴祭在卑南族社會扮演著重要角色，是整個卑南族部落的核心祭典。臺灣宋龍生教授認為卑南族的大獵祭（Mangayaw）一語的原意為獵頭的祭儀，而少年猴祭（Mangamangayau）則有模擬狩獵或模擬獵頭的意義。〔註34〕整個部落內部自我控制的力量、或是族內青少年社會化的過程，都是透過少年猴祭完成的，「沒有猴祭，就沒有卑南族的社會」，它也是卑南社會文化的「發動機」。〔註35〕

卑南少年從十二歲開始入集會所，直到十七歲，接受為期六年的斯巴達式嚴格訓練，藉以培養過人的膽識、敬老尊賢的態度，和絕對服從的團隊精神，並透過猴祭使青少年瞭解卑南族社會的組織體制，以培養團隊犧牲、榮譽、奮鬥忍耐的精神。整個猴祭儀式就是青少年接受嚴格訓練的開始，猴祭之後青少年進入會所組織，接受上級的教育訓練，並且對整個部落進行防衛及守護。少年猴祭體現了對卑南少年「斯巴達式」的訓練，也蘊含著卑南族的傳統教育觀。

卑南族各個部落關於少年猴祭儀式的具體操作略有不同，以下以南王部落及下賓朗部落為例，筆者通過參與觀察兩個部落的少年猴祭，對其進行民族志的描述與書寫，以期更具象化地呈現原住民蘊涵在祭典儀式中的傳統教育文化。

〔註34〕宋龍生：《臺灣原住民史：卑南族史篇》，南投：臺灣省文獻委員會，1998年，第300頁。

〔註35〕孫大川：《夾縫中的族群建構：臺灣原住民的語言、文化與政治》，臺北：聯合文學出版社，2010年，第73頁。

（一）南王部落的少年猴祭

南王部落（即 Puyuma 部落）是位於臺東縣臺東市南王裏的卑南族部落，該部落毗鄰卑南鄉，大致範圍西北至卑南山、東至臺東鐵道、南至太平溪左岸堤防。該部落為卑南族的「卑南八社」之一，現仍保有少年猴祭、大獵祭、婦女完工除草祭、小米收穫祭等卑南族傳統祭典儀式，是卑南族傳統文化保存最完整的部落之一。

1. 除喪儀式

2019 年 12 月 20 日，一大早南王部落的卑南少年們和巫師一起前往部落的邊界放置米酒，以祭祀驅邪之用。當晚 19 時，少年們集中在南王活動中心的少年會所，一名少年在同伴的幫助下爬上會所的屋頂，在上面用族語宣布儀式開始後，便在少年會所內進行「打屁股」儀式。低年級的少年們均赤裸上身，列隊接受高年級用竹竿的鞭打，每人至少要被鞭笞三輪。高年級少年一聲令下便舉起竹竿，鞭打低年級少年的屁股。被打屁股的男生不能哭，也不能喊疼，還要在鞭打過後大喊一聲「譜」，以示自己的勇敢無畏。

鞭笞儀式後，低年級的男生依次從少年會所下來，高年級的男生用墨汁將他們的後背、前胸及臉上畫上不規則的圖案，以驅邪除喪之用。接著，高年級少年每人手持綁有白色紙條的竹竿，低年級男生每人手持已呈乾枯狀的芭蕉葉在一旁列隊等待命令。芭蕉葉在南王卑南族的宗教巫術中有一特殊的功用，即驅邪除穢。比如驅逐不潔的檳榔陣必須在芭蕉葉背面擺設，在儺儀中少年們又用來打發惡鬼、不祥，其力量有如漢人趕鬼時所慣用的桃梗。〔註36〕

少年們在會所前整隊完成後，便列隊來到活動中心一旁較為低矮的準備室，進行演練即將進行的「衝門」。一番演練後，男生們便跑出活動中心，高年級男生 L（高二年級）在隊伍的頭部喊出清脆的「uwa」聲後，隊伍裏一眾男生便以「嘿哈」應和，就這樣在一路的呼喊聲中隊伍跑到南王部落的最西南邊。男生隊伍後跟著騎摩托車的家長以及部落其他族人。短暫的整隊後，少年們在第一家門前燃放鞭炮，意味著儀式正式開始。之後，隊伍中的高年級男生前去這家，與其家人溝通好後，高年級用竹竿作為「起跑線」，隨著屋內高年級男生的一聲「哈呀」，懷抱著芭蕉葉的低年級男生便如泉湧般衝入屋內，進屋後立即俯身跪坐在地上，用手中的芭蕉葉拍擊地面，高年級男生一聲「哈

〔註36〕宋龍生：《臺灣原住民史料彙編 4：卑南族的社會與文化（上冊）》，南投：臺灣省文獻委員會，1997 年，第 43 頁。

呀」，低年級一聲「哈呀」相和。與此同此，低年級男生後面的高年級男生會用帶有白色紙條的竹竿在低年級男生的背後掃過。幾回合的「哈呀」呼喊後，低年級的男生起身，這戶人家便會拿出提前準備好的食物給領隊的高年級男生。在除喪分隊離開後，這家的主人便會用掃帚，清理落在室內的殘葉和灰塵，意味著把這一年的不潔趕走。

第一家除喪完成後，隊伍便分為兩隊，分別負責南王部落不同區域家戶的除喪。族人吳花枝說：「以前都是一支隊伍，沒有分開，因為我們南王比較大，他們每次都要弄到凌晨4、5點，這些男孩子就要一直跑一直跑，跑到每一家裏，他們會很累。後來就分成兩隊，一隊負責一邊，這樣也比較快。」〔註37〕隊伍就這樣一家一家進行驅邪，南王部落的族人表示男生負責衝門，是要把這家的晦氣沖掉，吳花枝也說：「他們要把家裏不乾淨的東西都趕走，這樣我們以後都會平安。」〔註38〕由此可見，在「少年猴祭」前一晚進行除喪儀式的目的在於用芭蕉葉將一年之中不愉快、不吉利、不潔淨的東西都驅逐出去。

驅邪隊伍在南王部落的卑南族家庭進行除喪儀式，族人很高興卑南少年前來為家庭除喪。當這些男孩子來到吳花枝家時，吳花枝一直在高興地笑，儀式後給男生們分發早早備好的零食及飲料，吳花枝還依依不捨地拉著一個胖乎乎的男生說：「你是誰家的孫子，臉上都是黑色的，我都認不出了。」吳花枝表示除喪儀式通常進行到凌晨，卑南少年通常都疲憊不堪：

> 以前我的兒子小時候就像這樣，看到他們我就想起我的兒子，除喪完成都差不多到凌晨呢。他回到家都很累，說想吃我做的麵條，我做給他吃，他吃很多，他們跑老跑去太累了。〔註39〕

吳花枝認為除喪儀式是對少年們身心的一種磨練：

> 他們以前哦，男生都是只穿內褲的，冬天很冷呢，也只穿內褲，一晚上有的男生都被凍得很冷呢，這也是對他們忍耐力的訓練。現在冬天不冷了還好，以前特別冷也是只穿內褲的。我的孩子回來全

〔註37〕訪談詳情：吳花枝（女，卑南族），訪談時間：2019 年 12 月 20 日，訪談地點：臺東縣南王部落吳花枝家中。

〔註38〕訪談詳情：吳花枝（女，卑南族），訪談時間：2019 年 12 月 20 日，訪談地點：臺東縣南王部落吳花枝家中。

〔註39〕訪談詳情：吳花枝（女，卑南族），訪談時間：2019 年 12 月 20 日，訪談地點：臺東縣南王部落吳花枝家中。

身都很冷呢，又冷又餓，馬上就說我要吃東西。〔註40〕

傳統上，少年猴祭前一天晚上是不能吃東西的，要等第二天忙完才可以吃東西，這也是對卑南族少年進行的挨餓訓練，也是對他們忍耐力和耐力的磨礪。

2. 刺猴儀式

2019 年 12 月 21 日早上 8 時，南王部落卑南少年們早早來到南王活動中心，他們身著卑南族的盛裝。南王部落男性服飾，依據年齡不同，上衣顏色由淺至深，低年級的男生身著天藍色，高年級身著深藍色。高年級少年拿著他們各自的長矛，長毛上面有他們親手刻畫的圖案，有「山」、「魚」、「風」等圖案，代表著他們不同的年齡階級，即可以識別部落的獵場領域，可以設陷阱捕魚，識別風向等。高年級將籠子裏紮好的草猴固定在竹竿上，部落長老對少年進行拿長矛的姿勢指導：「不要這樣拿，不然會歪掉，這隻手要穩住，這樣才不會晃」。一番指導後，少年們的隊伍便在一路的引唱和和唱呼喊中，前往卑南遺址文化公園的月型石柱。

一路上，少年們的家長騎摩托車或自行車緊跟其後。其中，一個男生的腳由於受傷不適合長時間跑步，他的媽媽便用摩托車載著他跟著隊伍前行。在前往文化公園的過程中，行至南王部落邊界時，兩個不同階級的卑南少年出列，跑步前往部落中當年的「喪家」。到達「喪家」後，少年在其住所環跑一圈，並同時高聲呼喊，代表把這家過去一年不好的食物不好的運氣都趕走，未來新的一年將有好運圍繞著他們。小小的「除喪儀式」完成後，兩名少年便跑回對隊伍停留之處，待與隊伍回合後，便繼續前往刺猴的場地。

隊伍到達「刺猴場」時，文化公園早已座無虛席，其中有南王實小的學生，還有附設幼兒園的小朋友們，他們在老師的帶領下，已提前到達刺猴地點。圍觀的一個家長說：「以前刺猴女生是不能看的，現在這個活動都有很多人來看啊，有電視臺的，有外地來的，有漢人，還有外國人，而且有些家長也會來看自己的小朋友，所以現在就沒有那些限制了。」南王實小四年級的女生黃慧恩告訴筆者：「是老師帶我們來的，我們不是第一次來了，以前我們也有看過的，我覺得這個很有意思。我們班的那個男生啊，他也來參加了，等一下就會看到他了。」

〔註40〕訪談詳情：吳花枝（女，卑南族），訪談時間：2019 年 12 月 20 日，訪談地點：臺東縣南王部落吳花枝家中。

圖 3.4　南王部落卑南耆老對少年進行指導

　　少年的隊伍抵達已經搭建好的刺猴場地，男生們將長矛放好後，便將身上附帶的項鍊、臀鈴等裝飾脫下，放在場地的周圍。隨後，少年們按國小、國中、國中不同年齡段排好隊，進行跑步比賽。少年們在文化公園環跑一周回來後將配飾穿戴整齊，便開始進行「打屁股」儀式。打屁股之前，高年級的男生用自己的佩刀，將場地周圍的竹子製作成長短合適的竹段，其餘男生按照年齡層級，接受四位高年齡男生的「鞭打」，並且打的力度一輪比一輪更大。在最後一輪，竹竿鞭打男生的屁股發出「砰」、「砰、「砰」的聲音，圍觀的觀眾發出了「哇」的驚呼聲，眾人紛紛感慨打得這麼重，可見高年齡男生決不「手下留情」。

圖 3.5　卑南族「少年猴祭」刺猴場

刺猴儀式開始，高年級的男生們拿起長矛，一齊向籠子的草猴刺過去，同時伴隨著口中「謔」的呼喊聲。刺了幾次後，男生將長矛放下，此時，猴子便已經被刺「死」。男生們將籠子打開，把裏面已經「死掉」的草猴綁在竹竿上，少年會所的會長和即將成為新會長的男生二人抬著草猴，另一男生則敲擊金屬棍發出清脆的聲音，周圍其他男生在一起哼唱古調，讓猴子的靈魂好上路。唱了三遍的古調後，少年們便將猴子扛走，行至文化公園路邊一塊有導覽圖的石頭旁後，又集體唱了一遍古調後，少年們便跑步返回少年會所。

對於刺猴儀式中猴子的象徵含義，卑南耆老孫大山認為猴子與人具有智慧的相似性，刺猴是對少年的必要訓練：

> 為什麼要抓猴子呢，大概是因為猴子比較聰明，比較靈活，像人一樣，刺完猴代表他們有能力了，可以成為少年，可以進階了。〔註41〕

卑南耆老孫秀女認為也贊同這一說法：

> 以前他們從山上抓猴子回來，就要一直養著，等到少年祭的時候，把猴子刺死。因為猴子是靈長類，像人類一樣，很聰明，他們把猴子抓回來以後，每天給猴子餵吃的，猴子就像他們的朋友一樣。之後要把猴子刺死，就考驗他們有一天面臨敵人來部落攻擊時，應該如何保護家人和部落，像猴子這樣的朋友和保護家人、保護部落之間，要如何選擇。這就是要訓練他們的意義。少年要真正承擔起保護部落的責任。〔註42〕

「刺猴」不僅是對卑南少年勇氣的考驗，也是他們在會所訓練成果的展示。

3. 分食與歡騰

回到少年會所後，少年們便將長矛擺放好，圍觀的村民在一旁議論：「他們要準備扔糖果了。」周圍有許多幼兒園、國小的學生以及附近的村民，他們紛紛拿出事先準備好的塑料袋子，聚集在少年會所下面準備接糖果。

不一會兒，少年們從會所出來，拿出一條毯子向下扔，一眾人蜂擁而去，旁邊比較有經驗的村民說：「這個不是糖果，還沒有到糖果呢。」果不其然，扔下的毯子裏只有土塊和灰塵。據卑南族人介紹，這些土塊和灰塵是少年從

〔註41〕訪談詳情：孫大山（男，卑南族），訪談時間：2019 年 12 月 21 日，訪談地點：臺東縣卑南鄉下賓朗部落活動中心。

〔註42〕訪談詳情：孫秀女（女，卑南族），訪談時間：2019 年 12 月 21 日，訪談地點：臺東縣卑南鄉下賓朗部落孫秀女家中。

會所的地板上打掃收集起來的，把它們裹在毯子裏扔掉意味著新的一年除舊迎新，把不潔的東西趕走，迎接好運的意思。第二次毯子又被扔了出來，這次毯子裏包裹著的灰塵、糖果和帶花紋的竹竿，村民們又是蜂擁爭搶。旁邊一位年輕的女生搶到了竹竿，她向同伴炫耀道：「他們說搶到竹竿的話，下一年就會好運哦。」部落裏的孩子、大人們紛紛爭搶糖果，全然不顧空中散落的灰塵，幾個小朋友早已「灰頭土臉」，幾個大人白色的上衣也已變成了灰色，但每一個人的臉上都充滿喜悅。吳花枝解釋說這是南王部落文化的一部分：

> 只有我們南王才有撒糖果給大家，給大家回饋禮物，這是我們
> 的文化，是傳統，別的部落都不這樣的，他們都沒有呢。〔註43〕

撒完糖果後，少年們從少年會所走出來，列隊抬起猴子又哼唱了三遍古調，便將猴子抬出去，將其扔到距離部落較遠的地方。南王國小的陸主任解釋道「他們通常把猴子扔到部落的外圍」，以免招致禍患。十幾分鐘，將草猴處理好後男生們便回到少年會所，在此等待的家長為他們佩戴花環。有的男生頭戴三、四個花環，代表著家長對他們美好的祝福和對他們英勇表現的肯定。南王部落吳花枝阿姨家鄰居高二男生 L 的衣服後背早已濕透，臉上豆大的汗珠順著黝黑的臉流下來，一臉疲憊的表情。L 的奶奶為他戴上花環，他的家人以他為榮，紛紛和他進行合照。吳花枝說道：「來，幫我和我的孫子照一張，他很棒呢。」

隨後，男生帶著花環回到少年會所，圍坐在活動中心的家長便開始排隊給孩子們送餐食。家長將早早準備好的便當、點心、飲料等餐食交到會長手中，坐在樓梯上的會長等幾個男生依次大聲讀出餐食包裝上的姓名，並傳遞至會所內。少年會所裏的男生通常都會收到至少兩份由家人和親戚送的餐食。

男生們在少年會所用餐時會將食品分給成年會所中的長者，這是培養他們尊長、照顧長者的道德規範。用餐結束後，少年們便列隊在活動中心的廣場上圍著炭火載歌載舞。南王部落高山舞集工作室的林清美老師在隊伍周圍關切地注視著這群少年們，並隨著音樂的節奏在一旁為少年們打著拍子。少年們吟唱古調的過程中，幾位身著卑南盛裝的少女也加入舞蹈的隊伍中，她們間隔在男生中間，同少年們一起唱歌、跳舞。他們唱的歌有卑南古調、有懷念年祭以及頌祭祖先的歌曲，還有臺東頌等。少年少女們整齊的舞步、美妙的歌聲，

〔註43〕訪談詳情：吳花枝（女，卑南族），訪談時間：2019 年 12 月 21 日，訪談地點：臺東縣南王部落卑南族活動中心內。

讓整個廣場充滿了生機與活力。但也可以看出來，此時的少年們已很是疲憊，
L 在領唱時，聲音已經沙啞。圍觀的村民認為：「他們這樣很累呢，昨晚一直
到很晚，今天一早就來這邊，到現在都很累了呢。」另一個村民說：「我們卑
南族以前可以一直跳，一直唱，火不熄滅，我們就唱歌跳舞不停歇，從白天到
晚上，再到天明。」吳花枝表示這是卑南族的傳統，「他們每天晚上都在那邊
跳，跳到大獵祭。」

圖 3.6　著卑南族盛裝的卑南少年 L（左三）及其家人

圖 3.7　家人為卑南少年佩戴花環

　　少年們一直跳舞至下午 14 時，便開始新老會長的交接儀式。男生列成兩
隊，相向而站，新會長從老會長手中接過佩刀，在宣誓之後完成了交接儀式，
新會長告訴眾多男生：「晚上 7 點半都來這邊跳舞」。當晚 7 點半，活動中心的
廣場上只有不到 10 個少年在圍著火爐跳舞唱歌，L 因為太累了還在家休息，
被家中長輩罵，吳花枝說：「他不想去啊，說累，剛才他阿公還罵他呢，說他
今年都已經晉升了，要更努力了，不能再這樣鬆懈了。」

　　可見，南王部落的少年猴祭從除喪儀式、刺猴儀式乃至吟唱古調以及跳
舞等行為對卑南少年進行訓練，旨在培養他們英勇的能力、堅毅的毅力以及
對命令絕對服從的能力。另一方面，整個「刺猴」儀式也體現了卑南族對於生
命的態度，卑南族的價值觀及生命觀也在儀式中完成了文化傳遞。

（二）下賓朗部落的少年猴祭

臺東地區卑南鄉下賓朗部落是卑南族「卑南八社」之一，卑南語為「Pinaski」。據下賓朗族人孫大川所述該部落是按照地理形勢取名，「部落位於臺東扇狀衝擊平原的頂端，地勢傍山面海，緩緩上升，站到空曠處，可清楚地遙望七、八公里外蔚藍平直的太平洋海平線，卑南語『paseki』有『爬坡』的意思。」〔註44〕該部落規模不大，但仍保有較為完整的卑南族歲時祭儀以及歌舞文化。

圖 3.8　下賓朗部落入口

1. 試膽訓練

2019 年 12 月 21 日，少年猴祭的前一晚，下賓朗部落的少年們要經歷「試膽」訓練。當晚 22 時左右少年們從部落出發前往附近的山上，直到凌晨1、2 時才可返回。山上共設置 3 個點，每個點由高年級和成人在此埋伏，他們頭戴嚇人的面具，或是發出可怕的聲音，以此嚇唬前來的少年們。下賓朗部落的耆老南媼嬪說：「以前晚上風很大，路邊很多竹子風一吹，就會發出吱吱

〔註44〕孫大川：《山海世界：臺灣原住民心靈世界的摹寫》，臺北：聯合文學出版社，2010 年，第 12 頁。

的聲音，天又黑，很多小孩子都嚇哭了。」〔註45〕這次「試膽」過程倒沒有那麼驚悚，參與嚇唬的成年人表示「他們這次還好啦，都很勇敢呢，都沒有哭，最小的男生都沒有哭。」在路邊埋伏負責驚嚇的成年人，也是對這些男生的保護，經過一個關卡後，便給他們指路，以免他們迷路。

2. 刺猴儀式

12 月 22 日一大早，少年們便上山製作草猴。8 點 30 分左右，少年一路發出「謔」「哈」的叫喊聲，用竹竿扛著兩隻一大一小的草猴從山上返回部落。少年回到部落後取回長矛，便向下賓朗部落旁的太平溪行進。在太平溪的旁邊，部落的族人已經用竹子製作好了刺猴的場地。少年們將長矛擺好，扛著猴子繞著場地跑了幾圈，便將猴子放在刺猴區域，隨後，少年們便返回部落。在部落的入口處，少年們按照年齡分為三組進行跑步比賽。在「跑道」附近，部落的耆老與家長們都在一旁為少年們加油打氣。其中兩位少年是下賓朗部落耆老孫慈女的外孫，一個正在讀高中，一個在讀大學。孫慈女為了見證孫子參與少年猴祭的成長，提前從桃園返回臺東。跑步比賽過程中，孫慈女一路跟隨兩位孫子，為他們加油吶喊。

圖 3.9　下賓朗部落少年猴祭

〔註45〕訪談詳情：南媼嬪（女，卑南族），訪談時間：2019 年 12 月 22 日，訪談地點：臺東縣卑南鄉下賓朗部落南媼嬪家中。

圖 3.10 少年猴祭中的賽跑比賽

　　跑回部落的少年們換上卑南族的盛裝，取回弓箭又跑至太平溪旁的刺猴場地。頂著正午烈日，少年們的臉龐已流下細密的汗珠。返回「刺猴」場地後，少年們將弓箭擺放在長矛的旁邊後，場地旁邊的家長們便傳遞給少年們提前準備好的食物，有飲料、糯米團以及麵包等。少年們收到食物後便將食物分給部落中的男性長者，待長者用餐後，少年們便圍在一起享用餐食。用餐過後，少年們進入男性長者圍坐的區域，聽長者哼唱古調、歌謠，並在長者的指導下學習吟唱古調。大約 20 分鐘後，少年起身拿起長矛來到刺猴的區域進行刺猴。幾個很小的男生也學著哥哥們的樣子，拿著和他們身形不太相符的長矛，刺向那隻小一些的草猴。

圖 3.11 下賓朗部落「少年猴祭」的刺猴儀式

　　刺猴完成後，少年們將猴子掛在高處的竹竿上，便拿起弓和箭進行射猴。射猴的時候，部落的長者則在一旁對他們的動作進行指導，如怎樣瞄準、怎樣拿弓箭等。

圖 3.12　下賓朗部落「少年猴祭」身著盛裝的少年

3. 除喪儀式

　　射猴完成後，少年便列隊跑回部落，將刺猴工具放好後準備前往部落的喪家為他們除喪。2019 年，孫家高齡的母親過世，是部落的喪家之一。耆老南媼嬪、孫慈女、孫秀女、孫優女，以及孫家的其他親人圍坐在客廳內，在其母親孫貴花的畫像前，回想起母親生前對自己的教導和生活場景，家人們不禁潸然淚下。少年們列隊齊聲高喊「謔」、「哈」，來到孫大山家的小祖屋進行除喪儀式。少年從緊閉的大門衝進來，一路從小祖屋的前門進，後門出，邊快跑邊高聲發出「謔」、「哈」的呼喊聲，至此，孫家的除喪儀式便已完成，少年便列隊去下一家進行除喪。

　　少年為部落內的喪家進行除喪儀式，意味著把這家過去一年失去親人的痛苦和傷悲都帶走，給予家人心靈的慰藉。

4. 舞蹈訓練

　　除喪完成後，少年們又回到下賓朗部落的成年會所附近，圍在篝火旁準備唱歌跳舞。下賓朗年輕的女孩子大多不在部落，故由林蕙瑛、孫家儀和一位少年的媽媽在旁邊為少年們伴唱。少年們一邊唱著卑南古調一邊跳舞，部落的長

者則坐著旁邊對其進行指導。「不要駝背，把背直起來」、「不要低頭」、「都蹲下去、蹲下去」的聲音不絕於耳。臺東大學音樂系的林清財教授表示：「部落裏面的長老，看不下去就會親自下來指導，告訴他們該怎麼做。」部落耆老孫秀女說：

> 嚴格的標準就是每個人的手都要放在自己的肚臍那裡，要固定住，不能隨意晃動，這樣每個人的手都固定在一個地方，拉著手就很整齊，那樣的話看著很好看，跳舞也很齊。〔註46〕

部落旁邊的一位男性長者搬著凳子坐在跳舞少年隊伍的旁邊，引領少年們唱歌，並不斷對少年們的隊伍和動作糾錯：「女孩子加進來要蹲下去，女生要蹲下去，男生都蹲下去。」少年也在長者的指導下逐漸掌握了跳舞的節奏和要領，跳得越發標準。其中，一個小男生加在兩個高個子的男生之間，雙手被拉扯得已經卡住了脖子，下蹲站起的動作較難跟上節奏，導致小男孩幾次跌倒，但是小男孩被隊伍裏的哥哥抱起來後，拍拍腿上的灰塵，又重新加入了跳舞的隊伍中，場外的族人和家長也對這個小男孩稱讚不已。少年們跳舞的過程也是樂舞文化訓練的過程，在這一過程中，少年們收穫長輩的教育，加深對本族群傳統文化的認知。

圖 3.13　下賓朗部落「少年猴祭」的舞蹈訓練

〔註46〕訪談詳情：孫秀女（女，卑南族），訪談時間：2019 年 12 月 22 日，訪談地點：臺東卑南鄉下賓朗部落孫秀女家。

5. 晉升儀式

近一個小時的舞蹈結束後，下賓朗部落的少年們便開始舉行晉升階級的儀式。2019 年該部落有 3 名少年可以晉升至上一個階級，部落裏高階級男生從會所拿出竹竿和裝有少許沙土的麻袋，即將晉升的男生將麻袋背在身子後面，接受上一階級男生的「鞭打」。每鞭打一次，負責整個儀式的部落青年孫少中便在旁邊像「司儀」一樣，用族語說「不要貪」、「不要驕傲要謙卑」、「要寬容」等行為規範。

部落的女性耆老們看著少年鞭打得很用力，有些心疼便在旁邊說：「不要打腰，對準屁股，不要太重了，輕一點啦。」三位晉級的少年接受 3 位高階級各三次的鞭打，麻袋在身後發出「砰」、「砰」、「砰」的聲音，少年則緊閉雙唇。

圖 3.14　下賓朗部落「少年猴祭」的晉升儀式

鞭打過後便舉行晉級儀式，高階級的少年將各自的花環、佩刀、披肩給即將晉級的少年穿戴好，依次對他們說了各自的寄語，一個高階級的男生說：「現在我們這裡也沒有多少人了，希望你們能組織好，加油。」晉級的三位少年也被整個部落給予厚望，一位村民說：「他們現在要承擔起整個部落的重任了。」

晉升儀式完成後，少年們又圍著篝火跳起舞來。部落的長者看著少年們越發熟練的舞步，不禁掌聲連連。下午 2 時，一些老者便回家休息。下午 2 點半，少年們便不再跳舞，準備用餐。由此，下賓朗部落整個少年猴祭的儀式就

到此結束。部落耆老孫大山說：「以前少年們會每天晚上跳舞，直到我們從山上打獵回來，現在他們還要上學，就不會每天跳舞了。」

　　下賓朗部落因規模較小，與南王部落較大規模的少年猴祭不盡相同。但二者的少年猴祭都顯示出原住民傳統教育觀有二：其一，青少年需接受嚴苛的身心訓練達至英勇善戰，具有保護部落的能力；其二，青少年需遵守特定的行為規範，將道德禮儀內化於胸，維護部落秩序。由此方可晉升，方能獲得花環得到部落的認同，取得在部落中的社會地位。由此可見，少年猴祭體現了原住民對於青少年的成長期望及教育成果，是其部落教育不可或缺的組成部分之一。

三、大獵祭與傳統教育

　　少年猴祭之後，緊接著進行的便是卑南族最為盛大的節日——大獵祭。大獵祭也叫狩獵祭，也可稱之為年祭，即它是卑南族一年之中最大的一次祭儀活動，通常在每年的年末舉行。成年會所的成員也在大獵祭進行晉升的儀式。通常卑南青年的族父將親手給即將晉升的青年繫上圍裙，象徵著青年可以晉升為服役級。待服役級滿三年後，青年們經過族父考核通過，便可晉升為 vasalan 級，成為整個部落社會所認可的成年人，此時方才可以進行婚配。

（一）出發

　　2019 年 12 月 28 日一大早，卑南部落中的長者及年輕勇士在活動中心集結，巫師施作祭祖儀式後，便會出發前往卑南鄉富山村北郡界山。

　　通常男性上山前，卑南族部落的婦女會精心準備好煙酒糕點及禦寒的衣物，送給即將出發的親人或友人。出發當日，下賓朗和南王部落的婦女準備了一筐一筐的食物，有糯米飯、啤酒、點心等，在部落前送給自己的親人。隨後，男性組隊浩浩蕩蕩的隊伍按照既定路線上山，女性在家準備大獵祭當天的豐富餐食和花環。吳花枝阿姨早早將食材處理完畢，她細數著當天在卑南遺址公園野餐的菜單，「有阿拜、米酒雞、田鼠、山豬肉、還有 sashimi（即「生魚片」的日語），都是我的拿手菜。」她從朋友那裡訂購了鮮花，準備為迎接山上歸來的勇士編花環：「平常我們的花環就用假花來編，但是大獵祭的時候，是獻給勇士的嘛，我們都要用鮮花來編，這樣才更好看。」〔註47〕吳花枝阿姨的兒

〔註47〕訪談詳情：吳花枝（女，卑南族），訪談時間：2019 年 12 月 28 日，訪談地點：臺東縣南王部落吳花枝家中。

子在幾年前因病去世，她傷心不已，「以前我兒子還在的時候，我去迎接他，編了好多花環給他戴，其他的人也會給他戴，他頭上的花環疊起來很高呢。」吳花枝阿姨認為給大獵祭歸來的勇士編織花環很重要，把花環編的又好看又結實是一門技術，她編花環的手藝遠近聞名，在大獵祭前夕，附近的親戚朋友都向她提前預定花環。

圖 3.15　南王部落卑南族人為「大獵祭」編織花環

（二）行獵

卑南男性上山到達預定地點後，便會用佩刀就地取材砍下竹子以及樹枝來搭建遮風擋雨半開放式的暫時居所，並且尋找木材開始生火。生火後大家圍坐在火旁，部落的耆老會吟唱民族傳統的古調，年輕的部落成員則會靜靜聆聽，學習古調的吟唱及祖先遷移的歷史。白天時，年輕一輩便會在老一輩的帶領下，學習狩獵及野外求生與雕刻等知識與技能。

下賓朗部落的卑南青年孫賈尚軒多次參與大獵祭，對在山上的行獵活動有如下描述：

> 男性在山上做什麼呢，第一件事就是 vasalan 要有一個野外打獵訓練，之前都有一個月的時間去打獵。還有男人們有什麼不愉快的可以在山上一起解決一下。我認為最重要的就是取材。像竹子、木

頭、藤、茅草,在這個季節取出來的才耐用,要是夏天取出來,會潮濕生蟲不耐用。我小時候,山上的老人會用竹子製作勺子,還有揀一些木頭。就像購物節一樣,等到下山的時候,各個家的媽媽小姐都出來看看,自己家的男人們從山上帶了什麼東西回來。valisen上山要幫義父的忙。在山上取材比較重要,看到什麼東西,就製作一點小東西帶回家。〔註48〕

孫賈尚軒的辦公室擺放了由耆老和年輕人在往年大獵祭的時候,在山上製作小米脫粒的木質工具。

男性在山上的活動像是一種訓練,為期三天苦行僧般的生活,讓他們學會隱忍、堅持和耐心。在那個場域內,卑南族的文化及生存技巧以口耳相傳及實戰演練的方式進行著,是民族精神內核的教育與傳承。一代向下一代知識文化的灌輸,實現了卑南傳統文化的代際延續。

(三)凱旋

2019 年 12 月 31 日一早,南王部落的耆老吳花枝便起床製作美味可口的餐食。接近上午 10 點,她將花環與餐食裝好,開車前往卑南遺址公園。公園的草坪上,有一個用竹子搭建而成的大型「凱旋門」(卑南語稱「luwanan」),前方有一個通道進入,後方呈圓形空間。

圖 3.16　南王部落「大獵祭」勇士凱旋

〔註48〕訪談詳情:孫賈尚軒(男,卑南族),訪談時間:2019 年 12 月 26 日,訪談地點:臺東卑南鄉下賓朗部花東縱谷景區管理處。

圖 3.17　南王部落「大獵祭」的凱旋門

　　為了迎接勇士的歸來，部落的家人們都著盛裝，佩戴花環，在偌大的草坪上有序地擺上豐盛的佳餚美酒，在勇士們下山的道路旁翹首以待。不久後，遠處傳來了臀鈴的響聲，伴隨著密集的腳步聲和呼喊聲，勇士們換好盛裝，便下山列隊前往公園。年輕的男性頭尾相連逆時針圍繞著中間的長者們奔跑，他們將長者包圍在中間，表示對長者的尊重及關愛。奔跑至凱旋門時，需圍繞一旁的喪家進行除喪儀式。

　　除喪完畢後，隊伍便進入凱旋門，在旁等待的家人紛紛為歸來的「勇士」佩帶花環。部落中的長者備受擁戴，頭頂 5、6 個花環，甚至 10 個之多，高度近 30 釐米，五彩繽紛的花環帶在勇士的頭上和頸部，層層疊疊，著實震撼。

圖 3.18　家人為凱旋的勇士佩帶花環

圖 3.19　佩戴多層花環的卑南耆老

　　佩戴著親人編製的花環，勇士們圍坐在凱旋門內，內層的耆老開始吟唱卑南古調，外層的青年們則跟著耆老緩緩伴唱。臺灣學者宋龍生教授曾前往南王部落聆聽卑南巫師王清蓮〔註49〕吟唱的關於大獵祭的古調，唱詞如下：

　　　　我冒著，凜冽的北風，

　　　　我乘著，寒冷刺骨的長風，

　　　　打從北方的獵場歸來，從北方歸來。

　　　　風，吹散了白茫茫的蘆花，漫天！

　　　　將隱藏於草絮中的種子，

　　　　散播在平野。

　　　　它，輕輕地落在遠方，

　　　　落在那生長的地方。

　　　　大地上遍布著茫茫的芒草哦，

　　　　在乾涸河溪之末端，

　　　　在河川通過的地方。

　　　　卑南平原的衝擊扇面，

　　　　像剪裁過一般的，開展，

　　　　整齊的，延伸，直達太平洋岸。

　　　　從北到南，在卑南大溪與海的交匯處，蔓生，

　　　　在知本溪入海的地方，生長。

〔註49〕卑南巫師王清蓮，出生於 1899 年，為卑南族望族。

從南到北，中央山脈所衍生的，

知本山脈、卑南山脈以至於都鑾山、群山，

山峰起伏重疊雄偉，山勢連綿峥嶸。

在芒草蔓生之處，是幼獸們生長避風的地方，

在芒草叢中，是野獸築窩棲息之鄉。

曠古以來，

這是卑南族獵人偵探、圍捕野獸的地方，

是卑南族祖先活躍馳騁、保衛的家鄉。

看，那些卑南族的勇士們，

施展百步穿楊之神枝，

獵犬，在追尋。

聽，那些卑南族的長老們，

詠唱著滿載而歸的凱歌。〔註50〕

　　唱詞蘊含著卑南族對於祖先的追憶以及對於卑南男性英勇無畏「勇士」精神的謳歌及讚美。耆老們吟唱古調，青年們輕聲應和，在這一富有神聖性的場域，卑南族共享集體記憶，卑南族的祖先遷移歷史以及族群的性格氣質得以傳遞，達成卑南族的教育目的。

圖 3.20　南王部落卑南族人在文化活動中心歡慶

〔註50〕宋龍生：《臺灣原住民史料彙編 4：卑南族的社會與文化（上冊）》，南投：臺灣省文獻委員會，1997 年，第 52～53 頁。

近半個小時的吟唱結束，勇士們便回到各自的家族區域，與家裏的親人共用餐食並分享在山上的行獵過程。餐後，勇士及部落成員達到卑南文化活動中心，圍著篝火起舞。男性成員雙手交疊在胸前，幾十人形成一個環狀的隊伍，伴著他們所唱卑南古調及古謠，以及卑南音樂家陸森寶先生創作的《懷念年祭》等歌曲變換著不同的舞步。部落的長者在一旁指導年輕人的舞步及隊形，年輕人也越唱越賣力，熱情歡快的氣氛感染了現場的每一個人，部落的其他成員則加入其中，與他們一起跳舞，感受這份印刻在卑南族血脈之中的熱烈與活力。

（四）報佳音

在大獵祭的最後一天晚上，部落中剛升為 vasalan 的男性，跟隨部落中年長者一起去部落的所有住家進行拜訪。他們身著卑南傳統服飾，佩戴鮮豔的花環，按照一定的順序挨家挨戶載歌載舞，並接受所有住家主人的盛情招待，這一習俗被卑南族人稱之為「報佳音」。卑南青年「報佳音」的目的是向整個部落宣告青年們的成年，他們已經成長為可以承擔起部落重任的男性，並且這些 vasalan 級可以自由地結交異性，藉此「串門」的機會認識部落中未婚的年輕女性。吳花枝阿姨說：「我們傳統上就是這個年輕人可以談戀愛了嘛，他們來每家每戶都走一走，看一看，看哪一家有年輕的女孩子啊，就可以交往了。」〔註51〕

2019 年 12 月 31 日晚 7 時，南王部落的青年們便身著傳統服飾聚集在一起，有的人背著吉他，有的人拿著手鈴，挨家挨戶報佳音。他們每進入一家便圍成一個圓形的圈，伴著彈唱與主人家一起舞蹈，向主人表達祝福、分享喜悅。一首歌曲演奏完畢，主人家會將事前準備好的糕點和飲料送給青年們，同時也送去對他們滿滿的美好祝願。

從晚上 7 點至午夜零點，近 5 個小時報佳音的隊伍才走完了半個南王部落，到達筆者借宿的吳花枝家時已近凌晨三點。吳花枝阿姨在樓下聽到歌聲生怕我們錯過，便趕忙喊我們下樓。奔波大半夜的青年們略顯疲憊，唱歌的嗓子略顯沙啞，但他們仍然動情彈奏演唱。伴著歌唱，其中一位青年走向阿姨家懸掛在牆上的日曆，將「12 月 31 日」這張撕掉，讓日曆變為新年的第一天。這代表著除舊迎新，趕走屋子裏的厄運，為主人帶來好運。吳花枝說：「我們這

〔註51〕訪談詳情：卑南族男青年，訪談時間：2019 年 12 月 31 日，訪談地點：臺東卑南南王部落吳花枝家中。

天的日曆都不撕的，都等著報佳音的來，他們會撕掉的。過去的一年都過去了，新的一年和祝福就一起來了。」〔註52〕

撕掉日曆的青年來邀請我們一起和他們跳舞，隨著吉他彈奏的節奏加快，他們的舞步也加快，最後在一聲「嘿」的呼喊聲中完美收尾。青年們紛紛向吳花枝阿姨說新年快樂，阿姨很高興，把啤酒、點心和零食都送給他們：

> 這些孩子們他們太累了，一直這樣去每個人家裏唱歌跳舞，這麼久天都要亮了，真的很不容易呢。不過這也是對他們的一個考驗呢，要堅持下去啊。〔註53〕

青年們沒有歇息，馬上奔赴下一家開始他們的報佳音。一個青年說：

> 這就是我們卑南族的習俗，我們每年都要這樣做的，就像你們漢人過年一樣。我們從小都經歷這些，都會慢慢跟著學，然後再領著小一輩的再做這件事。這一天我們都很開心，雖然有點累，但不能喊累啊，會被其他人看不起的。〔註54〕

圖 3.21　報佳音的卑南青年

在此後的幾天裏，卑南族的所有族人會集聚在一起，共同享用美食，一起載歌載舞，分享喜悅，迎接新年。

〔註52〕訪談詳情：吳花枝（女，卑南族），訪談時間：2019 年 12 月 31 日，訪談地點：臺東縣南王部落吳花枝家中。

〔註53〕訪談詳情：吳花枝（女，卑南族），訪談時間：2019 年 12 月 31 日，訪談地點：臺東縣南王部落吳花枝家中。

〔註54〕訪談詳情：卑南族男青年，訪談時間：2019 年 12 月 31 日，訪談地點：臺東卑南南王部落吳花枝家中。

　　卑南族的大獵祭顯示出卑南族對待生命的態度，以及傳統部落教育的智慧，正如卑南青年所述：

　　　　從少年祭到大獵祭說明卑南族人從最小的孩子開始迎接新的一
　　　　年，然後成年人上山、重聚和除喪，意味著從生命開始的地方到生
　　　　命終結的地方，是一整個生命的循環。大概就是這樣，從這裡可以
　　　　看出卑南族人看待生命的觀念和態度。這就是我們卑南族的傳統教
　　　　育，在部落長大的孩子都要經歷這些，才能被認可、被接受，真正
　　　　成為可以保護家人、保護部落的卑南族。〔註55〕

　　從少年猴祭到大獵祭，卑南族將所有年齡階段的男性納入達到部落的訓練之中，這也是卑南男性的「成年禮」。少年猴祭和大獵祭皆為通過儀式，有使社會各階層都能「度過」的意思。二儀式是入級的儀式、亦是升級的儀式，具有轉變社會成員位階的意思在內。在儀式的過程中，它亦代表了男女兩性的分離，從分隔而又再度的會和。〔註56〕在盛大的祭典儀式中，正如維克多・特納所言儀式中的「閾限」階段〔註57〕，原住民的男性接受身心的嚴苛訓練，在通過儀式後獲得全新的社會身份及地位，成為被部落社會所認可並且可以委以重任的人。

　　概述之，從原住民的祭典儀式中可以體現原住民的傳統教育觀。小米祭是對原住民女性的傳統教育，少年猴祭和大獵祭則是對原住民男性的傳統教育。二者均屬傳統部落教育的一部分，從身體的訓練、行為規範及道德禮儀的養成以及傳統文化的傳遞三個層面，以培養出符合原住民傳統部落社會所預期的「部落人」。二者的教育作用在於促進原住民作為社會成員其個體意識的社會化，並且在行為方式及行動策略方面促使其達至社會規范且符合社會價值觀的要求。在這一過程中，個體被原住民傳統文化以及精神氣質所浸染，達至內化。

小　結

　　臺東地區原住民的傳統教育體現了原住民對於自我、對於自然、對於生

〔註55〕訪談詳情：孫賈尚軒（男，卑南族），訪談時間：2019年12月19日，訪談地
　　　　點：臺東縣卑南鄉花東縱谷景區管理處二樓。
〔註56〕宋龍生：《臺灣原住民史：卑南族史篇》，南投：臺灣省文獻委員會，1998年，
　　　　第302頁。
〔註57〕參見維克多・特納著，黃劍波、柳博贇譯：《儀式過程：結果與反結構》，北京：
　　　　中國人民大學出版社，2006年。

命的認知。它是以生活為中心的教育形態，是對族群所處自然及社會文化生態的一種反應。無論是口耳相傳，還是言傳身教，都與原住民傳統生活文化及信仰息息相關，蘊含著人與自我、人與自然、人與社會和諧相處的哲理，也是原住民傳統「知識觀」的映像。原住民的口傳敘事、部落組織制度以及祭典儀式都體現了原住民的傳統教育觀，從行為規範及道德禮儀的養成、身體的訓練以及傳統文化的傳遞三個層面，以培養出符合原住民傳統部落社會所預期的「部落人」。其傳統教育的作用在於促進原住民的社會化，具體從個體思想意識及行為規範兩方面達至社會化。原住民傳統教育亦是生命觀的教育，在口傳敘述的講述中，在會所的嚴苛訓練中，在小米祭、少年猴祭以及大獵祭的儀式中，原住民的生命觀在代際中完成傳遞。這些共同構成了臺東地區原住民傳統教育的內容，也是原住民部落社會的文化核心。

第四章　日據時期的原住民教育

第一節　背景分析

一、日據以前的原住民教育概況

　　荷據時代（1624～1662），荷蘭殖民者在原住民地區設立教堂及學校，對臺灣原住民施以教會教育，其目的主要有二，其一為穩定政治統治，其二為傳播基督教。正如《臺灣番政志》中所言「荷人致力於土著之化育，其為自己之爪牙。而其所施手段，則為依靠耶穌教之力量以感化，一面以教育方法，期收其啟導之功效。」〔註1〕即荷據時期的原住民教育是以基督教化為主體，以期使受教的原住民成為純正基督徒的教會教育。但這種帶有殖民性質及宗教意味的教育並未涉及東臺灣地區，而主要在臺灣中南部開展。

　　1661年鄭成功攻臺，次年2月荷蘭投降，此後臺灣進入明鄭時期（1661～1683）。此時期原住民教育並未有顯著進展。

　　自施琅收復臺灣後，便開啟了清朝統治臺灣長達212年的時代。清政府時代將臺灣原住民按照「開化」程度將其粗略劃分為「生番」與「熟番」。並專為原住民各社所設有「社學」，但教育對象只限於臺灣西部平原的平埔族，而北部及東部等山地區域各「生番」之教育，則在「開山撫番」政策正式實施後，方才普遍開設「番義學」，以「教番童，頒訓番俚言，俾之誦讀，將以陶熔其

〔註1〕伊能嘉矩著，溫吉編譯：《臺灣番政志》，臺北：臺灣省文獻會，1957年，第9～10頁。

蠻性」〔註2〕為教育目標。

自 1875 年（即光緒元年）於「後山」設卑南廳之後，開設「番學」以撫番。清代《臺東州採訪冊》有載：

> 光緒元年三月，復回駐埠南。次第招撫埠男以北沿山、沿海平地、高山各番社，並招民開墾巴塱衛、大陂等處荒地，廣設番學。〔註3〕

日本人類學家伊能嘉矩對設在「生番」區的「番義學」有如下描述：

> 光緒五年（1879 年），以後山駐軍統領兼辦撫番事務吳光亮，為教育廳內平地各生番（自稱阿美 Ami 及卑南 Puyuma）計劃與南鄉、新鄉、廣鄉間設立十八所；奉鄉、蓮鄉間設立二十六所義學，先實行於卑南、馬蘭坳（南鄉）、璞石閣、水尾、拔仔（奉鄉）、花蓮港（蓮鄉）等地。……使招徠番童（間含漢民）令其就學，給以衫褲、帽鞋及紙筆等，且對剃髮結辮者，另給於辮線及頭巾，其教科以讀書習字為主。讀書用「訓番俚言」，有時令通事以番語予以講解，並令熟悉北京官話及閩粵鄉語。據云二年後即培養出較通文理者。〔註4〕

其中，「訓番俚言」指的是吳光亮撰化的俚言三十二條，此後，吳光亮又頒「五教」與「五禁」之教條，即五教：正朔、恒親、體制、法度、善行；五禁：做饗、仇殺、爭占、佩戴、遷避，〔註5〕作為訓導「生番」的準則。「番義學」逐步發展，在對「生番」施以教育的同時，也促其社會教化。當時的臺東地區「番義學」取得了一定的教育成效，吳贊誠〔註6〕巡視「後山」時對「番義學」有如下描述：

> 該社（指卑南覓）設有義塾，已故番目陳安生之子年七、八歲，能背誦故撫臣王凱泰所刊《訓番俚言》，琅琅可聽。……北絲鬮社〔註7〕丁楊姓之幼女，入塾讀甫兩年，已完《四書》全注並《詩經》一部，於《訓番俚言》能逐句講解大意，能作番語及操漳、泉土音；

〔註2〕 連橫：《臺灣通史（上冊）》，北京：商務印書館，2017 年，第 341 頁。
〔註3〕 〔清〕胡傳：《臺東州採訪冊》，南投：臺灣省文獻委員會，1993 年，第 77 頁。
〔註4〕 伊能嘉矩著，臺灣文獻館譯：《臺灣文化志（下冊）》，新北：大家出版社，2017 年，第 479 頁。
〔註5〕 連橫：《臺灣通史（上冊）》，北京：商務印書館，2017 年，第 341 頁。
〔註6〕 吳贊誠（1823～1884）安徽省廬江縣城關鎮人。1878 年（即光緒四年）以光祿寺卿署福建巡撫兼理船政和臺灣海防。
〔註7〕 今臺東縣卑南鄉初鹿村。

其弟十一齡，亦粗解俚言字義。臣見該處設塾未久，民番諸童已有
鼓舞向學之機；將來涵濡聖教，淪浹日深，其進境亦未可量。〔註8〕

由此可見，清政府統治時期在臺東原住民地區設立的「番義學」，其教育
內容多為儒家經典，但受限於初學階段，所授課較為簡單，多為蒙學教材。由
於教育方式不得法，以致「番童」懈怠，教師也並不忠於職守。更重要的是，
其辦學經費多仰賴官費的挹注，造成經費不足。〔註9〕由此「番義學」存在的
時間並不長，在數年後便名存實亡：

　　　　光緒七年（1881年），曾使通事率領優秀番童數十名，由海路
　　　至臺灣府治（自安平港登陸）進行實地觀光，以助教化。……至光
　　　緒十年左右，殆僅存番學之名而無其實矣。迨光緒十二年，設撫墾
　　　局之後，改置義學一所於水尾（奉鄉），擬集中各社番童，惟竟未果
　　　而止。〔註10〕

由此可見，清政府統治時期在臺東原住民地區的教育設施，相較於西部地
區則起步較晚，且教育實施時間不長，成效極其有限，影響較小。教育仍停留
在傳統儒家教育的初級階段，實際上「番義學」的教育對象限於原住民部落勢
力者的子弟，未大範圍對原住民施以教育。其宗旨是穩固統治，亦抱有培養原
住民文化菁英試圖取代傳統漢人通事這一更為實際的目的。這一時期，雖傳統
儒家教育被引入原住民部落，但這些原住民部落仍保有其主體性，其傳統教育
文化依舊存在，原住民的傳統「知識觀」仍占主導地位。

二、日據時期的原住民教育背景

隨著1895年清廷在甲午戰爭的戰敗，遂將臺灣割讓給日本，至此日本開
啟了殖民統治臺灣的時代，將1895年至1945年這段時期稱之為「日據時期」
（或「日據時代」）。據臺初期，日本殖民者延續清治時期對於臺灣原住民的劃
分，即按照「文明」與「野蠻」的觀點，將臺灣原住民劃分為「生番」與「熟
番」。「生番」是野蠻的、未開化的、兇悍的，而「熟番」則是文明的、接受過

〔註8〕〔清〕吳贊誠著，臺灣銀行經濟研究室編：《吳光祿使閩奏稿選錄》，臺北：臺
　　　灣銀行經濟研究室，1966年，第10頁。
〔註9〕參見張耀宗：《牡丹社事件後清代臺灣原住民義學的發展》，《市北教育學刊》，
　　　2014年第46期。
〔註10〕伊能嘉矩著，臺灣文獻館譯：《臺灣文化志（下冊）》，新北：大家出版社，2017
　　　年，第479～480頁。

馴化的、溫馴的。進而，日本殖民由根據原住民居住區域的不同，將「生番」細分為「北番」與「南番」。為了統治及管理的需要，日本殖民者將平地及漢人視為行政管理的一環，而將山地及原住民列入殖產開發的範疇，並欲對其施以規訓及教化。日本人將平地與「番地」界限明確地劃分為不同的體系，也在法令上明確「番族」與漢人分屬不同的行政區域，依據不同的管理原則分別管理。以「番」稱呼臺灣原住民，模糊了其確切的族名及部落名，意味著日本人有意抹除臺灣原住民的差異及特殊性，以民族中心主義的論調將臺灣原住民放置於統治臺灣的「邊陲」地帶。

日本據臺之初，便由國家權力介入推行殖民教育。臺灣總督府設下總督官方、民政局、陸軍局、海軍局，其中民政局內設內務部、外務部、殖產部、財務部、學務部、司法部及遞信部，殖民地的教育事務則由學務部負責。首任臺灣總督府總督樺山資紀在前往臺灣走馬上任的途中，曾發表過這樣的言論：

> 惟臺灣乃是帝國的新版圖，未浴皇化之地。加上，島東部由蒙昧頑愚之蕃族割據。故今日入臨該土者，雖須以愛育撫孚為旨，使其悅歸我皇覆載之仁，但亦要恩威並行，使在所人民不得生其狎侮之心。〔註11〕

由此可見，臺灣總督府意圖將「蕃族割據」的東臺灣納入統治的勢力範圍內，以「綏撫」為宗旨，恩威並施，意圖使原住民臣服。

從一開始，日據時代臺灣原住民的教育就是以國家事業來實施的，為統治服務。臺灣總督府下設民政局的首任局長水野遵認為：「教育蕃民是我政府責任」〔註12〕，足以見得，日本殖民者將教化原住民，以期原住民成為馴服的「臣民」，視為對原住民施以教育的最終目標。

日據初期，由於日本人忙於鎮壓全島的漢人武裝抗日活動，同時在臺灣建立的殖民體系並未健全，統治者沒有足夠的精力與能力全方位管理原住民事務，只得採用「綏撫」手段處理「蕃政」，對臺灣原住民進行「有彈性的控制」。政權的更迭對於臺東地區生活的原住民而言，他們仍處於帝國主義與殖民主義的邊陲下，生活在無國家意識的傳統部落中。在原住民地區豐富的山林及礦產資源的利益驅使下，日本殖民者意圖同化這群生活在「後山」的「生

〔註11〕藤井志津枝：《日治時期臺灣總督府理蕃政策》，臺北：文英堂出版社，1997年，第2～5頁。

〔註12〕臺灣省文獻委員會編：《日本據臺初期重要檔案》，臺中：臺灣省文獻委員會，1977年，第146頁。

蕃」，遂初步制定了對待東臺灣原住民的教育剛略，在各個部落逐步創設日語傳習所、「蕃人」公學校及「蕃童」教育所等學校教育機構，並且對原住民施以社會教化，以此改變臺東原住民的思想及人格，達成「同化」教育的目的。日本殖民者對臺灣原住民施以教育，灌輸的「國民」思想根植於他們對於原住民變為「溫馴」、「順服」臣民的期待，而所謂的「國民」不過是遠遠低於日本人的次等國民。這種「國民」精神不外乎就是日本人最看重的「忠」，即對日本天皇的「忠」、對於日本殖民管理長官的「忠」。這種「忠」體現在教育層面，便是對於「規訓教育」的絕對服從。

第二節　原住民的學校教育

　　臺東地區在清朝時代被稱為「化外之地」。1895 年，日本佔領臺灣後，12 月 17 日，卑南大社大股頭目率領族人歸順日方。次年，臺東知本社以下的 44 社，合計 190 餘人被誘導歸順。〔註 13〕從行政建制上來看，1896 年 5 月 23 日，臺灣總督府撫墾署公布在全島設立撫墾署的府令，其中明令臺東地區設立臺東撫墾署。依照府令，1896 年 6 月 29 日，臺東撫墾署創設，管轄臺南縣臺東支廳內的區域，首任署長由臺東支廳長相良長綱兼任。〔註 14〕由此，將臺東地區正式被列入行政管轄範圍內。

　　臺東地區並不是日本殖民者最早施行原住民教育的區域，臨近臺東地區的恒春則是日據時代原住民教育的首設地，其創設離不開「蕃人」頭目潘文傑的謀劃。1895 年 5 月，瑯嶠十八番社〔註 15〕總頭目潘文傑奔走勸導恒春地區的蕃人歸順於日本統治者。次年，潘文傑說服馬蘭、卑南兩社組織武力協助日方擊退清兵。當年 9 月，臺灣總督府於潘文傑的家鄉豬朥束社（現今屏東縣滿洲鄉里德村）設恒春日語傳習所豬朥束分教場，教授日語、習字及算術三科，成為近代原住民地區的第一所日式學校，是為日據時代原住民教育之開端。潘文傑促使附近蕃社的族人接受日式教育而奔走，為犒勞其努力為日本殖民者「服務」，於 1897 年臺灣總督府決定頒授其「勳六等瑞寶章」一枚。由此，日

〔註 13〕　參見松田吉郎：《臺灣原住民と日本語教育──日本統治時代臺灣原住民教育史研究》，東京：晃洋書房，2004 年，第 28 頁。
〔註 14〕　參見北村嘉惠：《日本植民地下の臺灣先住民教育史》，札幌：北海道大學出版會，2008 年 2 月，第 43～44 頁。
〔註 15〕　清代以楓港溪為界，其北的部落稱為瑯嶠上十八社，其南的部落稱為瑯嶠下十八社。

據時期的原住民教育方才拉開序幕。

一、日語傳習所及其分教場的教育實踐

（一）臺東日語傳習所及其分教場設立背景

臺灣總督府學務部認為「凡欲得其國者先得其民，欲得其民者不能不得其民心，欲得其民心者，首先應利用溝通彼此思想之重要工具之語言。」〔註16〕同化教育之基礎，傳習日語則極為必要。總督府依據學務部的意見，遂於 1896 年於臺灣各地開設日語傳習所。同年 6 月，總督府頒布《日語傳習所規則》，以「對本島人教授日語，有助其日常生活，並培養本國精神」〔註17〕為主旨，規定日語傳習所分為甲科及乙科兩類，其中甲種學生限年齡 15 至 30 歲之間，乙科規定就學年限為 8 至 15 歲之間。其中，甲科學生專習日語，兼修讀書與作文兩科，以半年作為學習期限；乙科學生除學習日語外，還輔修讀書、作文、習字、算術等科目，以四年為限。〔註18〕

表 4.1　日語傳習所甲科課程表

科　目	第 1 周～10 周每週授課時數	第 11 周～20 周每週授課時數
日語	18	16
讀書、作文	16	18
合計	34	34

資料來源：筆者根據許錫慶譯：《臺灣教育沿革志》，南投：臺灣文獻館，2010 年，第 74 頁重新編制。

表 4.2　日語傳習所乙科課程表

科　目	第一學年每週授課時數	第二學年每週授課時數	第三學年每週授課時數	第四學年每週授課時數
日語	11	11	11	9
讀書、作文	9	9	9	9
習字	4	4	4	4

〔註16〕林品桐譯著：《總督府檔案專題翻譯（八）教育系列之一：臺灣總督府公文類纂教育史料彙編與研究（明治二十九年七月至明治三十四年十二月）（下）》，南投：臺灣省文獻委員會，2001 年 2 月，第 1448 頁。
〔註17〕許錫慶譯：《臺灣教育沿革志》，南投：臺灣文獻館，2010 年，第 72 頁。
〔註18〕許錫慶譯：《臺灣教育沿革志》，南投：臺灣文獻館，2010 年，第 72 頁。

算術	4	4	4	6
合計	28	28	28	28

資料來源：筆者根據許錫慶譯：《臺灣教育沿革志》，南投：臺灣文獻館，2010 年，第 74 頁重新編制。

1896 年 9 月 1 日，恒春日語傳習所設立，拉開了日據時代原住民教育的序幕。該日語傳習所開設當日狀況有如下記載：

> 自 9 月 19 日開始上課，當日出席的學生有 6 名，至 19 日再增加 2 名，至 20 日再增加 3 名，如此逐日增加。至九月底已達 24 名，其中 13 名是純蕃人。生蕃人即穿無袖之蕃服，用布纏掩蓋腰間前部，時常依舊裸體來上學者，雖下雨亦絕不戴笠撐傘，彼等連一張包袱巾亦無，帶的書籍放進衣服之懷抱內，窺視停雨瞬間向學校疾跑往來。〔註19〕

由此觀之，日本殖民者認為「蕃人」活潑樸實、思想單純，但同時又是野蠻與落後的。當年 9 月恒春日語傳習所授課狀況有如下記載：「月末學生共 29 人，其中甲科學生 10 人，乙科學生 19 人，每日上課時數為 5 小時，每日平均出席學生數為 14 人。」〔註20〕原住民教育由此逐漸發展。

1896 年 9 月，恒春日語傳習所豬勝束（Cilasoaq）分教場設立。豬勝束社位於臺南縣下轄的恒春城東方約十二公里處深山中的一原住民部落，屬卑南族石生系統支系，也是頭目潘文傑的老家。設所當天情形如下：

> 當天 9 月 10 日上午十時左右，蕃人陸續聚集於文傑的家裏……會場係以運動場充當之，入口飾以兩面交叉之國旗，正前方置桌子一張，左側有生蕃各社社長、附近各莊總理及學生父兄等，合計百餘名，右側有出席官員及學生二十七名，皆並排站立。……儀式結束後，令學生進行奪旗、單腳競賽、二人三腳競賽等，好勇之蕃人見之喝彩不已。〔註21〕

雖然豬勝束分教場的教學科目中缺少「修身」一科，但教師要以隨機教

〔註19〕林品桐譯著：《總督府檔案專題翻譯（八）教育系列之一：臺灣總督府公文類纂教育史料彙編與研究（明治二十九年七月至明治三十四年十二月）（上）》，南投：臺灣省文獻委員會，2001 年 2 月，第 85 頁。

〔註20〕林品桐譯著：《總督府檔案專題翻譯（八）教育系列之一：臺灣總督府公文類纂教育史料彙編與研究（明治二十九年七月至明治三十四年十二月）（上）》，南投：臺灣省文獻委員會，2001 年 2 月，第 87 頁。

〔註21〕許錫慶譯：《臺灣教育沿革志》，南投：臺灣文獻館，2010 年，第 82 頁。

學方式，講解《修身談》中最簡明之倫理，講述「蕃人」社會之善良人道風俗，進而以簡易修身教科書為範本施教，此為課外之教授，其教學時數每週一至二小時。教學方式為先以日語教授，然後用「蕃語」解釋說明。所以早期教學時，必須有通譯在場代為翻譯，待學校有畢業生後，選其中成績最優者留校教學。〔註22〕至 11 月末，分教場共 30 名學生，其中甲科學生 11 名，乙科學生 19 名，學生家庭多從事農業，輔以漁獵。〔註23〕

實踐證明恒春日語傳習所及其分教場的原住民教育切實可行後，1897 年 4 月，遂在臺東設置臺東日語傳習所，同年 5 月又設置臺東日語傳習所馬蘭及卑南分教場。

（二）臺東日語傳習所及其分教場的原住民教育實踐

1897 年 4 月，臺東日語傳習所正式創設，頗有成效。遂於次月在卑南及馬蘭兩社分別設立卑南及馬蘭分教場，對此區域內兩社「蕃人」施以教化。

時任臺東日語傳習所所長的相良長綱認為：

> 原來臺東地區乃蕃人之部落，因此重點不得不以蕃人之教育為主，對於蕃人之教育，實為臺東目前之急務。在兩社設分教場，雖語言有殊異，實際上兩社在臺東蕃人中，特別有勢力者有兩種族，向來在此兩大社能做到之事業，未必能在他社行之。反之，如在此兩社不能推行之事業，斷然在他社亦無法推行，因此，將該兩社作為試驗，誠對於將來始有希望。〔註24〕

由此觀之，教化臺東地區的原住民是日本殖民者在東臺灣施政的第一要務。日本殖民者在臺東卑南及馬蘭設立分教場，意圖在於利用卑南與馬蘭兩社的影響力，將其作為臺東地區原住民教育的示範點，進而推廣至臺東其他原住民區域。

卑南及馬蘭分教場的開設並不如預想得那麼順利，校舍的建設在一開始

〔註22〕宋龍生：《卑南公學校與卑南族的發展》，南投：臺灣文獻館，2002 年，第 33 頁。

〔註23〕參見林品桐譯著：《總督府檔案專題翻譯（八）教育系列之一：臺灣總督府公文類纂教育史料彙編與研究（明治二十九年七月至明治三十四年十二月）（上）》，南投：臺灣省文獻委員會，2001 年 2 月，第 92 頁。

〔註24〕林品桐譯著：《總督府檔案專題翻譯（八）教育系列之一：臺灣總督府公文類纂教育史料彙編與研究（明治二十九年七月至明治三十四年十二月）（上）》，南投：臺灣省文獻委員會，2001 年 2 月，第 409～410 頁。

便遇到了小麻煩。相良長綱親自召集兩社之頭目於撫墾署內傳習所之臨時事務所，「勸誘」頭目同意並聯合社內「蕃人」共同建設校舍，但頭目表示「要建設校舍如需要竹茅等，願於各社擔任，唯現在茅草的成長尚未成熟，希望能獲得自現在起四十日之猶豫時間。」〔註25〕相良長綱認為頭目的話「雖幼稚又天真，但他們出自內心的肺腑之言，實可嘉可賀之事」〔註26〕，遂應允。兩社頭目經過深思熟慮，也在日本殖民者的威逼利誘之下，同意配合在社內開建分教場。於是，兩分教場歷經一些小波折後，終於建設完成，並於11月3日已上課，教師則由日本人擔任。

　　兩分教場開學典禮當天亦是日本天長節，相良長綱在典禮上發表致辭如下：

> 　　所謂生蕃，雖資性頑凶，但亦極為單純，從不介滯細微之事於胸中，而兒童之輩，更是清白純潔者，因此兒童在上課時，皆能虛心，逐一學諸老師的言行，模仿其一舉一動，立即可浸染兒童之肺腑。萬一受惡習所浸染，即因老師先入為主，變成終於無法洗滌。諸位應好好慎重其行動，端正其語言。國語與其他種種事業有異，一旦習得時不僅經過千百年，亦絕對無法湮滅，若要教育蕃人，對於其精神之改造裨益頗大。」在（原住民）「空虛之腦內，注入日本精神，令其知國家為何物，以一身負荷將來的安危，縱然有敵國來侵犯時，必能粉身碎骨，義勇報國。〔註27〕

　　由此觀之，日本殖民者認為「蕃人」生性單純，尤以「蕃童」更易接受外來文化及教育，對其施以日語及禮儀訓練，可從小改造其精神質性，認同日本「國民」身份，進而服從殖民者的統治。當國家有需要時，這些被教化的「臣民」便能心甘情願為國捐軀，成為日本殖民統治的一把「利器」。這種從心靈到身體的訓練，充分暴露了統治者的殖民意圖。他們所要施行的「理蕃」政

〔註25〕林品桐譯著：《總督府檔案專題翻譯（八）教育系列之一：臺灣總督府公文類纂教育史料彙編與研究（明治二十九年七月至明治三十四年十二月）（上）》，南投：臺灣省文獻委員會，2001年2月，第410頁。

〔註26〕林品桐譯著：《總督府檔案專題翻譯（八）教育系列之一：臺灣總督府公文類纂教育史料彙編與研究（明治二十九年七月至明治三十四年十二月）（上）》，第410頁。

〔註27〕林品桐譯著：《總督府檔案專題翻譯（八）教育系列之一：臺灣總督府公文類纂教育史料彙編與研究（明治二十九年七月至明治三十四年十二月）（上）》，南投：臺灣省文獻委員會，2001年2月，第411頁。

策，實則為操縱規訓之術，以滿足其軍國主義的殖民擴張欲望。〔註28〕

開學典禮當天，卑南社分教場的具體情形如下：

> 1897 年 11 月 3 日，頭目以下番人約百餘名聚集，學生合唱日本國歌。「當天分教場開學當天共有 46 名學生到校，其中包括四位女生。他們不都是卑南社的族人，也包括賓朗、初鹿、阿里擺等部落的學生，這都是動員部落頭目、長老等分頭勸導入學的結果。〔註29〕

早期來卑南分教場就讀的學生亦包含了居住在附近部落的原住民。外社前來就學的學生，分為走讀和寄宿生，其中，走讀生經常為風雨所阻或幫助家中農事而誤學，對出席率影響較大；寄宿生則包含較遠的部落，如射馬干社、呂家望社及阿里擺社。〔註30〕寄宿的學生居於學校宿舍內或居於會所內，其飲食要自己準備，故這部分學生出勤率亦不高。另有部分學生居住於卑南社的親友家中。〔註31〕當年，甲科學生 21 名，乙科學生 40 名，其中甲科學生最大年齡 22 歲，最小年齡 8 歲，乙科學生最大年齡 22 歲，最小 7 歲。〔註32〕

表 4.3　卑南分教場甲科生課表

星期＼時段	第一時段	第二時段	第三時段
星期一	日語會話	日語發音	算術
星期二	同上	日語默寫、作文	日語習字
星期三	同上	日語發音	體操
星期四	同上	日語默寫、作文	算術
星期五	同上	日語發音	唱歌
星期六	修身	日語會話	日語習字

資料來源：宋龍生：《卑南公學校與卑南族的發展》，南投：臺灣文獻館，2002 年，第 56 頁。

〔註28〕董建輝、張雪婷：《規訓之術：日據時期的臺灣原住民教育》，《廈門大學學報（哲學社會科學版）》，2019 年第 4 期。

〔註29〕孫大川：《Baliwakes：跨時代傳唱的部落音符——卑南族音樂靈魂陸森寶》，宜蘭：傳統藝術中心，2007 年，第 37 頁。

〔註30〕分別為現今臺東市建和部落、卑南鄉利嘉部落及卑南鄉上賓朗部落。

〔註31〕參見宋龍生：《卑南公學校與卑南族的發展》，南投：臺灣文獻館，2002 年，第 48 頁。

〔註32〕林品桐譯著：《總督府檔案專題翻譯（八）教育系列之一：臺灣總督府公文類纂教育史料彙編與研究（明治二十九年七月至明治三十四年十二月）（上）》，南投：臺灣省文獻委員會，2001 年 2 月，第 627 頁。

由上表可知，卑南分教場甲科生每週日語學習共 13 課時，修身 1 課時，算術 2 課時，唱歌和體操各 1 課時，以日語學習為主，輔之以修身、算術以及唱歌與體操等課程。

表 4.4　卑南分教場乙科生課表

星期＼時段	第一時段	第二時段	第三時段
星期一	日語會話	日語發音	日語習字
星期二	同上	日語默寫	算術
星期三	同上	日語發音	體操
星期四	同上	日語默寫	算術
星期五	修身	日語發音	唱歌
星期六	日語會話	算術	日語習字

資料來源：筆者根據宋龍生：《卑南公學校與卑南族的發展》，南投：臺灣文獻館，2002 年，第 56 頁重新編制。

由上表可知，卑南分教場乙科生每週日語學習共 12 課時，體操 2 課時，算術 3 課時，修身和唱歌各 1 課時，仍以日語為主要的教學內容。綜合兩科生的課程學習來看，卑南分教場教學重點在於強調原住民對於日語的學習。其中，甲科相較於乙科則課程要求較高，要求的日語能力也更為複雜。

馬蘭分教場與卑南分教場開設科目相似，甲、乙兩科均開設日語、修身、算術及習字科目，同樣以日語學習作為教育的首要目標。其中甲科學生日語科目的學習，「初步以會話開始，從身邊事物做問答題來教學，而且還要讓其練習書寫」〔註 33〕，乙科學生日語科目則「教以普通代名詞及初步的動詞變化，讓其書寫已學習的名詞及簡短的用語。」〔註 34〕馬蘭分教場的教育初具規模，頗有成效。至 1898 年 6 月底，臺東日語傳習所馬蘭分教場學生共有甲科學生 21 名，乙科學生 24 名，其中甲科學生最大年齡 17 歲，最小年齡 15 歲，乙科學生最大年齡 14 歲，最小年齡 7 歲。〔註 35〕

〔註 33〕林品桐譯著：《總督府檔案專題翻譯（八）教育系列之一：臺灣總督府公文類纂教育史料彙編與研究（明治二十九年七月至明治三十四年十二月）（上）》，南投：臺灣省文獻委員會，2001 年 2 月，第 626 頁。
〔註 34〕林品桐譯著：《總督府檔案專題翻譯（八）教育系列之一：臺灣總督府公文類纂教育史料彙編與研究（明治二十九年七月至明治三十四年十二月）（上）》，南投：臺灣省文獻委員會，2001 年 2 月，第 626 頁。
〔註 35〕林品桐譯著：《總督府檔案專題翻譯（八）教育系列之一：臺灣總督府公文類

　　卑南及馬蘭分教場以教授日語為主，日語能夠提供管理上的便利，同時也是同化的必要手段。從語言的同化入手，最終目的則是達成民族的同化。對於其他科目如算術，則教授較為簡單的運算，滿足日常使用即可，不必如日語一般著重教學。日本殖民者認為「所有知識的基礎，計算、認字，亦即算數和閱讀，應該是教育主力，現階段有這些科目就滿足其實際運用，沒必要有更高的期待，算數會加減乘除，而乘除能算二位數就足夠；閱讀只要能理解一般事務，可以書寫日常事務也已足夠。超過此程度以上的期待不僅過於勉強，而且沒有必要。」〔註 36〕

　　至 1898 年 8 月之前，臺東地區的原住民教育並沒有具體的教育方案，只是根據總督府於 1896 年頒布的《日語傳習所細則》所施行教化。直至 1898 年 8 月 24 日，各縣廳學務主任會議，由臺東廳長提交有關「蕃人」教育方案後，臺東地區的原住民教育才有了具體規定及相關細則。該方案提出「蕃社內之學校，以教育蕃人為目的；教育蕃人，以家塾方式之教育方式最為適當；以熟練實用之學科為主；不僅是教育學生為目的，應以蕃社全體教育為其責任；教育蕃人時，其風俗習慣等，除極為醜態或重大弊害者，應不得隨意更改。」〔註 37〕在招募學生方面提出「盡可能分配各社之學生人數讓其入學」的能收盡收的方針；對於蕃社頭目的子弟出於「多數為未來之頭目」〔註 38〕的考慮，鼓勵盡可能令其入學，並且選擇「相互交通往而親睦」〔註 39〕較為「溫馴」的蕃社招生。較之日本人及臺灣人的學校明確修業年限，對於設置日語傳習所及分教場對於修業年限則無硬性規定，而是「規定學生之科業以熟悉為度，即可讓其畢業。」〔註 40〕

　　　　纂教育史料彙編與研究（明治二十九年七月至明治三十四年十二月）（上）》，
　　　　南投：臺灣省文獻委員會，2001 年 2 月，第 625 頁。

〔註 36〕〔日〕小泉鐵著，黃延婷、何佩儀譯：《臺灣土俗志》，臺北：「原住民族委員
　　　　會」，2014 年，第 229 頁。

〔註 37〕林品桐譯著：《總督府檔案專題翻譯（八）教育系列之一：臺灣總督府公文類
　　　　纂教育史料彙編與研究（明治二十九年七月至明治三十四年十二月）（上）》，
　　　　南投：臺灣省文獻委員會，2001 年 2 月，第 632 頁。

〔註 38〕林品桐譯著：《總督府檔案專題翻譯（八）教育系列之一：臺灣總督府公文類
　　　　纂教育史料彙編與研究（明治二十九年七月至明治三十四年十二月）（上）》，
　　　　南投：臺灣省文獻委員會，2001 年 2 月，第 633 頁。

〔註 39〕林品桐譯著：《總督府檔案專題翻譯（八）教育系列之一：臺灣總督府公文類
　　　　纂教育史料彙編與研究（明治二十九年七月至明治三十四年十二月）（上）》，
　　　　第 633 頁。

〔註 40〕林品桐譯著：《總督府檔案專題翻譯（八）教育系列之一：臺灣總督府公文類

其中，該方案具體規定了教授科目，分為學科及實用科兩種。其中學科包括日語讀法、算術、習字、唱歌及體操課；實用科包含極為簡單的農林業既簡單的手工製作。具體授課也從「蕃語」入手，「最初即以蕃語教授之後，翻譯為日語」〔註41〕，教授作文也「蕃語」為主。日本統治者普遍認為原住民「在數理上之智識極低」〔註42〕，遂在算術課程規定「教以極簡易者」〔註43〕，且以實用為主，諸如日期、金錢、度量衡及極為簡單的加減乘除運算。開設的唱歌及體操科意圖培養原住民順從之精神。授課時間因「蕃人未嘗過規律之生活」〔註44〕亦沒有硬性規定，而是以「學生是否倦惰，臨時斟酌伸縮之。」〔註45〕

表 4.5　臺東「蕃人」教育方案課程安排

科　目	授課時長
日語讀法	每週 5 次以上（1 次約 1 小時）
算術	每週 4 次以上（1 次約 1 小時）
習字	每週 2 次以上（1 次約 30 分鐘）
唱歌及體操	每週各 2 次以上（1 次約 20 分鐘）

資料來源：筆者根據林品桐譯著：《總督府檔案專題翻譯（八）教育系列之一：臺灣總督府公文類纂教育史料彙編與研究（明治二十九年七月至明治三十四年十二月）（上）》，南投：臺灣省文獻委員會，2001 年 2 月，第 636 頁重新編制。

纂教育史料彙編與研究（明治二十九年七月至明治三十四年十二月）（上）》，第 633 頁。
〔註41〕林品桐譯著：《總督府檔案專題翻譯（八）教育系列之一：臺灣總督府公文類纂教育史料彙編與研究（明治二十九年七月至明治三十四年十二月）（上）》，第 633 頁。
〔註42〕林品桐譯著：《總督府檔案專題翻譯（八）教育系列之一：臺灣總督府公文類纂教育史料彙編與研究（明治二十九年七月至明治三十四年十二月）（上）》，南投：臺灣省文獻委員會，2001 年 2 月，第 634 頁。
〔註43〕林品桐譯著：《總督府檔案專題翻譯（八）教育系列之一：臺灣總督府公文類纂教育史料彙編與研究（明治二十九年七月至明治三十四年十二月）（上）》，第 634 頁。
〔註44〕林品桐譯著：《總督府檔案專題翻譯（八）教育系列之一：臺灣總督府公文類纂教育史料彙編與研究（明治二十九年七月至明治三十四年十二月）（上）》，南投：臺灣省文獻委員會，2001 年 2 月，第 636 頁。
〔註45〕林品桐譯著：《總督府檔案專題翻譯（八）教育系列之一：臺灣總督府公文類纂教育史料彙編與研究（明治二十九年七月至明治三十四年十二月）（上）》，第 636 頁。

　　該方案也規定根據學生的出席情況、課業成績及品行給予獎勵，其中最
主要看中出席情況，若「全月缺席則不給費」〔註46〕。

　　由此，臺東地區的原住民教育有了更加清楚、細化的教育方案，日語傳習
所及各分教場的學生也逐漸增多。截止至 1899 年 2 月，臺東日語傳習所及分
教場學生數如下：

表 4.6　臺東日語傳習所及分教場學生數（截止 1899 年 2 月）

名　　稱	學生數
臺東日語傳習所	31
臺東馬蘭社分教場	48
臺東卑南社分教場	36

資料來源：筆者根據林品桐譯著：《總督府檔案專題翻譯（八）教育系列之一：臺灣
　　　　　總督府公文類纂教育史料彙編與研究（明治二十九年七月至明治三十四
　　　　　年十二月）（下）》，南投：臺灣省文獻委員會，2001 年 2 月，第 1131 頁
　　　　　重新編制。

　　此後，臺東地區多個日語傳習所及其分教場相繼開設。1900 年 7 月臺東
日語傳習所大巴塱分教場、璞石閣分教場、薄薄分教場設立；1901 年 5 月臺
東日語傳習所公埔分教場、知本分教場、太麻里分教場設立，7 月太魯閣分教
場設立。

　　臺東地區設立的日語傳習所針對原住民的教育，日本殖民者認為成效顯
著，感慨「蕃童教育之進步」〔註47〕。他們認為「蕃童之從事教育者，其進
步又年甚一年。今日卒業者已甚不少，該蕃童之意志及狀態等項，據在該地
執教鞭者之所語，實與普通子弟無以異」，且「從來之卒業生中，或奉職子
官廳，或為教員於學校，多能不落人後。」〔註48〕並舉了一位臺東卑南「蕃
人」施信的例子，他於 1897 年入臺東日語傳習所卑南分教場學習，1902 年畢
業後任知本分教場的教員一職，1904 年入總督府醫學院繼續深造，他擅長徒
步及競走，摘得東京時事新報運動會金牌三枚、體育俱樂部銅牌及日本武德
會臺灣支部銀牌各一枚，總督府對他給予厚望，認為他「將來最有厚望之一

〔註46〕林品桐譯著：《總督府檔案專題翻譯（八）教育系列之一：臺灣總督府公文類
　　　　纂教育史料彙編與研究（明治二十九年七月至明治三十四年十二月）（上）》，
　　　　南投：臺灣省文獻委員會，2001 年 2 月，第 637 頁。
〔註47〕《蕃族出身之二青年》，《臺灣日日新報》，1907-11-12（05）。
〔註48〕《蕃族出身之二青年》，《臺灣日日新報》，1907-11-12（05）。

青年」〔註49〕。由此可見，日本殖民者對原住民的教化成果頗為滿意，於是，進而逐漸擴大原住民教育的範圍，將更多的「蕃人」及「蕃童」納入殖民教育的體系中，以期獲得更大的教育成果。〔註50〕

　　自各「蕃社」之分教場正式設立，一個新的社會結構體——學校，被移植進到部落的「中央」地帶，它是賦有教育功能的結構體，逐漸地，傳習所及分教場取代了「蕃社」內的會所制所肩負的教育功能。部落從此將以傳習所及分教場為生活各層面的中心，它造成了對會所制度的腐蝕作用。〔註51〕不同年齡階層的人在一起上課，則打破了年齡階層之間的藩籬，也造成了卑南社會組織中年齡階層觀念漸趨淡化。另一方面，男女共學也打破了卑南族傳統教育中男、女分離的觀念。

二、「蕃人」公學校的教育實踐

　　1898 年 7 月，臺灣總督府頒布開設公學校的條令，臺北等 13 地的日語傳習所依令廢止，而恒春、臺東及澎湖三地的日語傳習所依舊存在。直至 1900 年，澎湖、恒春兩地的日語傳習所方廢止。「蕃人」公學校的前身就是各地開設的日語傳習所及其分教場。

（一）私立「蕃人」學校初試

　　1900 年，臺東廳長本良長綱提交給總督府關於為「蕃人」教育設立私立學校的提案，欲設於臺東知本社，稱為「知本學堂」。該提案表明以「養成國民之性格，同時使其通曉日語」〔註52〕為教育目標，開設修身、日語、作文、讀書、習字、算術、唱歌及體操等科目，修業年限為四年。在學制安排上，具體規定每年 2 月 1 日至 7 月 10 日為前期，9 月 1 日至翌年 1 月 30 日為後期。〔註53〕

〔註49〕《蕃族出身之二青年》，《臺灣日日新報》，1907-11-12（05）。

〔註50〕這裡的教育成果並不指的是促進原住民文化發展及教育進步的成果，而指的是培養親日的原住民精英人才、使原住民成為服從命令的「臣民」、甚至能為了保衛日本而上戰場英勇作戰這些鞏固日本殖民統治政權的「成果」。

〔註51〕參見宋龍生：《卑南公學校與卑南族的發展》，南投：臺灣文獻館，2002 年，第 42～43 頁。

〔註52〕林品桐譯著：《總督府檔案專題翻譯（八）教育系列之一：臺灣總督府公文類纂教育史料彙編與研究（明治二十九年七月至明治三十四年十二月）（下）》，南投：臺灣省文獻委員會，2001 年 2 月，第 1339 頁。

〔註53〕林品桐譯著：《總督府檔案專題翻譯（八）教育系列之一：臺灣總督府公文類

表 4.7 臺東私立「蕃人」學校課程表

科　目	第一學年 上課時數	第二學年 上課時數	第三學年 上課時數	第四學年 上課時數
修身	1	1	1	1
日語、作文	7	7	8	8
讀書	3	3	3	3
習字	2	2	2	2
算術	3	3	4	4
唱歌	1	1	1	1
體操	2	2	2	2

資料來源：筆者根據林品桐譯著：《總督府檔案專題翻譯（八）教育系列之一：臺灣總督府公文類纂教育史料彙編與研究（明治二十九年七月至明治三十四年十二月）（下）》，南投：臺灣省文獻委員會，2001 年 2 月，第 1340 頁重新編制。

　　「知本學堂」對於學生招募規定暫時允許 8 歲至 20 歲學生入學，且不徵收學費。開辦正式招生當年便有學生 25 名。〔註54〕雖然「知本學堂」的發展並不如預期般順利，但它開創了臺東地區專為原住民開設私立教育的先河，也為後來「蕃人」公學校的設立提供了實踐上的教育經驗。

（二）「蕃人」公學校的開設及其教育實踐

1.「蕃人」公學校創設及建制

　　「蕃人」公學校由臺灣總督府學務部或文教局負責管理，由各地設立的日語傳習所及分教場演變而來，屬專為原住民開設的普通學校教育機構。在臺東原住民地區積極籌設「蕃人」公學校的目的，日本殖民者承認此舉「非以化育蕃人為趣旨」，而是「在於馴致其生活狀態，發揮其順良性情」。〔註55〕卑南學者孫大川認為，日本殖民者在臺東地區創設「蕃人」公學校，進一步擴大原住民教育範圍的實質在於「現代知識的傳授是其次，它其實是帝國威儀的地

纂教育史料彙編與研究（明治二十九年七月至明治三十四年十二月）（下）》，南投：臺灣省文獻委員會，2001 年 2 月，第 1339 頁。

〔註54〕 參見林品桐譯著：《總督府檔案專題翻譯（八）教育系列之一：臺灣總督府公文類纂教育史料彙編與研究（明治二十九年七月至明治三十四年十二月）（下）》，南投：臺灣省文獻委員會，2001 年 2 月，第 1341～1342 頁。

〔註55〕 《昨年之教育事業（上）》，《臺灣日日新報（漢文版）》，1906-01-07（03）。

方性體現，也是部落族人身心規訓的新場所。」〔註56〕

1905 年 2 月，臺東的兩所日語傳習所依據《蕃人子弟就學之公學校》之令，該改臺東日語傳習所為臺東公學校，卑南分教場則改為卑南「蕃人」公學校。對就讀的「蕃人」子弟免收學費，以此優惠期望招徠更多的「蕃人」子弟前來就讀。

表 4.8　臺東「蕃人」公學校的課程安排

科目　　學年	每週授課時數	第一學年	每週授課時數	第二學年
修身	2	道德之要旨	2	同左
日語	10	片假名及簡易會話的讀法、寫法、作文	10	同左、平假名及簡易會話的讀法、寫法、作文
算術	6	20 以內的計數法、寫法以及加減乘除	6	50 以內的計數法、寫法以及加減乘除
唱歌		單音唱歌		同左
共計	18		18	

科目　　學年	每週授課時數	第三學年	每週授課時數	第四學年
修身	2	道德之要旨	2	同左
日語	10	同左、漢字混合會話的讀法、寫法、作文	10	同左
算術	6	100 以內的計數法、寫法以及加減乘除	6	1000 以內的計數法、寫法以及加減乘除
唱歌		單音唱歌		同左
農業		農業概要及水產		同左
手工		簡易手工藝		同左
共計	18		18	

資料來源：筆者根據許錫慶譯：《臺灣教育沿革志》，南投：臺灣文獻館，2010 年，第 214 頁重新編制。

據規定，臺東地區的「蕃人」公學校的修業年限為 4 年，課程包括修身、日語、算術、唱歌及實科等科目，每週授課 18～20 課時，其中實科每週授課

〔註56〕參見孫大川：《Baliwakes：跨時代傳唱的部落音符——卑南族音樂靈魂陸森寶》，宜蘭：傳統藝術中心，2007 年，第 37 頁。

6 小時，但唱歌、實科的授課時數並未安排課表中，而是視具體需要而定。此外，臺東地區的「蕃人」公學校的實科教學，除了以上所列的課程內容，還有肥料及農具的操作與使用、栽培、飼養家畜等農業技術相關課程。

截止 1905 年末，臺東地區的「蕃人」公學校有 12 所〔註57〕，在讀學生共 897 名，其中男生 844 名，女生 53 名〔註58〕。

表 4.9　臺東「蕃人」公學校就讀學生年齡分布

年　齡	人數（名）
6～12 歲	259
12～17 歲	474
17～21 歲	135
21～26 歲	25
26～31 歲	4

資料來源：筆者根據資料制定，數據源自《蕃人ノ子弟ヲ就學セシムヘキ公學校》，臺灣總督府學事第四年報，臺灣總督府民政部總務局學務科，1907 年，第 113 頁重新編制。

由上表可見，「蕃人」公學校就讀的原住民學生以男生為主，其中年齡以 12 歲至 17 歲的學生占絕大部分，占全部學生總人數的 52.8%；其次 6 歲至 12 歲學齡期學生人數位列第二，占全部學生總人數的 28.9%；26 歲至 31 歲的學生人數最少，僅占全部學生總人數的 0.4%。

「蕃人」公學校迅速發展，截止至 1907 年，臺東地區下設「蕃人」公學校及相關情形如下表所示：

表 4.10　臺東「蕃人」公學校狀況（截止 1907 年）

名　稱	位　置	教師數（名）	學生數（名）	時任校長
馬蘭公學校	馬蘭社	3	110	小城忠次郎
卑南公學校	卑南社	4	77	松浦尚次郎

〔註57〕12 所「蕃人」公學校即馬蘭公學校、卑南公學校、知本公學校、太麻里公學校、璞石閣公學校、太巴塱公學校、薄薄公學校、太魯閣公學校、呂家公學校、巴塱衛公學校、水尾公學校、蘇老漏公學校。

〔註58〕臺灣總督府官方文書課：《蕃人公學校ノ一（現況）》，臺灣總督府第九統計書，1907 年，第 286 頁。

知本公學校	知本社	5	113	大森吉次郎
太麻里公學校	太麻里社	3	77	箕田吉太郎
璞石閣公學校	璞石閣莊（現為玉里）	1	56	莊崎諦認
太巴塱公學校	太巴塱社	2	57	東恩納盛篤
薄薄公學校	薄薄社	2	45	佐藤與五平
太魯閣公學校	太魯閣社	2	43	石田貢
呂家公學校	呂家社（現利嘉）	2	63	松浦尚次郎
巴塱衛公學校	八塱衛社	2	24	晉清隆
水尾公學校	水尾莊（現瑞穗）	2	46	和田富士夫
蔴老漏公學校	蔴老漏社	2	186	丸尾義淨

資料來源：筆者根據《公學校一覽其二（蕃人公學校）》臺灣總督府學事第四年報，
　　　　　臺灣總督府民政總務局學務科，1907 年，第 147～148 頁重新編制。

　　此後，「蕃人」公學校歷經一系列創設變動。截止 1909 年末，臺東廳「蕃人」公學校變為 9 所，為馬蘭公學校、卑南公學校、知本公學校、太麻里公學校、里壠〔註59〕公學校、蔴老漏公學校、巴塱衛公學校、都鑾〔註60〕公學校，〔註61〕而薄薄公學校、太巴塱公學校歸屬花蓮負責。〔註62〕至 1913 年末，臺東廳新增兩所蕃人公學校，為都歷公學校及新開園公學校，〔註63〕均為同年創設。〔註64〕1914 年 3 月，臺東廳有新增一所蕃人公學校，即虷仔崙公學校。〔註65〕1917 年 3 月，臺東廳新增一所蕃人公學校，即沙汝灣公學校。〔註66〕至此臺東廳共計 13 所蕃人公學校。1918 年 7 月，臺東新增一所蕃人公學校，即加走灣公學校。〔註67〕

〔註59〕里壠現為臺東關山。
〔註60〕都鑾現為臺東東和鄉都蘭。
〔註61〕其中里壠公學校創建於 1909 年 7 月，都鑾公學校創建於 1908 年 10 月。
〔註62〕臺灣總督府民政部內務局學務科：《公學校一覽其二（蕃人公學校）》，臺灣總督府學事第八年報，1912 年，第 181～182 頁。
〔註63〕新開園現為臺東池上。
〔註64〕臺灣總督府民政部學務部：《公學校一覽　其二（蕃人公學校）》，臺灣總督府學事第十二年報，1917 年，第 284 頁。
〔註65〕臺灣總督府民政部學務部：《公學校一覽　其二（蕃人公學校）》，臺灣總督府學事第十三年報，1917 年，第 299 頁。
〔註66〕臺灣總督府民政部學務部：《公立學校一覽（4）公學校（其二）（蕃人公學校）》，臺灣總督府學事第十六年報，1919 年，第 199 頁。
〔註67〕臺灣總督府內務局學務科：《公立學校一覽（4）蕃人公學校》，臺灣總督府學事第十七年報，1920 年，第 192 頁。

截止至 1921 年末,臺東廳蕃人公學校就讀學生達 2356 名,〔註68〕至 1922 年末,臺東已就學的學齡蕃童達 4482 名,未就學的蕃童為 604 名。〔註69〕就學率達 88%。由此可見,「蕃人」公學校發展壯大,越來越多的原住民接受公學校的教育。

2.「蕃人」公學校具體教育實踐

1914 年 4 月,臺灣總督府頒布《蕃人公學校規則》,對課程教學作出了更為詳盡的規定,如下表:

表 4.11 《蕃人公學校規則》詳情

課程名稱	教學目的
總則	對「蕃人」施行德育,教授日語並傳授生活上必需知識技能,使其感化日本風氣為主旨。
教學方法	配合「蕃人」生活狀態及學生身心發展程度及男女特性,施以適當教育。
修身	以涵養德行,指導道德的實踐之要旨。
日語	1. 教授簡單日語、文章,兼啟發智德; 2. 日語從說話開始,教授簡單日語,並授以假名及讀法、寫法,以及簡易作文; 3. 授以普通文章的讀法以及日常用文。
算術	1. 熟悉日常計算為宜,以獲得生活所必須的知識為要旨; 2. 學習算術最初利用心算,漸進使用筆算,教授整數之加減乘除。
唱歌	1. 以令其能夠唱簡易歌曲,平和其心情為要旨; 2. 教授簡易單音唱歌,歌詞及歌譜需雅正,並適合「蕃人」興趣。
實業	1. 以令其熟悉生活上必需之作業,養成崇尚勤勞習慣為要旨; 2. 以實習為主,授以耕作、飼育、漁撈及物品製作、加工、保存、利用等相似之知識技能。

資料來源: 筆者根據許錫慶譯:《臺灣教育沿革志》,南投:臺灣文獻館,2010 年,第 217 頁重新編制。

臺東地區的「蕃人」公學校依據規則分為四年制與三年制不同的修業年限,不同修業年限的「蕃人」公學校的授課時數如下表所示:

〔註68〕臺灣總督府官房調查課:《蕃人公學校ノ一(現況)》,臺灣總督府第二十五年統計書,1923 年,第 113 頁。

〔註69〕臺灣總督府內務局文教科:《蕃人學齡兒童(總數)》,臺灣總督府學事第二十二年報,1926 年,第 277 頁。

表4.12　臺東「蕃人」公學校四年制課程安排

科目 \ 每週授課時數	第一學年	第二學年	第三學年	第四學年
修身	1	1	1	1
日語	6	6	8	8
算術	4	4	4	4
唱歌	1	1	1	1
實業	6	6	6	6
合計	18	18	20	20

資料來源：筆者根據許錫慶譯：《臺灣教育沿革志》，南投：臺灣文獻館，2010年，第218～219頁重新編制。

表4.13　臺東「蕃人」公學校三年制課程安排

科目 \ 每週授課時數	第一學年	第二學年	第三學年
修身	1	1	1
日語	6	6	8
算術	4	4	4
唱歌	1	1	1
實業	6	6	6
合計	18	18	20

資料來源：筆者根據許錫慶譯：《臺灣教育沿革志》，南投：臺灣文獻館，2010年，第219頁重新編制。

　　由上表可知，臺東「蕃人」公學校仍以教授日語為主，但更加強調實業科目的教育，將其與日語教育並重，算術次之，並輔之以修身及唱歌等科目。

　　1919年，臺灣總督府再次修正「蕃人」公學校規則，四年制公學校將第一及第二學年的日語授課時數由每週6小時增至每週8小時，第三及第四學年則縮減至1小時。三年制的「蕃人」公學校將第一及第二學年的日語授課時數也做了調整，由每週6小時增2小時至每週8小時，第三學年則更是增至10小時。

　　臺東地區的「蕃人」公學校依據相關規則，開設科目修身、日語、算術、加之以農業、手工、唱歌等科目，日語教科書由淺入深，介紹日本風土民情、

宗教信仰、現代設施等。教育課本是殖民者教育原住民的工具，也是承載著日本國家意識及殖民意識的載體，課本中的課文、插畫，在教學過程中形塑著原住民學童的日本「國民意識」。正如日本殖民者所言「要培養出擁有日本人的思想意念，日本人的感受，以及日本人行動模式的人不可。所以必須是一種能深入兒童實際生活每一個環節的體驗式指導，亦即所謂日本國民生活體驗式的教育。」〔註70〕

師資方面，臺東地區的「蕃人」公學校教員任用當地「蕃人」，以「各地蕃人有受過適宜教育者，用為雇教員」〔註71〕，馬蘭公學校雇1名「蕃人」教員，卑南公學校雇1名「蕃人」教員，知本公學校雇2名「蕃人」教員，呂家公學校雇1名「蕃人」教員，巴塱衛公學校雇1名「蕃人」教員，他們都是「純然生蕃人」，又因其「發音明瞭，又比漢人巧於操蕃語」而任為「蕃人」公學校之教員。〔註72〕

以下部分以臺東地區卑南「蕃人」公學校及呂家「蕃人」公學校為例，詳細闡述「蕃人」公學校的教育實踐。

（1）卑南「蕃人」公學校

卑南「蕃人」公學校設立之初，臺東廳日本官員曾到校瞭解學校相關情況，並要求部落頭目為到校任課的日本教師提供較為優厚的薪酬待遇。但臺東原住民地區條件自然比不上漢人生活地區，吸引到優質的師資來此教書著實不易；另一方面，日據時期臺灣原住民教育的師資力量缺乏較為普遍，培養出來合格的教師已優先供應西部的平地學校，臺東原住民地區更加不易找到由正規師範體系培養出來的教師。〔註73〕

通過卑南教育家、音樂家陸森寶先生的回憶，可以瞭解當時卑南「蕃人」公學校的學生及師資狀況：

> 就讀卑南公學校的初印象，公學校就讀的學生多為20歲以上的成年人，有的已經18歲了卻才來上一年級。卑南公學校中有一位卑南族的教師，他是「分教場」時代第一屆的畢業生，以雇員的身

〔註70〕臺灣總督府警務局理蕃課編，陳瑜霞譯：《理蕃之友·第三卷》，新北：「原住民族委員會」，2016年，第200頁。

〔註71〕《蕃人任學校教員》，《臺灣日日新報（漢文版）》，1905-12-15（02）。

〔註72〕《蕃人任學校教員》，《臺灣日日新報（漢文版）》，1905-12-15（02）。

〔註73〕張中元：《日治時期原住民初等教育之探究——以呂家公學校（1905～1945）為例》，臺東大學教育研究所教育行政碩士論文，2005年，第54頁。

份留校協助教學。〔註74〕

由此可見，卑南「蕃人」公學校就讀的原住民學生年齡參差不齊，大多為成年人，而學校的老師由經過日式教育培訓當地的原住民人才擔任。

在教化原住民學習日本文化的同時，日本殖民者也對於原住民的農耕及手工藝進行指導撫育。他們認為「現今蕃社最迫切需要的是衣食住之中的食，取得食物的方法，不是自己耕作，就是以其他物品換取，但是蕃人卻無此能力，有很多想耕作者卻已經無法取得耕地，想換取糧食卻無製作物品的技術。」〔註75〕同時也認為原住民兒童應接受農耕教育，「蕃地的產業教育若不能與兒童教育相互結合，即是一種浪費。兒童在各教育所應該習得畢業後馬上派上用場的生產技術。」〔註76〕臺東地區的「蕃人」公學校將農耕指導納入其教育範疇，例如臺東馬蘭「蕃人」公學校設立農業講習特別班，平均收容學員 11 名，學員大多來自公學校的學生，授課以田地的耕作、園藝、林業為主。學校教學以稻作為主，兼種粟、大豆及麥等，同時也栽培馬鈴薯、甘藍、番茄、南瓜等新品種的蔬菜。此後引進了新式農具、推廣種植牧草、苜蓿。三年級學生承擔水稻的試作，二年級和一年級學生從事普通的實習，冬季戶外作業少時，則從事編織麻繩及榻榻米席。此外，學校亦教育學生不要對糞便等排泄物感到污穢，〔註77〕因為沒有這些，就不會形成肥料，沒有肥料就沒有農業。〔註78〕

卑南「蕃人」公學校也設置農業實習地，對原住民學生施以農業教育。1929 年卑南「蕃人」公學校的記載如下：

> 該校建地有 2973 坪，教室 4 間，職員室 1，宿舍 3。另外有實
> 習地，包括造林地 3000 坪，水田 400 坪，甘蔗園、菜園、芭蕉園、
> 果蔬園、教材觀賞園、養魚池、養雞場等。在當時，已有畢業生 438

〔註74〕 孫大川：《Baliwakes：跨時代傳唱的部落音符——卑南族音樂靈魂陸森寶》，宜蘭：傳統藝術中心，2007 年，第 38 頁。

〔註75〕 〔日〕小泉鐵著，黃延婷、何佩儀譯：《臺灣土俗志》，臺北：「原住民族委員會」，2014 年，第 230～231 頁。

〔註76〕 〔日〕小泉鐵著，黃延婷、何佩儀譯：《臺灣土俗志》，臺北：「原住民族委員會」，2014 年，第 231 頁。

〔註77〕 阿美族的傳統觀念認為人的糞便等排泄物是污穢、不吉利之物，故認為使用肥料是不吉利之事，故只採用草木為肥料。

〔註78〕 洪俊暉：《控制與動員：日治時期臺灣總督府對阿美族的治理》，臺灣師範大學臺灣文化及語言文學研究所碩士論文，2011 年，第 35 頁。

名，其中包括畢業醫學院的 1 名，任訓導者 2 名、農林 2 名、在師范進修者 2 名、工業 1 名、就讀高女者 2 名、教員 6 名、巡查 12 名、警員 32 名，會社雇員 6 名，其餘皆務農。〔註79〕

學校的農地及實習地的數量之多，凸顯出該校兼具農業撫育之作用，可以由該校的教育方針體現「以教導學生成為一個善良勉勵之農民為基礎，併兼具社會教化，為其努力的方向。」〔註80〕

此外，日本殖民者一方面積極掠奪原住民地區的山林資源，一方面又鼓勵民間植樹造林。卑南公學校也積極鼓勵學童參與植樹活動。臺東下賓朗部落孫大山的媽媽曾經在卑南「蕃人」公學校就讀，在讀書期間她參加學校組織的植樹活動，每天都要在上學路上給樹苗澆水。現如今自臺東市區通往下賓朗部落由加冬樹構成的「綠色隧道」便是那時種下。筆者在調查過程中，通過訪談其家人瞭解這條「綠色隧道」的歷史，也加深了對日據時期原住民教育的理解。

> 綠色隧道都是姆姆（孫大山的母親）她們小時候種的哦，這些加冬樹現在都已經長成參天大樹了。日本人的時候把小樹苗栽進土裏，姆姆她們每天上學都要提一桶書去給小樹澆水，滿滿一大桶哦，小孩子提著都很累，很辛苦呢。我看著這些加冬樹就會想起姆姆，那麼小的人來給樹苗澆水，現在樹苗在姆姆她們的悉心照顧下也長大了。〔註81〕

以上材料顯示「蕃人」公學校不僅旨在通過傳統課堂教學教化原住民，同時，也注重農業技術及「授產」教育。此外，卑南公學校組織召開每月一次的老人集會，施以通俗性的知識講解，另有舉辦「夜學會」，教授日語及其他學科及常識。在日本各式節日，在地方警察的配合下，卑南公學校的教師向部落中原住民公開演講，對原住民施以定期教化。〔註82〕

卑南「蕃人」公學校在附近卑南族「蕃社」產生了一定程度的影響力，就

〔註79〕宋龍生：《臺灣原住民史：卑南族史篇》，南投：臺灣省文獻委員會，1998 年，第 289 頁。
〔註80〕宋龍生：《卑南公學校與卑南族的發展》，南投：臺灣文獻館，2002 年，第 117 頁。
〔註81〕訪談詳情：南媼嬪（女，卑南族），訪談時間：2019 年 12 月 11 日上午 9 時，訪談地點：臺東縣卑南鄉前往池上的路上。
〔註82〕宋龍生：《卑南公學校與卑南族的發展》，南投：臺灣文獻館，2002 年，第 117 頁。

讀的原住民學生也逐漸增多。至 1907 年末，卑南公學校學生數如下表所示：

表 4.14　卑南公學校學生詳情（截止 1907 年末）

年　級	性　別	1906 年末學生數	1907 年末學生數
一年級	男	28	41
	女	10	11
二年級	男	10	24
	女	1	2
三年級	男	11	12
	女	3	3
四年級	男	11	12
	女	3	3

資料來源：筆者根據宋龍生：《卑南公學校與卑南族的發展》，南投：臺灣文獻館，
　　　　　2002 年，第 222 頁重新編制。

　　卑南「蕃人」公學校對原住民的教育頗有成效，如 1921 年 2 月 5 日，一
名卑南公學校四年級 15 歲的卑南女生王葉花，在臺東廳所主辦的一場日語演
講比賽中獲得了第一名，[註83] 顯示了卑南「蕃人」公學校對當地卑南族施以
日式教育的成果。

　　（2）呂家「蕃人」公學校

　　臺東地區另一所「蕃人」公學校——呂家「蕃人」公學校於 1905 年 12 月
17 日舉行創校儀式，次年元月 4 日舉行開學典禮。呂家「蕃人」公學校同其
他「蕃人」公學校一樣，聘任日本人和當地「蕃人」為老師：

　　　　老師有兩個日本人，兩個原住民老師，一個南王的，一個利
　　嘉的。

　　　　校長由一年級任老師兼校長，當初四個班是一個校長，三個老
　　師，不過大多是代課老師，因為師資不夠。

　　　　當時的女老師也是日本人，很客氣，話也很少，是一位日本醫
　　師的女兒。[註84]

────────────

[註83] 宋龍生：《卑南公學校與卑南族的發展》，南投：臺灣文獻館，2002 年，第 46
　　　頁。

[註84] 張中元：《日治時期原住民初等教育之探究——以呂家公學校（1905～1945）
　　　為例》，臺東大學教育研究所教育行政碩士論文，2005 年，第 52 頁。

　　日本殖民者為了配合政治統治，對原住民施以殖民教育，對學生採用較為嚴苛的管教方法及嚴厲的教育態度，體罰學生的現象很普遍：

　　　　老師有棍子，不乖就打，學生很怕。

　　　　會打學生，但是對不來學校的學生會去找回來，然後會處罰丟到水池裏。

　　　　沒有寫作業會懲罰、會罵、會打，不聽話才會凶。

　　　　打得很凶，會敲頭，不聽話犯錯上課不專心就會被打。〔註85〕

　　與卑南「蕃人」公學校相似，呂家「蕃人」公學校也涉及對原住民學生的授產教育，以教授簡易農業知識與技術為主：

　　　　上午讀書，下午做學校後面的實習地，有甘蔗園、橘子園、咖啡園五六種，還有菜園，是中高年級要做。〔註86〕

　　　　有課表，一樣上課中間休息十分鐘，有時候早上讀書，下午去種菜，向勞動服務一樣，男生女生都一樣，有一菜園，後來也有種過咖啡。〔註87〕

　　呂家公學校逐年發展，更多的「蕃人」進入「蕃人」公學校接受教育。呂家「蕃人」公學校歷年在學人數統計如下表所示：

表 4.15　呂家「蕃人」公學校歷年在學人數統計

年　份	男　生	女　生	人數合計
1905	68	0	68
1906	71	1	72
1907	58	5	63
1908			92
1909			104
1910			109

資料來源：筆者根據張中元：《日治時期原住民初等教育之探究——以呂家公學校
　　　　　（1905～1945）為例》，臺東大學教育研究所教育行政碩士論文，2005
　　　　　年，第 46 頁重新編制。

〔註85〕張中元：《日治時期原住民初等教育之探究——以呂家公學校（1905～1945）
　　　　為例》，臺東大學教育研究所教育行政碩士論文，2005 年，第 55 頁。
〔註86〕張中元：《日治時期原住民初等教育之探究——以呂家公學校（1905～1945）
　　　　為例》，臺東大學教育研究所教育行政碩士論文，2005 年，第 75 頁。
〔註87〕張中元：《日治時期原住民初等教育之探究——以呂家公學校（1905～1945）
　　　　為例》，臺東大學教育研究所教育行政碩士論文，2005 年，第 46 頁。

　　由上表可見，呂家「蕃人」公學校就讀的原住民男女生人數差異極大，絕大部分為男生。總體而言，呂家「蕃人」公學校的學生數呈逐年增長的趨勢。

　　呂家「蕃人」公學校不僅招生原住民學生數量逐年增長，也在一定程度上獲得了令日本殖民者感到欣慰的教育成績，如 1929 年 10 月 31 日，臺東廳日語普及會給呂家公學校內參與日語演講比賽的原住民學童頒發優勝旗幟〔註88〕，對其學校的日語教育成果加以肯定。

　　由卑南「蕃人」公學校及呂家「蕃人」公學校的教育實踐來看，日本殖民者對原住民的學校教育不僅包含日語學習、修身的養成，亦包含了農業技術的教育。它對原住民的社會產生了深刻影響，將不同年齡階段的原住民都納入殖民教育的範疇，改變了原住民的傳統生活方式及文化形態。

三、「蕃童」教育所的開設及其教育實踐

　　1897 年 4 月，在撫墾署長會議上，曾明確提出對「蕃人」子弟施以教育的相關意見：「蕃人的教育應以智育為第二，以德育為第一。智育應為極簡易的教育，即授以物品的計算方法，教授國字從一到十的寫法，以及教授五十音等為限。因為不可能將蕃人子弟召集到撫墾署所在地，故可派署員至蕃社內，令其在從事一般撫蕃工作之餘擔任之。且對蕃人教育有必要添加宗教意涵。」〔註89〕據此，1902 年各地警察派出所紛紛設立「蕃童」教育所，由各地警察負責「蕃童」的教育。因其為警察所轄各山地的原住民兒童教育機構，故其與原住民的關係更為密切，屬特殊的教育機構。

　　「蕃童」教育所設立初期，並沒有統一、固定的學制與教科書，各地的教育所之間的差異較大。直至 1908 年總督府頒布了《蕃童教育標準》及《蕃童教育綱要》後，各地的「蕃童」教育所的授課科目、學制才逐漸統一。根據各個「蕃地」不同的實際情況，劃分為甲種與乙種不同的教育形態。其中，甲種教育所設施較完備，並給予原住民學童餐食、文具，採用公費制，教師多數為專任；乙種教育所條件相對較差，非公費制，且教師也非專任。

　　根據《蕃童教育標準》規定：每月授課約 20 天，星期日、紀念日及依蕃社舊慣之紀念日皆放假。每日授課約 5 小時，其中過半數的授課內容為耕作、

〔註88〕張中元：《日治時期原住民初等教育之探究——以呂家公學校（1905～1945）為例》，臺東大學教育研究所教育行政碩士論文，2005 年，第 83 頁。

〔註89〕許錫慶譯：《臺灣教育沿革志》，南投：臺灣文獻館，2010 年，第 221 頁。

園藝及手工等科目。〔註90〕根據《蕃童教育綱要》規定：警察駐在所的官吏需對「蕃童」授以禮儀、倫理、耕作園藝、手工、日語、計數法及習字等科目，其中手工、計數法、習字及唱歌為彈性科目；禮儀及倫理主要教授日式禮儀及人倫道德，如日本和式坐姿、對天皇忠誠等；耕作園藝以「改良現今蕃人耕做法，漸次導向固定土地耕作，且有助獎勵穀蔬及重要果實生產，以及牧畜養禽」〔註91〕為目的；唱歌教授日本國歌《君之代》及類似的日本歌曲。

日本神戶商科大學教授、地理學家田中薰於 1933 年在《南湖大山冰河遺跡探查紀行》中對「蕃童」教育所有這樣的描述：

　　蕃地的小學叫做「蕃童教育所」。每個蕃社都有一所，而擔任教師者竟然全是服務於駐在所的巡查。總督府所採用的蕃地警察，除了應具備的條件外，優先考慮應徵人中特別具有木匠、水泥工、農業的專門技能者。其著眼點是蕃地警察在維護治安的同時，在蕃社內負責道路的清理、駐在所的修補、獎勵蕃人試種水稻的工作，以及擔任蕃童教育所教師，蕃社內事務不必向外求援。因此，外人來到蕃社會看到奇異的景象：正在教唱兒歌，或帶領蕃童遊戲的老師，竟然都是平時相貌嚴謹，不拘言笑的巡查。

　　被派到山地駐在所的日本巡查，除了以上各種工作要做以外，還要指導蕃社衛生，整天忙得不亦樂乎。巡查的妻子也不能閒著，她在宿舍教部落的少女烹飪、縫製衣服及應對禮節等等。曾經有一次，民族學者馬淵東一到一個深山部落訪問，當時他看到曾經參加蕃地討伐戰、卸甲當警察的資深巡查，向他苦笑，說：「教小學生唱跳，勤練兒歌鴿子咕咕好累喔，比較起來參加討伐戰反而不累！」〔註92〕

山地警察駐在所裏的巡查分為甲種巡查及乙種巡查，其中甲種巡查由日本人充任，而乙種巡查一般由受過農業學校或師範學校教育、有知識的「蕃人」青年擔任。歸屬山地警察駐在所管理的「蕃童」教育所，不僅對當地附近「蕃社」的「蕃社」施以教育，同時也負責山地的治安與醫療，是屬警察系統下的「蕃地」教化機構。「蕃童」教育所的教師主要由警員、巡查擔任，雇傭的教師占極小比例。「日本政府也會栽培一些原住民做警察，從開始以番理番

〔註90〕許錫慶譯：《臺灣教育沿革志》，南投：臺灣文獻館，2010 年，第 223 頁。
〔註91〕許錫慶譯：《臺灣教育沿革志》，南投：臺灣文獻館，2010 年，第 224 頁。
〔註92〕田中薰，楊男郡譯：《南湖大山冰河遺跡探查紀行》，《臺灣百年曙光——學術開創時代調查實錄》，臺北：南天書局，2005 年，第 198～199 頁。

時就這樣，栽培一些比較順從的人，大多數都是所謂的皇民化家庭。」〔註93〕「蕃童」教育所的教師由附近駐在所的警察擔任，究其原因，一方面警察在「蕃地」具有強制性地權力，原住民對其存有敬畏之心，由其擔任教師可以培養原住民孩童的「順從」；另一方面，原住民地區的教育師資資源稀缺，幾乎很少有漢人或是日本人的教師願意從大城市來到「蕃地」，與他們眼中「智力未開化又野蠻」的「蕃人」打交道，只能委任於「蕃地」負責行政及治安的警察。警察在教育所不僅擔負起教化「蕃童」的職責，同時他們的妻子也會在教育所協助，擔任家事、縫紉、唱歌等學科的教學工作。日本人對於「蕃童」教育所的考量，一方面為了培養熟練實用日語的「臣民」，另一方面為了穩定「蕃地」的治安，以及進一步拓展「蕃地」的山林及礦產資源。

　　「蕃童」教育所只接受「蕃童」前來就讀，其他漢人或日本人則不能來此就讀。對此，日據時代就職於「臺北帝國大學」土俗人種學研究室的宮本延人有文章描述：「山地警察駐在所職員的子弟，大部分在平地的小鎮就學。兒童們每年寒、暑假與新年假期，都回到山上的父母家。」〔註94〕

　　因警察系統管理下「蕃童」教育的規則混亂，阻礙了總督府的「理蕃」進程，於是臺灣總督府於 1928 年審議通過新《蕃童教育標準》，並廢止 1907 年頒布的《蕃童教育標準》。新《蕃童教育標準》明確以「留意兒童身體之發展，以對其施行德育以涵養國民必要之性格，使其習得國語並習慣善良風氣，兼教授簡易知識、技能為目的」〔註95〕，修業年限為 4 年，教學科目包含修身、日語、算術、圖畫、唱歌、體操及實業。其中修身「以涵養兒童之德性、指導道德之實踐」為宗旨，「教授忠孝和順等人倫道德之要旨，以提升品性強化志氣操守，力求使其養成遵守國法、崇尚公德之風氣」〔註96〕；日語以「使其知曉普通之言語文章，培養正確表達思想之能力，兼啟發智德尤其是有助涵養國民精神」〔註97〕為宗旨；算術以「使其熟悉日常之計算，給予生活上必須知識，兼能做精確思考」〔註98〕為宗旨；圖畫以「使其能描繪通常之形態，兼培養美

〔註93〕莫那能口述，劉孟宜整理：《一個臺灣原住民的經歷》，臺北：人間出版社，2014 年 8 月，第 22 頁。

〔註94〕宮本延人，楊南郡譯：《羈旅殘映》，《臺灣百年曙光——學術開創時代調查實錄》，臺北：南天書局，2005 年，第 259 頁。

〔註95〕許錫慶譯：《臺灣教育沿革志》，南投：臺灣文獻館，2010 年，第 224 頁。

〔註96〕許錫慶譯：《臺灣教育沿革志》，南投：臺灣文獻館，2010 年，第 225 頁。

〔註97〕許錫慶譯：《臺灣教育沿革志》，南投：臺灣文獻館，2010 年，第 225 頁。

〔註98〕許錫慶譯：《臺灣教育沿革志》，南投：臺灣文獻館，2010 年，第 225 頁。

感」〔註99〕為宗旨;唱歌以「使其能唱簡易歌曲,並有助培養美感及涵養德性」〔註100〕為宗旨;體操以「保護增進健康讓精神快樂剛毅,兼養成守規律重合群之習慣」〔註101〕為宗旨;實業以「使其學會實際業務相關之簡易知識技能,養成尚勤勞重實業之風氣」〔註102〕為宗旨。

根據新《蕃童教育標準》規定,臺東地區各「蕃童」各教育所課程安排如下表所示:

表 4.16　臺東「蕃童」教育所課程安排

學　科	第一學年		第二學年	
	時　數	程　度	時　數	程　度
修身	1	道德要旨	1	同左
日語	7	簡單說話讀法作文寫作	7	同左
算術	3	20 以下	3	
圖畫	1	簡易描畫	1	同左
唱歌、體操	3	單音唱歌;遊戲、體操	3	同左
實科	7	耕作、除草、打掃	7	栽培、飼育、製作加工
總計	22		22	

學　科	第三學年		第四學年	
	時　數	程　度	時　數	程　度
修身	1	道德要旨	1	同左
日語	8	簡單說話讀法作文寫作	7	同左
算術	3		3	
圖畫	1	簡易描畫	1	同左
唱歌、體操	3	單音唱歌;遊戲、體操	3	同左
實科	8（女額外 2）	栽培、飼育、製作加工;女生學習裁縫等手工藝	8（女額外 2）	同左
總計	男 24 女 26		男 24 女 26	

資料來源:　筆者根據許錫慶譯:《臺灣教育沿革志》,南投:臺灣文獻館,2010 年,第 227～228 頁重新編制。

〔註99〕 許錫慶譯:《臺灣教育沿革志》,南投:臺灣文獻館,2010 年,第 226 頁。
〔註100〕 許錫慶譯:《臺灣教育沿革志》,南投:臺灣文獻館,2010 年,第 226 頁。
〔註101〕 許錫慶譯:《臺灣教育沿革志》,南投:臺灣文獻館,2010 年,第 226 頁。
〔註102〕 許錫慶譯:《臺灣教育沿革志》,南投:臺灣文獻館,2010 年,第 226 頁。

由上表可知，日語學習仍然是重點。正如當時警務局管理者所言：「學習國語（日語）這件事，就是要透過語言、文字來謀求民族性的結合，它有非常大的力量是理所當然的。藉由一樣的語言、一樣的文字，可以培養出同類意識。」〔註103〕

《新蕃童教育標準》完善了教育所的課程內容及相關教育規定，此後，1913年由警務局負責編寫專供「蕃童」的日語教科書，相比與前一階段，此階段的「蕃童」教育更加完備，逐漸形成日本教化原住民的「教育體制」。《蕃人讀本》卷一共35頁，主要內容關於人體、學習用品及自然界動植物的名稱，數字則教授從一至十；卷二共38頁，主要內容關於日語的平片假名、日常生活所需之簡單的數字運算以及其他簡易的日語詞彙及會話。〔註104〕《蕃人讀本》的編纂者「現詳鑒其蕃地實情，顧慮其習俗，及未開化之程度，方能下筆，其艱難從可知矣。」〔註105〕從內容到形式都體現了日式風格，如書中的人物都身穿日式和服，且多以簡單的文字及大量的圖式體現簡單的日常生活或是宣揚日本的傳統文化，凸顯了日本的國家意識及道德，強調日本的強大並要認同日本為「母國」及對天皇的崇敬與絕對服從。至1931年底，臺東地區掌握日語的原住民共22064人，占人口百分比為53.71%。其中，掌握日語程度較高者〔註106〕1653人，中等程度掌握日語者〔註107〕7320人，低等掌握日語者〔註108〕22064人。〔註109〕

1936年，總督府將「蕃人」改以「高砂族」統一稱之，臺東地區的「蕃童」教育所也更名為「教育所」，修業期限為4年。在1937～1945年的「皇民化」運動時期，為了配合「皇民化」的推進，將原住民徹底轉變為日本國民，原住民的教育在課程上發生變化。1941年，總督府根據頒布的《教育所教育標準》，規定教育所開設科目有「國民科」、「理數科」、「實業科」、「體練科」

〔註103〕臺灣總督府警務局理蕃課編，陳連濬譯：《理蕃之友·第一卷》，新北：「原住民族委員會」，2016年，第77頁。

〔註104〕《蕃人教育の福音　蕃人讀本一二卷成る》，《臺灣日日新報》，1915-05-04（07）。

〔註105〕《蕃人讀本編纂》，《臺灣日日新報》，1915-10-01（02）。

〔註106〕指的是與日本本島人同等程度或者與之相近程度，能夠進行會話者。

〔註107〕指的是能夠辨別簡單之日常事務程度，能夠進行會話者。

〔註108〕指的是懂得日常使用單字20、30字者。

〔註109〕臺灣總督府警務局理蕃課編，陳連濬譯：《理蕃之友·第一卷》，新北：「原住民族委員會」，2016年，第61頁。

及「藝能科」，分別教授修身、日語、日本史、地理、算術、理科、農業、武道、體操、音樂、習字、圖畫、家事及裁縫等課程，每週為 24 至 36 課時不等。其中「國民科」注重日本的禮儀、道德、歷史、地理及風土人情的教授，力求原住民學童能夠自覺地「涵養國民精神」，成為天皇歸順的「皇民」，同時也奠定了「皇民教育」的基礎。修業年限改為 6 年。〔註110〕教育所的課程如下表所示：

表 4.17　教育所課程安排

教科	科目	第一學年每週授課時數	第二學年每週授課時數	第三學年每週授課時數	第四學年每週授課時數	第五學年每週授課時數	第六學年每週授課時數
國民科	修身	13	15	2	2	2	2
	日語			13	12	8	8
	日本史				1	2	2
	地理					2	2
數理科	算術	5	5	6	6	6	6
	理科			1	2	2	2
實業科	農業			3	3	男6女4	男6女4
體練科	武道					3	3
	體操	4	4	3	3		
藝能科	音樂			2	2	2	2
	習字	2	2	3	男4女2	男3女2	男3女2
	圖書						
	工作						
	家事				2	4	4
	裁縫						

資料來源：筆者根據〔日〕臺灣總督府警務局編：《高砂族の教育》，臺北：成文出版社有限公司，1999 年 6 月，第 94～95 頁重新編制。

　　其中，值得一提的是臺東地區的蘭嶼。原住民掀起學習日語的高潮，不僅在「皇民化」運動期間成立東清教育所，更增設日語講習所。日本人稱「可看

〔註110〕〔日〕臺灣總督府警務局編：《高砂族の教育》，臺北：成文出版社有限公司，1999 年 6 月，第 81～91 頁。

到島民突然清一色變成陸地上半裸的人魚般，沐浴在國語（日語）光圈中，口口念著 a-i-u-e-o 的樣子。」〔註 111〕

繼《蕃童教育標準》頒布後，有《蕃童教習綱要》、《蕃童教育額費標準》等詳細條文的相繼出臺，原住民教育逐漸系統化，臺東地區的「蕃童」教育逐年發展壯大，也更加規範化、系統化。

> 那時正式的學生只有皇民化的家庭，讀蕃童教育所才能算是，那所謂的民教班大概只是語言上的教學而已，至少日本政府在實施政策時能聽懂日本語。只有皇民化的家庭才有機會接受正式的教育，比如說陸森寶讀到中學部，而有些皇民化的家庭，小學畢業以後還讀到職業學校，就是農校。在農校的時候就會徵選出一些人去做警察訓練，成為正式的警察。也有些受日本教育的到後來做地方村長。〔註 112〕

臺東地區自 1913 年始設 7 所蕃童教育所，至 1943 年仍存 23 所教育所，〔註 113〕就讀的原住民學生數量由最初的 269 名，增長至 1354 名，〔註 114〕在此期間，教育所的數量呈逐年增長的趨勢，就讀的原住民學生亦呈上升趨勢。

表 4.18　臺東教育所歷年設置情況

時　間	臺東設有的教育所數
1913 年	7
1914 年	10
1915 年	8
1917 年	9
1918 年	10
1921 年	11
1922 年	12

〔註 111〕臺灣總督府警務局理蕃課編，陳瑜霞譯：《理蕃之友・第三卷》，新北：「原住民族委員會」，2016 年，第 118 頁。

〔註 112〕莫那能口述，劉孟宜整理：《一個臺灣原住民的經歷》，臺北：人間出版社，2014 年，第 24～25 頁。

〔註 113〕參見〔日〕臺灣總督府警務局編：《高砂族の教育》，臺北：成文出版社有限公司，1999 年 6 月，第 39～41 頁。

〔註 114〕〔日〕臺灣總督府警務局編：《高砂族の教育》，臺北：成文出版社有限公司，1999 年 6 月，第 42～44 頁。

1923 年	13
1924 年	15
1927 年	17
1928 年	20
1931 年	21
1932 年	24
1933 年	26
1936 年	27
1940 年	29
1941 年	27
1942 年	25
1943 年	23

資料來源：筆者參考臺灣總督府警務局編：《高砂族の教育》，臺北：成文出版社有限公司，1999 年 6 月，第 39～41 頁重新編制。〔註 115〕

表 4.19　臺東教育所歷年就讀原住民學生數

時　間	臺東教育所就讀原住民學生數		
	男　生	女　生	共　計
1913 年	195	74	269
1914 年	326	42	368
1915 年	375	130	505
1916 年	303	42	345
1917 年	293	38	331
1918 年	231	18	249
1919 年	229	19	248
1920 年	222	23	245
1921 年	214	11	225
1922 年	336	35	371
1923 年	287	58	345
1924 年	284	71	355
1925 年	265	102	367

〔註 115〕 表中無變化的年份便不再重複列舉。

1926 年	942	141	1083
1927 年	306	140	446
1928 年	308	161	469
1929 年	389	199	588
1930 年	392	197	589
1931 年	395	342	737
1932 年	426	282	708
1933 年	534	392	926
1934 年	558	427	985
1935 年	573	499	1072
1936 年	636	568	1204
1937 年	625	582	1207
1938 年	666	627	1293
1939 年	635	616	1251
1940 年	609	608	1217
1941 年	582	606	1188
1942 年	617	658	1275
1943 年	671	683	1354

資料來源：筆者根據臺灣總督府警務局編：《高砂族の教育》，臺北：成文出版社有
限公司，1999 年 6 月，第 42～44 頁重新編制。

　　從以上統計材料觀之，臺東地區的「蕃童」教育所逐年增多，就讀的學生
亦呈增長的趨勢。其中，值得一提的是，原住民女生就讀教育所的數量有了較
大幅度的增長，至日據時期的後期，已近乎與男生人數持平，甚至略超過原住
民男生人數。臺東地區的「蕃童」教育擴大化，卓有成效，也取得了令日本殖
民者滿意的成果：

　　　　臺東廳下之教育蕃童，其成績冠絕於他廳。該廳自領臺伊始，
　　則設置國語（日語）傳習所，頗收成效。該廳轄之蕃人，既有自總
　　督府醫學校畢業，成績可觀者，而現時在學研究者亦有之，如該廳
　　下之巡查補，皆為蕃人，且悉由公學校畢業者，均巧操國語（日語），
　　就中有比諸有相當素養之漢族巡查補成績尤佳者。〔註116〕

────────────
〔註116〕《教育蕃人》，《臺灣日日新報（漢文版）》，1908-07-08（02）。

學校教育是在展現柔性的知識順從〔註117〕，日本殖民者通過學校教育的方式達成對原住民知識的改變，將日本「知識觀」移植進原住民學童的知識體系中。

四、受過日式學校教育原住民的口述史

筆者在調查期間曾訪問過幾位在日據時代接受過日本教育的原住民長者，試圖從情境化的視角闡釋日本對原住民的殖民教育，有助於多層次多維度地理解這段教育歷史。另一方面，也可以體察日據時代的教育給具象化的個人到底帶來了什麼以及產生了何種影響。

訪談者1：何李春花（以下簡稱為何），女，1929年生，臺東縣南王部落卑南族。

何曾就讀於卑南「蕃人」公學校，六年級畢業後，13歲的何經老師介紹去臺東的日本人家作傭人照看日本人的小孩。何回憶在卑南「蕃人」公學校就讀的情景：

> 我們上課都必須要講日語的，只有回到家才可以講我們自己原住民的話。當時南王國小〔註118〕除了原住民的學生在讀書，還有附近的平地人來讀，因為當時規定適齡的孩子都要去上小學。學校裏男生女生差不多數量，有男教員也有女教員，有日本人老師也有我們原住民老師。學校課程教日語，都是從最簡單的「あいうえお」〔註119〕學起，老師也會教我們唱日語歌，升國旗的時候唱《君の代》〔註120〕每天都要唱的。學校還有算術課，學習打算盤，是以前那種大的木頭珠子的算盤，老師還會教我們打算盤的口訣。學校內所有課程教學都必須使用日語，教科書內容很多，什麼都有，像日語教動植物叫什麼名字，很多的。考試都是日文的試卷呢，像日語和算術，成績好的學生就會有獎狀，頭腦靈活的學生就考得好，頭腦不好的考不好。學校裏會舉行運動會，我會參加長跑。交學費每學期差不多幾十日元，我每次回家跟我媽媽說要繳學費了，我媽媽就會

〔註117〕張耀宗：《「殖民現代性」作為論述日治時期臺灣教育的一個研究面向》，《彰化師大教育學報》，2013年第23期。

〔註118〕即日據時代的卑南蕃人公學校。

〔註119〕即日語的平片假名。

〔註120〕即日本國歌。

說家裏哪有錢交學費啊。老師告訴我們要對天皇尊重，要拜拜，還有老師監督我們飯前便後要洗手，都很嚴格呢。我們一開始都穿自己的衣服，後來逐漸穿學校統一發的日本制服。當時我們都不住校的，家就在附近，放學了就回家。在日本假日的時候，學校會放假，放假休息的時候，會按照居住的「組」為單位，組織學生去撿裝米酒的玻璃瓶子，然後進行愛國捐獻。我的哥哥有一次沒有去撿瓶子，於是第二天上學就被老師打呢，老師他們都很嚴格的。〔註121〕

訪談者2：孫來春（以下簡稱為孫），女，1933年生，臺東縣下賓朗部落卑南族。

孫的族名為巴拉旺・巴拉帶（音譯），居住在下賓朗部落，她87歲高齡仍然頭腦清晰、步履強健，對於具體年份、日期都記憶清除，說話、行動、思維像五十多歲。她小學就讀於卑南「蕃人」公學校，她回憶就讀的情境：

我只上了四年，後來就光復了，日本人就走了。1945年那時我讀四年級，光復後又陸陸續續讀了兩年，1947年小學畢業。我們三、四年級時，外面在打仗，特別亂，我們都躲在防空洞裏。當時南王國小就讀的原住民主要來自附近的賓朗、南王及卑南部落，當時我們班上有67個人，其中男生34人，女生33人。一、二年級的課本上面有花呀、狗呀一些動植物。我們教課的老師最初是王作美的媽媽，她受過日本教育，當時學校校長是日本人，他的女兒最初在臺東日本人上的公學校就讀，戰亂後，便來南工國小上學。當時他的女兒和我一起上學，我們關係很好是朋友，校長女兒是昭和9年出生的。在學校的音樂課，一二年級老師會教我們唱日本桃太郎的兒歌，我記得很清楚（隨後孫完整地唱了這首桃太郎之歌）。到後期，國小的日本教師會教我們唱軍歌。學校會開設算術課，在三、四年級有，老師教打算盤和比較簡單的算術。學校每學期會有運動會，有接力賽、跑步什麼的。老師有男也有女，他們的態度很好，但是會很嚴格，會打學生的手心和屁股。〔註122〕

〔註121〕訪談詳情：何李春花，90歲，卑南族，訪談時間：2019年11月17日下午15時，訪談地點：臺東縣南王部落吳花枝家。

〔註122〕訪談詳情：孫來春，87歲，卑南族，訪談時間：2019年11月21日下午15時，訪談地點：臺東縣卑南鄉下賓朗部落的文化健康站。

訪談者 3：林清美（以下簡稱為林），女，1938 年生，臺東縣南王部落卑南族。

林清美曾就讀於卑南「蕃人」公學校，她回憶當時就讀的情形：

> 我是 1944、1945 年讀的南王國小，當時還是日本學校，我讀了一、二年級，後來就光復了。當時學校裏面日本老師不多，校長是日本人，還有一位日本人老師，其他都是從日本師範學校畢業，接受過日本教育的原住民老師。我們在學校一、二年級學習日語兒歌，像數數歌，我回到家和我的哥哥講日語，我的兩個哥哥都接受過日本教育，他們都會日語也會唱日本的歌謠，在家他們就教我日語啊，唱日本歌啊。我們在學校也學習算術課，還有日本的歌謠，後來打仗戰亂，美國來攻打臺灣，學習斷斷續續。我們周圍都是國語家庭〔註 123〕啊，他們都講日語的。〔註 124〕

圖 4.1　南王部落卑南族林清美

訪談者 4：江八郎（以下簡稱為江），男，1934 年生，臺東縣武陵部落的布農族。

江的布農族族名為 Lumav，屬布農族巒社群 Isahaven 家族，光復後才有的漢名，整個家族都改姓「江」，改姓是用抽籤的方式，抽到哪個姓就用那個

〔註 123〕即日據後期評為全家人都講日語的家庭，總督府會頒發「國語家庭」的獎章。
〔註 124〕訪談詳情：林清美，82 歲，卑南族，訪談時間：2019 年 12 月 4 日下午 15 時，訪談地點：臺東縣南王部落林清美「高山舞集」族語課堂工作室。

姓。江的家中有 8 個兄弟姐妹，江排行老五。江回憶他就讀「蕃童」教育所時的情形：

> 八郎就是當時起的日本名字，我 8 歲在武陵國小那個日本人的學校讀了小學，上到小學二年級，念了兩年臺灣就光復了。在學校學習簡單的日語，像「あいうえお」日語五十音，還有簡單的日語對話、唱日本歌。當時學校的老師是日本人，是在武陵派出所的警察，他們既當警察又當老師，有 6 個老師，都是男老師，學校裏的工友〔註 125〕是附近的漢人。課程主要有日語、算術、唱歌和體育。班上有十多個學生，有男生也有女生，但女生不多，只有兩三個女生。〔註 126〕

圖 4.2　武陵部落布農族江八郎（左二）

　　訪談者 5：孫菊花（以下簡稱為孫），女，1938 年生，臺東縣下賓朗部落卑南族。

　　孫家在日據時代是「國語家庭」，他們家族的日本姓氏為「日納田」，而孫的日本名字為日納田菊代，她回憶就讀卑南「蕃人」公學校時的情形：

> 我上過日本學校，上了不到一個學期，當時還在打仗，很亂的。
> 在學校老師教日語，會教我們數小石子來學習日語數字的讀法，也

〔註 125〕即在學校負責打掃清潔工作及雜事的雇員，筆者注。
〔註 126〕訪談詳情：江八郎，86 歲（於 2020 年 2 月仙逝），布農族，訪談時間：2019 年 12 月 18 日下午 17 時，臺東縣延平鄉武陵部落江八郎家中。

會教我們唱日本歌。在家就和哥哥姐姐一起玩遊戲，和他們一起唱日本兒歌，有一些就根本不知道什麼意思，就跟著他們一起唱啊、做遊戲。〔註127〕

圖4.3　下賓朗部落卑南族孫菊花

　　由上述訪談可見，日本殖民教育在日本據臺的50年期間，對原住民產生了巨大影響。特別是日據中後期臺灣原住民的殖民教育基本達到普及的階段。原住民被納入現代教育體系中，他們受日本文化影響至深，首先體現在語言的使用上。在調查期間，筆者接觸到年齡稍大的原住民大多能掌握簡單的日語對話，部分能唱多首日語歌曲，甚至用日語與日本人交流。一部分原住民的日語可以說得和卑南語一樣流暢，而漢語卻說得斷斷續續。殖民教育要求學校裏禁止使用原住民族語，強調日語的使用，殖民地的意識形態的文化規訓從語言入手，並且將唱歌作為課程學習的一部分，老師所教均為日語歌，從貼近學生日常生活的兒歌與童謠，到體現國家及國民意識的日本國歌、軍歌，通過學齡兒童最為容易接受的方式潛移默化其思想觀念，最終目的則為改變原住民的意識形態及行為模式，以此達成行為及思想之「規訓」、文化之「同化」。

〔註127〕訪談詳情：孫菊花，82歲，卑南族，訪談時間：2019年12月19日下午16時，訪談地點：臺東縣卑南鄉下賓朗部落孫菊花家中。

第三節　原住民的社會教育

　　日本殖民者不僅利用學校教育的模式對原住民進行教化，也通過開展社會教育的方式，對各「蕃社」的成年人及老人施以教育，意圖將整個原住民部落都納入規訓及教化的體系。首先便是提升日語的普及程度，日本殖民者在原住民居住區廣設日語夜學會以及日語學習課堂，以當地受過日本教育的原住民「知識精英」為教師，對本部落的未曾接受日式學校教育的原住民進行教育。通常，這種日語學習在農閒時開展，在時間上具有靈活性。就其教育內容來說，相較於系統化的學校教育，其並無固定的授課內容，而是依據各「蕃社」內原住民的具體狀況，授以簡單的日語詞彙及日常對話。一般而言，圍繞著日語學習這個中心目標，輔之以教授簡單的日文歌曲，如日本童謠等。在「皇民化」運動時期，各「蕃社」的日語學習更是異常「狂熱」，各地曾多次舉辦日語演講會，原住民紛紛參與。日本殖民者認可原住民教育取得了不錯的成效。除了進一步推廣日語、提升日語的普及度以外，日本殖民者也通過其他方式對原住民施以社會教育。

一、農業指導及「授產」教育

　　傳統上，臺東地區的原住民以燒墾游耕以及狩獵的生計方式為主。其中，燒墾的主要原因在於土地肥力逐年消退，需隔一段時間更換土地進行耕種，也稱之為「刀耕火種」。在傳統上，臺東地區的原住民以小米為主要糧食，是種小米、吃小米的族群。其中排灣族更是將稻米、白飯及稻米釀造的米酒視為禁忌，不可食用，甚至不可觸碰，更加不允許將其帶進部落。日據時期，日本統治者認為原住民傳統的耕作方式是「野蠻」且「落後」的，同時也為了統一管理的方便，遂對其進行強制改變。於是，1896 年臺灣總督府設置撫墾署，負責「蕃人」的撫育及「蕃地」開發。第三任臺灣總督乃木希典〔註 128〕上任後，重整撫墾署，完善原住民「授產」政策。「授產」主要以設於各「蕃地」的警察駐在所及原住民教育機構為據點，開展農業生產與技術的指導。由此，日本人將水稻帶入原住民的生活，並將山地部落強制遷入平地，以水稻種植的農耕經濟方式試圖取代原住民的狩獵、漁獵的經濟方式。逐漸地，水稻滲入原住民的日常生活及文化中，傳統的禁忌也開始鬆懈，大米飯也不再是禁忌。臺東地區的原住民原本在山坡種植小米，逐漸轉變為在平地種植水稻。

〔註 128〕臺灣總督府第三任總督，1896 年 10 月 14 日至 1898 年 2 月 26 日期間任職。

　　日本殖民者通過社會教育將授產作為綏撫策略之一，有針對性地為臺東地區的原住民提供農業種植、耕作技術的指導。山地警察駐在所的巡查擔此重任，巡查除了負責「蕃人」地區的治安，還要負責教育、衛生及農業指導等工作。其中，這些有針對性的「授產」指導包括按照農時種植合適生產的作物、根據不同的土壤採取不同的耕作方式、注重對土地肥力的養護以及織布和竹木製品的製作加工等。宮本延人曾前往臺東廳阿塱衛社〔註 129〕做調查時有如此描述：

> 　　這裡有阿塱衛駐在所管理的農業指導所。站在院子裏的一個年輕巡查，向我們彎腰打招呼。他是大武支廳出身的蕃人〔註 130〕，日本姓「高原」，畢業於臺東農業補習學校，對阿塱衛社集團遷入新部落後的農業開發，立下了很大的功勞。當初從舊社遷到新部落時，部落的蕃人沒有人願意認真地開墾土地。在老蕃的眼中，這位新赴任的農業指導員才 20 歲出頭，沒有號召力。高原君每天早晨五點就起床，先沐浴更衣，然後走向小神社參拜，之後，從早到晚工作。他在預定的墾地拉繩子給每戶劃定畦界線，親自動手教導部落人耕田、種植新農作物。他的熱心指導有了成效，部落人深受感動，而開始使用長柄的平地鋤頭耕作。〔註 131〕

　　隨著「授產」政策的進一步深化，臺東地區於 1908 年 11 月設立臺東農會，以「獎勵米作之改良」為要旨，獎勵種蔗、改良農具及畜產，並施以農事講習。〔註 132〕兩年後臺東農會初步發展，已設有模範田及試驗田，進行選種、插秧距離、肥料效用、深耕、播種量等多種試驗，並購入種牛開設種牛場施以畜產之改良。並欲增設農場，配合栽培水稻、蔬菜及甘蔗，進一步擴大規模。〔註 133〕1923 年，臺東廳開始於每年春秋兩季為轄內的「蕃人」提供蔬菜種子，由「蕃地」警察職員指導其栽種，稱其為「獎勵栽培」。附近各社日漸普及此舉，且力圖獲得獎勵而爭相開辦蔬菜品評會。當年 6 月 20 日及 21 日，於臺東的里壠支廳新武路駐在所以及「海卓彎」警戒所相繼舉辦農產品品評

〔註 129〕即現今臺東縣達仁鄉安朔村。
〔註 130〕即東海岸排灣族。
〔註 131〕宮本延人，楊南郡譯：《羈旅殘映》，《臺灣百年曙光——學術開創時代調查實錄》，臺北：南天書局，2005 年，第 266～267 頁。
〔註 132〕《臺東農會の設立》，《臺灣日日新報》，1908-11-24（01）。
〔註 133〕《臺東農會》，《臺灣日日新報（漢文版）》，1910-04-15（03）。

會，會上展出「蕃地」生產的穀物與林產品，以及「蕃人」的手工品等，由支廳長參與品鑒並評獎。〔註134〕

此外，20 世紀 20 至 30 年代，由於大批漢人遷入臺東地區，臺東原住民原有的耕地、獵場大部分轉入漢人之手，致使原住民的生活日趨貧困。由此，1929 年，日本殖民者成立「南王村山胞生活改善會」，意圖注重指導原住民生產技術，增進日常農業耕作相關知識，並輔以原住民青少年的社會教育。

日本殖民者在臺東地區的進行的農業指導及「授產」有條不紊地開展，但這一時期的「授產」政策並不完善，沒有專業的技術人員給予指導，只是依靠「蕃地」警察來完成對「蕃人」的農業指導。

1931 年，在「霧社事件」爆發後，總督府反思據臺前期的「理蕃」政策，制定新的《理蕃大綱》，對原住民教育「以教化蕃人、安定其生活，使其享受一視同仁聖德為目的」，認為「蕃人教化在矯正弊習，養成善良之習慣，致力於涵養國民思想，重視實科之教授，著力於教授日常生活中簡單的知識。」〔註135〕其中，強調更加注重對原住民實科的教化，並獎勵原住民定居定耕。日本殖民當局強制性地將原住民狩獵的習俗改為定耕水稻，並要求他們種植甘蔗和苧麻等農作物，並配置農業、畜牧業及林業的專業人員指導原住民耕作。時任臺東廳警務課長高橋政吉認為「為了將來國家的興隆，特別要提升新附民族其身為人類的機能，只有對高砂族灌輸大和魂即是真正日本精神才行，而這非得成為質實剛健的農民不可。」〔註136〕從改變其生產方式教授耕種及集團移住等方式，利於其管理及「授產」政策的實施，日本人意圖將原住民改造成為「溫順的農民」。由此，「蕃地」的「授產」事業多了技術人員的指導，臺東地區「蕃人」的農業指導及「授產」有了更進一步的發展。

此後，臺東農會的支會成立，將農業指導擴大至臺東地區的各個「蕃社」。日本殖民者通過農產品展覽會等競賽形式，以此激勵原住民使用其教授的農業知識及技術。1936 年於新港公學校舉辦農產品評展覽，展出農產、畜產、水產、林產共 870 件，其中獲優等獎 10 件，一等獎 28 件，二等獎 49 件，三等獎 80 件，四等獎 111 件，農業指導及「授產」收效顯著，日本殖民者稱

〔註134〕《臺東蕃地蔬菜賽會》，《臺灣日日新報（漢文版）》，1923-06-23（06）。
〔註135〕許錫慶譯：《臺灣教育沿革志》，南投：臺灣文獻館，2010 年，第 228 頁。
〔註136〕臺灣總督府警務局理蕃課編，陳瑜霞譯：《理蕃之友・第三卷》，新北：「原住民族委員會」，2016 年，第 165 頁。

「比十年前出品,進步顯著」〔註137〕。臺東廳長也將「蕃地」的開發及對「蕃人」的農業指導,視為與學校教育通同等重要。1936 年,臺東廳長考察大武「蕃地」,認為此地適宜栽培茶樹煙草,遂決定對當地蕃人施以「授產計劃」,著手從指導栽種茶葉開始。〔註138〕

為了擴大農業指導及「授產」的受眾範圍,以期將各「蕃社」的「蕃人」都囊括其中,大量培養原住民農業青年,貫徹落實原住民的農業政策,於是,臺東地區相繼成立了兩所農業講習所。其一是位於關山的農業講習所,設立於 1936 年 5 月 22 日;另一則是位於臺東的大武農業講習所,設立於 1941 年 2 月 12 日。其中,關山農業講習所配有 3 名巡查及 6 名警察共計 9 名職員,截止 1943 年 4 月末在籍學生共 30 名,累計畢業學生 166 名,在學「蕃人」年齡最小 15 歲,最大 22 歲。大武農業講習所配有 3 名巡查及 5 名警察共 8 名職員,截止 1943 年 4 月末在籍學生共 29 名,累計畢業學生 47 名,在學「蕃人」年齡最小 17 歲,最大 23 歲。〔註139〕由此可見,臺東地區的農業講習所開辦於臺東地區較為偏遠的「蕃地」,在農講所學習的大多為正值青壯年的「蕃人」,他們較易接受新鮮事物,且年輕能幹,能夠完成農牧林業的工作。

原住民農業技術的轉變,也是其「知識觀」的轉型。最初,小米在原住民無論是「世俗」還是「神聖」的生活中,都扮演著重要角色,它作為主食或是祭儀作物都承載著原住民的傳統「知識觀」。水稻則作為外來文化,代表著「現代」農業技術,小米則代表著「傳統」生計手段,二者之間的博弈,帶來原住民「知識觀」的轉型。藉由改變原住民的生計方式,日本殖民者最終目的仍是為了穩定統治,這點毋庸置疑。

綜上所述,臺東地區對各「蕃地」之「蕃人」施以農業指導及有針對性的「授產」輔導,讓臺東地區的原住民轉變了其生產生活方式。農業知識與技術經由社會教育,透過知識的學校,達至受訓者觀念的轉變。

二、組織部落「觀光團」

通常意義上,「觀光」這一概念常與旅遊發生聯繫。觀光的凝視,通常被

〔註137〕《臺東農會新港支會農產品評及教衛展》,《臺灣日日新報(漢文)》,1936-01-19(04)。
〔註138〕《臺東蕃人授產茶煙試作》,《臺灣日日新報(漢文版)》,1936-05-06(04)。
〔註139〕〔日〕臺灣總督府警務局編:《高砂族の教育》,臺北:成文出版社有限公司,1999 年 6 月,第 80 頁。

導向日常生活所經歷不到的自然風景或城市景點，在這些景點逗留，視覺往往會將它客體化，並且藉由照片、明信片，將這些視覺圖像捕捉起來，以便日後重複取得這些被凝視的對象。〔註140〕由此，我們可以說觀光旅遊是一種「搜集符號的過程」〔註141〕。

　　日據時期，日本統治者會挑選各個「蕃社」內的「蕃人」組成「觀光團」，北上前往臺北、或漂洋過海前往日本進行所謂的「觀光旅行」。日據時期，「理蕃」教化的「蕃人觀」認為臺灣原住民缺乏理解力與想像力，容易感情用事，若要進行教化、啟蒙，最有效的方式就是「直覺的」，讓待教化待啟蒙者能親自感受，「蕃人教化諸做法中，觀光是最有效果的」〔註142〕。日本殖民者認為「觀光」對於「文化最落後的民族來說，是件既珍貴又收穫最多的事情。」〔註143〕因此，在蕃童教育所階段，安排原住民學生參加島內及日本旅行，是想透過「先進」地區的參訪所產生的娛樂性來引起學童興趣，進而啟發學生智慧來達到教化功效。〔註144〕同樣的，對待已成年的「蕃人」，日本人也會進行篩選，選出「有資格」參與「觀光旅行」的「蕃人」，組織他們前往預設好的「觀光地」進行「觀光」。就「觀光旅行」的內容來說，一般優先選擇能陶冶國民成為「臣民」的場域，如參拜日本天皇畫像、遙拜日本神社、日本皇宮這種充滿日本國家意味的景點，或是參觀軍事港口、基地等強化國防意識的場域，意圖培養原住民「愛國」精神及敬畏之心。正如時任警務局管理者酒井生所言「蕃人觀察內地（日本）的景況，對於帝國的廣大及軍備的強盛感到十分敬畏，最後提出絕對不要和日本戰爭，又若想參觀完日本需要花費 5、6 年時間的感想。一來因帝國的威嚴敬而畏之，又加上總統府對他們恩愛化育的作為，讓這些淳樸無知的蕃民，也感動其恩澤而變得明朗。」〔註145〕

〔註140〕徐佑驊、林雅慧、齋藤啟介：《日治臺灣生活事情》，臺北：翰蘆圖書，2016年，第 113 頁。

〔註141〕徐佑驊、林雅慧、齋藤啟介：《日治臺灣生活事情》，臺北：翰蘆圖書，2016年，第 115 頁。

〔註142〕臺灣總督府警務局理蕃課編，陳連濬譯：《理蕃之友・第一卷》，新北：「原住民族委員會」，2016 年，第 357 頁。

〔註143〕臺灣總督府警務局理蕃課編，陳瑜霞譯：《理蕃之友・第三卷》，新北：「原住民族委員會」，2016 年，第 221 頁。

〔註144〕徐佑驊、林雅慧、齋藤啟介：《日治臺灣生活事情》，臺北：翰蘆圖書，2016年，第 132 頁。

〔註145〕臺灣總督府警務局理蕃課編，陳瑜霞譯：《理蕃之友・第三卷》，新北：「原住民族委員會」，2016 年，第 281～282 頁。

　　日據時期的各個階段，日本殖民者利用組織「觀光旅行」團的方式對臺灣原住民施以「感化」般的社會教育，樂此不疲。首次「蕃人」觀光團於 1897 年 8 月，由泰雅人、布農族、鄒人各族群頭目共 13 人組成「觀光團」，前往日本長崎、大阪、東京以及橫須賀等地進行「觀光」。第二次「觀光」由排灣族的頭目等 24 人組成，前往英國倫敦進行「觀光」。〔註 146〕此後，日本總督府多次安排「蕃人」前往日本或臺北等地進行「觀光旅行」。臺東地區的原住民亦如他們所期待的那樣，對前往臺北及日本等地的「觀光旅行」難掩興奮之情：

　　　　1906 年，「臺東廳下秀姑巒阿美、卑南阿美、彪馬等三種族蕃人
　　　　三十八名，一昨十八日午前以照島警部引率到臺北，宿泊在府後接
　　　　天后宮，定俟本月二十八日參拜臺灣神社祭，然後歸山。」〔註147〕
　　　　「蕃人」赴臺北觀光感想：「參觀臺灣銀行，先感其建築之牢大美
　　　　麗，次見庫室內金銀堆積如山，一同頻欣羨，恍惚如夢。」〔註148〕

　　1909 年，《臺灣日日新報》報導了一則臺東地區「蕃人」赴臺北觀光的新聞，據載，臺東廳下 130 名「蕃人」前往臺北觀光，期間參拜臺灣神社，觀光博物館、鐵道部、學校、農業試驗場、總督府官邸、兵器倉庫、軍隊及其他重要的官衙建築，「蕃人」對所見之狀都感到驚訝。〔註 149〕

　　當時觀光旅行地點的選擇無論是在臺灣本島還是日本，日本人都會選擇以「文明進步」特徵的景點，或是能凸顯與原住民生存環境及文化有著巨大差異的場域。其中，觀光旅行臺灣本島時，設施更為完善的臺北成為首選。臺灣本島的觀光旅行雖並沒有呈現出日本的文化，但卻能通過參觀更為先進的設施達成教化原住民的目的。1916 年 4 月臺東地區的原住民前往臺北觀光，到達臺北時在臺灣總督府官邸接受警視總長的訓示：

　　　　目前正舉辦勸業共進會，官民由四面八方齊集臺北，熱鬧非凡，
　　　　各位必定大感驚訝，但日本本土都市在平時即如今日般繁華。如比
　　　　較日本本土與臺灣之面積，日本本土大如熊，而臺灣則僅有兔子大
　　　　小。如比較日本本土與臺灣之人口，日本本土人口有如裝滿豆子之

〔註146〕　參見臺灣總督府警務局理蕃課編，陳連濬譯：《理蕃之友・第一卷》，新北：
　　　　　　「原住民族委員會」，2016 年，第 374 頁。
〔註147〕　《臺東蕃人之觀光》，《臺灣日日新報（漢文版）》，1906-10-20（02）。
〔註148〕　《臺東蕃觀光感想》，《臺灣日日新報（漢文版）》，1906-12-26（02）。
〔註149〕　《臺東觀光蕃人の到著》，《臺灣日日新報》，1909-07-22（02）。

大桶，而臺灣人口則僅有一把掌量的豆子。所以應該由土地面積與
人口多寡，判斷優勢強弱。而且日本本土各種事業極為發達，臺灣
則有待開發。但是你僅僅觀光臺北，即知人口稠密、軍隊精銳、街
道井然、建築宏偉、教育進步、衛生發達、物資豐富、機器設備精
巧等後，發覺自己社區狹小、住屋齷齪、生活水平偏低、知識程度
不高。兩者何以如此之大，原因無他，因為平地人民奉公守法，勤
勉努力，興辦產業，注意身心，注重子女教育，有以致之。你們自
古以來深居山中，雖然知識及技術不發達，若能遵從廳長、支廳長
及警察官吏等之指導，努力農耕，厚積資產，不忽忽子女教育，則
毫無疑問，必能與平地人並駕齊驅，改善衣食住。若仍不革除惡習，
不聽命官府，戕害人命，必受國法制裁。若膽敢聚眾反抗，警察及
軍隊將大舉討伐。〔註150〕

在「皇民化」運動期間，「蕃人」的「觀光」活動更是如火如荼地進行。
1938 年臺東的原住民在參觀日本後，發出如下感想：

當在宮城〔註151〕行最敬禮合唱國歌時，體內滲入一股深刻感激
之情真是筆墨難以形容。

到處可見出征軍人，也可看到後方的防守是如何地堅固，雖同
樣身為日本人，卻遲遲無法以國民的身份盡義務，讓我們感到十分
汗顏。

內地到底是怎樣的地方呢？傳聞雖多但仍然半信半疑，這次我
們得以一飽眼福仔細觀看，讓人驚訝不已！

內地農村的狀況到處都讓我們瞠目咋舌。〔註152〕

由此可見，在「皇民化」運動的推動下，原住民對日本產生了深刻的「國
家」認同。正如臺灣學者鄭政誠所言：「就觀光旅行所引發的情感認知而言，
由於各社原住民多為首度離開自己熟悉的生活場域而至異地觀光，面對不同
族群、另種空間與新奇事物，在衝擊既有之族群與文化價值觀。而在日人刻意
規劃與安排展示品中，彼等在目睹新事物，尤其是工業化，軍事設施與城市、

〔註150〕臺灣總督府警察本署編，陳金田等譯：《日據時期原住民行政志稿第三卷（原
名：理蕃志稿）》，南投：臺灣省文獻委員會，1998 年，第 169～170 頁。
〔註151〕指的是日本的伊勢神宮。
〔註152〕參見臺灣總督府警務局理蕃課編，陳瑜霞譯：《理蕃之友・第三卷》，新北：
「原住民族委員會」，2016 年，第 45～46 頁。

農村建設，在短暫觀光行旅中，對彼等感情結構產生驚奇、震撼；而彼等心理符號機制，亦由文明差異而對近代文明產生認知轉換。」〔註 153〕

　　文化侵略若要成功，重要的是要使被侵略者相信他們是天生的劣等。〔註 154〕於是，在觀光旅行的原住民心中，已逐漸將日本美化成歷史韻味濃厚、文化教育程度高，同時又具備現代化的偉大帝國的形象，原住民的內心遂產生崇拜與敬畏之情。原住民紛紛感慨「日本人非常之多，非吾等所能匹敵；日本兵士甚多，武器亦級精銳，且大炮尤為可恐，大抵巨彈一發，即可顛覆一蕃社；吾等亦可專心依賴而無恐。」〔註 155〕

　　日據前期，日本殖民者以期「拉攏」各「蕃社」的頭目，以達成收歸「蕃人」便於管理統治的目的，故一般前往臺北等地觀光的「蕃人」通常選擇為「蕃社」的頭目及其部署。如 1915 年，臺東廳下巴望衛支廳的「蕃社」頭目及其部署共 50 人經過精心選拔，獲准後方可赴臺北觀光〔註 156〕；1916 年總督府組織各地原住民社區中有勢力的原住民代表赴臺北觀光，其中臺東廳 50 名原住民，按規定「前往觀光原住民應就頭目、司祭等門第高貴、有勢力者中挑選，婦女亦盡可能選拔其妻子或家屬」〔註 157〕。後來，逐漸發展為原住民青年團成為觀光的主要招募對象。原因在於原住民青年團愈加受臺灣總督府重視，隨著其地位的提升，已超過部落頭目成為部落中具有影響力的權勢者。此後，因深受「皇民化」運動感染，更有被日本殖民者稱之為「先覺者」的原住民自費參與「觀光旅行」，如 1934 年，臺東及高雄兩州廳下原住民的「先覺者」共 20 名自費前往日本觀光。〔註 158〕

　　除了在「蕃社」組織「觀光旅行」，臺灣總督府也在學校有計劃地定期組織「蕃童」進行「修學旅行」〔註 159〕，如 1912 年 3 月，臺東「蕃人」公學校

〔註 153〕鄭政誠：《認識他者的天空：日治時期臺灣原住民的觀光行旅》，臺北：博揚文化事業有限公司，2005 年，第 290 頁。

〔註 154〕保羅・弗雷勒著，方永泉譯：《受壓迫者教育學》，臺北：巨流出版社，2003 年，第 202 頁。

〔註 155〕《蕃人觀光之效果》，《臺灣日日新報（漢文版）》，1907-12-18（02）。

〔註 156〕《臺東蕃人觀光》，《臺灣日日新報》，1915-05-23（07）。

〔註 157〕臺灣總督府警察本署編，陳金田等譯：《日據時期原住民行政志稿第三卷（原名：理蕃志稿）》，南投：臺灣省文獻委員會，1998 年，第 168 頁。

〔註 158〕〔日〕臺灣總督府警務局編：《高砂族の教育》，臺北：成文出版社有限公司，1999 年 6 月，第 20 頁。

〔註 159〕日本的修學旅行（しゅうがくりょこう）源於 1882 年，是文化交流的旅遊行為。

學生共 55 名，由 6 名老師帶領，赴臺中巡覽小學校及公園。〔註 160〕此後便前往臺北繼續觀光，參觀臺北的兵器倉庫、日語學校、臺灣神社、鐵道部工場、總督府官邸等。〔註 161〕此外，理蕃課於每年 3 月底左右，安排「蕃童」教育所的畢業生參觀平地文化，如前往南部參觀嘉義及臺南等地。臺東地區社會教育機構——農業講習所也會組織「蕃人」學生參與「觀光」，如 1939 年 10月 23 日，臺東廳下 27 名農講生赴臺北學習、觀光。〔註 162〕雖然，「修學旅行」與「觀光旅行」的稱呼不同，其實質則相同，都是為了在這場宏大的看似如旅遊一般的「文化凝視」中，接受日本國家意識、宗教儀式、國防意識的社會教育，將「國家」與「國民」的觀念滲透進原住民的意識中。

　　由此，臺東地區的原住民在「觀光旅行」的過程中進一步接受日本文化的渲染，但實則原住民他們看到、認識到關於臺灣及日本的歷史文化，很有可能並未真實、準確反映當地的狀況，而是經過刻意揀選而來。「歷史一直是被過濾後的選擇性記憶，能作為證明統治合理性的工具。」〔註 163〕原住民在觀光旅行中認知到的關於臺灣的歷史，是經過日本殖民者有意識地選擇。殖民者以加強對本島及日本認知為目的的觀光旅行，實際上間接傳達了殖民官方的統治理念，通過觀光確立原住民心中殖民「母國」的崇高形象。〔註 164〕經由「視覺再現」（visual representation）的「觀光」行徑，日本殖民者希望原住民能夠「相信」殖民者的「知識」，並且能對其產生強烈的認同，其最終目的是進一步培養原住民的「國民」觀念，使之成為馴服的「臣民」，這也是日本殖民者一直致力於原住民社會教育的根本原因。

三、改風易俗的教育

　　日據前期，針對原住民的「野蠻」、「落後」的「陋習」，日本殖民者採取「威逼利誘」的手段，改變原住民紋面、出草等習俗。一些「蕃社」被迫廢除獵首及紋面的傳統風俗習慣，並在規約中聲明杜絕此類行為的發生。此外，拆除骷髏架「矯正」了原住民的喪葬觀念，引入現代醫藥改變了原住民的疾病

〔註 160〕《臺中通信臺東蕃童來遊》，《臺灣日日新報》，1912-03-05（05）。
〔註 161〕《蕃童生徒來北》，《臺灣日日新報》，1912-03-05（02）。
〔註 162〕《ハイトウンから　農業講習生來北》，《臺灣日日新報》，1939-10-24（02）。
〔註 163〕徐佑驊、林雅慧、齋藤啟介：《日治臺灣生活事情》，臺北：翰蘆圖書，2016年，第 186 頁。
〔註 164〕參見徐佑驊、林雅慧、齋藤啟介：《日治臺灣生活事情》，臺北：翰蘆圖書，2016 年，第 135 頁。

及衛生觀念。〔註165〕經過據臺前期「理蕃」政策的實施，臺灣原住民的風俗習慣已有所改變，但範圍更廣、影響更深的改風易俗則體現在「皇民化」運動時期。

　　1937年至1945年為日本據臺的「皇民化」時期。「皇民化」運動就是徹底的「日本化」運動。〔註166〕在「皇民化」運動中，日本殖民當局為了進一步瓦解原住民的傳統文化，遂在原住民地區進行廢除舊俗、推廣日式生活的改革運動。

（一）改換日本姓名

　　我國臺灣地區原住民有著不同的起名體系，但有一共同特點，即需承襲祖名。換言之，原住民不同族群的內部均保存著一套由祖先流傳至今的姓名譜，這個姓名譜包含男女不同的起名規則，供後代以取名之用。臺東地區的阿美族採用親子連名製，卑南族、排灣族及魯凱族採用家屋名製，布農族採用氏族名製，雅美族採用親從長嗣更名製。明清時代之後，受漢文化的影響，臺東地區的原住民採用漢族姓名便逐漸多了起來。〔註167〕

　　在「皇民化」運動時期，日本殖民者在原住民地區極力推行更換日本姓名，特別對於原住民知識分子家庭，則進行強制改換日本姓名，以期起到帶頭的引導作用。筆者在調查期間，曾拜訪臺東地區卑南鄉下賓朗部落的孫大山一家，他們一家在「皇民化」運動時代被給予「國語家庭」的稱號，並獲得改換日本姓氏的優先權。他們全家遵循姓名變更的相關規定〔註168〕，在「安井」、「山中」、「山下」、「西村」、「外山」等一眾日本姓氏前，選擇「日納田」作為他們一家子的日本姓氏。相應地，家中的每個人都根據自己原有名字的意義，更換與之相近的日本名字，比如「孫菊花」更換日本姓名後變成了「日納田菊代」。

　　更換日本姓名的原住民可以在就學及就業等方面具有優先權或是優惠補

〔註165〕參見董建輝、鄭偉斌：《文化「理蕃」：日本對臺灣原住民族的殖民統治》，《廈門大學學報（哲學社會科學版）》，2017年第1期。

〔註166〕徐佑驊、林雅慧、齋藤啟介：《日治臺灣生活事情》，臺北：翰蘆圖書，2016年，第184頁。

〔註167〕參見鄭偉斌、董建輝：《臺灣原住民族傳統人名製度及其變遷》，《三峽論壇》，2016年第6期。

〔註168〕姓名變更並非是強制性的，而是依據許可制，通常當民眾提交申請後，總督府需查明該民眾是否來自「國語家庭」後作出批示。日本殖民者認為只有來自「國語家庭」的原住民才有資格更換日本姓名。

助等相關福利,由此,在日本殖民者極力的推行下,臺東地區原住民掀起了改換日本姓名的熱潮。日本統治者對此舉甚是滿意,他們認為原住民「皇民意識日漸高漲」,是他們「進化提升的最佳佐證」。〔註169〕

(二)強制原住民信奉日本神道教

在傳統上,臺東地區的原住民自有其宗教信仰體系,他們普遍信奉泛靈論的原始宗教或是祖先崇拜。他們將祖靈放置在信仰的制高點,在節慶或祭典儀式,都要緬懷祖先,以期獲得祖靈的庇護。由此,祖靈信仰也成為臺東地區原住民社會的文化核心。

信仰的控制往往成為國家與民族治理的重要手段之一。日本據臺後,將日本的神道教信仰帶入原住民社會,希望藉由統一宗教信仰達至對原住民意識形態層面的「規訓」教育,進而快速實現「同化」之意。「皇民化」運動之前,日本殖民者便開始在臺東地區設立神社,意圖轉變當地原住民的宗教信仰觀念。1909年6月,總督府籌劃於臺東廳前舊兵營北方設立臺東神社,〔註170〕並規定每年日本始政日及元旦,全體官員及當地民眾都要前往祭拜。1911年10月,臺東神社竣工後,日本殖民者便開始著手在臺東的各個「蕃社」設立神社,將定時向神社朝拜、向天皇致敬的觀念滲透進「蕃人」的日常生活中。1930年1月1日,正值元旦,臺東地區卑南社組織全體「蕃人」進行朝拜神社,其具體情形有如下記載:

> 全社清晨齊集卑南神社參拜,祈願克己奮勵努力上進。午前九時起舉行四方拜儀式,禮成後部落全體民眾齊開祝賀宴,為自卑南開始以來前所未有之盛事。在和氣藹藹之中,三呼陛下萬歲後解散。〔註171〕

時任臺東廳「理蕃」系長的小田謙吉認為「蕃人教化是將力量傾注於涵養國民道德的基本敬神觀念,以此作為最重要的事。」〔註172〕日本總督府強制將日本神道教信仰納入原住民的日常生活中,不僅改變了原住民的宗教信仰,

〔註169〕臺灣總督府警務局理蕃課編,陳瑜霞譯:《理蕃之友·第三卷》,新北:原住民族委員會,2016年,第42頁。

〔註170〕《建築臺東神社》,《臺灣日日新報》,1909-06-06(06)。

〔註171〕宋龍生:《卑南公學校與卑南族的發展》,南投:臺灣文獻館,2002年,第206頁。

〔註172〕臺灣總督府警務局理蕃課編,陳連濬譯:《理蕃之友·第一卷》,新北:「原住民族委員會」,2016年,第231頁。

也改變了原住民的風俗習慣。《理蕃之友》曾報導 1937 年 10 月，臺東廳大武支廳的一對排灣「蕃人」青年於部落內的日本社祠前舉行婚禮，日本殖民者不禁發出「蕃人真正的瞭解結婚神聖的道理，於神明前面立下夫婦的誓約，真的是很可喜的事」〔註 173〕之感慨。

進一步強化原住民信奉日本神道教，在「皇民化」運動中表現得更為突出。一方面，日本殖民者要求每個「蕃社」要設立神社，同時，每家每戶都要更換及設立日本式的神主牌位，並且每天在特定時刻都要像神主牌位進行朝拜，以示對日本天皇的尊敬與崇拜。此外，按照規定將每個月的一日定為敬神日，全體原住民都要抵達各自「蕃社」內的神社，進行統一的朝拜活動。並且將每年的 10 月 28 日定為全臺灣的「神社祭」，原住民民眾也要循例前往神社行朝拜之禮。

截止 1943 年 4 月末，臺東地區共設有社祠 31 所〔註 174〕，占全臺灣社祠總數的 33.3%。由此觀之，日本殖民者在臺東地區實施的以日本神道教同化原住民的措施，頗有成效。在臺東原住民地區設立日本神社，目的是為了統一人心歸向，從精神層面同化原住民。從日本神社的空間意義上來看，它所呈現的是日本殖民統治的意象，代表著日本統治勢力向臺東地區蔓延開來。

四、民間團體的培育

「皇民化」運動時期，各地山地警察駐在所極力促成原住民成立「自治」組織，如「自助會」、「青年團」、「頭目勢力會」、「家長會」、「部落會」等民間團體，以強化原住民熟練日語以及服從命令便於管理。此後，1941 年《皇民奉公運動規約》頒布後，各地紛紛成立「奉公團」、「奉公班」、「山民軍訓團」、「高砂族義勇隊」等民間團體，將原住民納入「皇民化」運動的熱潮和戰爭的軌道中。

這些民間團體主要以增強教育所畢業後「蕃人」的教育，強化教育成果，並進一步施以「同化」為目的。在各地「蕃社」組建不同形式的民間團體組織，由各地警察駐在所的警察對其施以指導與教化。其中，以「蕃人」青年團這一原住民民間團體更具影響力。

〔註 173〕 臺灣總督府警務局理蕃課編，陳連濬譯：《理蕃之友・第一卷》，新北：「原住民族委員會」，2016 年，第 123 頁。

〔註 174〕 〔日〕臺灣總督府警務局編：《高砂族の教育》，臺北：成文出版社有限公司，1999 年 6 月，第 35 頁。

　　「蕃人」青年團的前身是「蕃人」青年會。青年會多為十四、五歲受過日式教育的「蕃人」青年組成，是帶有教化青年性質的團體組織，日本殖民者看重其在管理、改造原住民所發揮的重要作用。為了擴大「蕃人」的再教育，遂將「蕃人」青年會發展為「蕃人」青年團，以達成「日語磨練、皇民煉成、常識涵養、產業指導、生活改善、奉公訓練」〔註175〕之目的。「蕃人」青年自「蕃人」公學校畢業後且未滿20歲便有資格參加青年團，並由「蕃人」擔任團體內幹部等職位，帶有明顯「以蕃制蕃」的政治色彩。「蕃人」青年團主要從事的活動包括訓練日語、涵養日本精神、鼓勵並從事公益服務活動及改善衛生習慣提升生活水平等，具體的活動包括舉辦日語演講會、運動會、日語補習培訓等。在日本殖民者的眼中，他們認為原住民「青年前途洋洋可觀，內藏不可預知的力量」〔註176〕，而「蕃人」青年團是以日本神社為中心的「自治」團體，它不僅是地方性單位，也有國家性的聯結，〔註177〕是日本國家意志的體現。時任臺東廳「視學」的宮阪清正認為「青年的指導與教育所教育相互配合，是蕃地教育的核心。」〔註178〕日本殖民者試圖通過「蕃人」青年團，進一步強化「蕃人」青年的「皇民化」意識，並試圖培養原住民部落的「知識精英」，進而逐步取代傳統部落領袖的地位，更加有利於操控及管理原住民。

　　臺東地區的「蕃人」青年團在日本殖民者的推動下蓬勃發展。1935年10月29日在臺北舉辦「高砂族青年團幹部懇談會」，在會上來自臺東大南社25歲的排灣青年古家良保發言如下：

> 每天夜晚舉辦國語（日語）普及會，招呼他們參加，絕不讓青年男女有片刻休息。即便是女性或老蕃，都將他們找來部落內固定場所，講授國語。……越來越多的兒童或青年向人打招呼行禮時，也開始使用國語。……如今能夠指導並且啟發族人，全拜國語普及

〔註175〕〔日〕臺灣總督府警務局編：《高砂族の教育》，臺北：成文出版社有限公司，1999年6月，第19頁。

〔註176〕臺灣總督府警務局理蕃課編，陳瑜霞譯：《理蕃之友・第三卷》，新北：「原住民族委員會」，2016年，第67頁。

〔註177〕參見臺灣總督府警務局理蕃課編，陳連濬譯：《理蕃之友・第一卷》，新北：「原住民族委員會」，2016年，第195頁。

〔註178〕臺灣總督府警務局理蕃課編，陳連濬譯：《理蕃之友・第一卷》，新北：「原住民族委員會」，2016年，第233頁。

之賜。我將抱持堅忍不拔的精神與熱情，繼續指導族人。〔註179〕

　　1936 年 2 月，臺東廳下各「蕃社」選拔出優秀青年 32 名，於 19 日至 23 日在呂家社參加「蕃人」青年團的幹部講習會，由視學及公學校的校長發表關於「青年的使命」、「國體精神涵養」、「感恩天皇」等內容的訓話。〔註180〕 1940 年 4 月 21 日，在日本人年東京舉辦全國雄辯大會，臺東地區 20 歲的原住民青年發表了《臺灣青年，奮起吧！》的演講，日本人認為他頭腦明晰，智慧卓越，是社內的模範青年，得到諸多稱讚。〔註181〕臺東地區原住民民間團體的發展也得到了日本殖民者的表彰，1941 年至 1943 年間，總督府表彰臺東地區優秀的「蕃人」青年團體，如「近黃女子團體」、「豐里女子青年團」、「大埔青年團」、「武鄉女子青年團」、「里壟山自助會」、「水坡女子青年團」等。〔註182〕截止 1942 年末，臺東地區教化機構設置如下表所示：

表 4.20　臺東地區日本教化機構設置情況（截止 1942 年末）

機構名	臺東所設置機構數	機構成員數		
		男	女	合　計
自助會	37	1986	261	2247
青年團	21	1386	/	1386
女子青年團	21	/	723	723

資料來源：筆者根據臺灣總督府警務局編：《高砂族の教育》，臺北：成文出版社有限公司，1999 年 6 月，第 50～51 頁重新編制。

　　日本殖民者將「蕃人」青年團的「成績」視為「理蕃史上光輝的一頁」〔註183〕。臺東地區原住民民間團體的培育，是日本殖民者對原住民施以社會教育的一種手段，名為「自治」，實則仍由殖民者操控。與其說它是「以蕃制蕃」管理模式的一種變體，不如說達成了「帝國之眼」下全方位的監視及控

〔註179〕臺灣總督府警務局理蕃課編，黃幼欣譯：《理蕃之友·第二卷》，新北：「原住民族委員會」，2016 年，第 77 頁。

〔註180〕《蕃人青年團の幹部講習會》，《臺灣日日新報》，1936-02-20（05）。

〔註181〕《高砂族青年が　檜舞臺で獅子吼　全國雄辯大會に臺灣代表として　ナンリユウ君が登壇》，《臺灣日日新報》，1940-03-17（05）。

〔註182〕〔日〕臺灣總督府警務局編：《高砂族の教育》，臺北：成文出版社有限公司，1999 年 6 月，第 24 頁。

〔註183〕臺灣總督府警務局理蕃課編，黃幼欣譯：《理蕃之友·第二卷》，新北：「原住民族委員會」，2016 年，第 76 頁。

制。此外，在日據後期，「蕃人」青年團的成員更是積極加入「高砂義勇隊」，在日本殖民者「洗腦」式的鼓吹下，成為日本帝國主義的「戰爭機器」。

縱觀之，日本殖民者操縱「規訓之術」，在「授產」教育、組織部落「觀光團」、改風易俗以及培育原住民民間團體等四個方面，對臺東地區的原住民開展社會教育，以期補充日式的學校教育，作為進一步「同化」原住民的再教育手段。日本殖民者想要的不只是原住民「身體」上的馴服，更重要的是「觀念」上的服從，即依靠權力的輸出強制性地改變原住民的傳統「知識觀」。

第四節　日本殖民教育對原住民的影響

日本據臺 50 年的統治，給原住民社會帶來了巨大影響。從教育層面觀之，日本殖民者對原住民實施的教化政策並非都是負面影響，如修築廁所、禁止屋內葬、宣傳正確給藥方式都意圖培養原住民關於健康及衛生觀念，將現代知識體系與技能通過學校教育及社會教化的形式引入原住民社會，在一定程度上促進了原住民社會的「現代化」（modernization）進程。這些帶有「現代性」（modernity）的行徑雖對原住民部落產生了一定正向的影響，但在殖民主義及強權政治的強壓下，這種「現代性」本身已被打上霸權主義的烙印。

在「帝國」的殖民統治下，國家意識形態通過文化的優勢及主導地位，強制性地對原住民施以教化，現代性思維及現代化教育手段滲入原住民部落，並伺機嵌入原住民的社會結構及生活方式中。但不可否認的是，這種教育因其帶有殖民的政治意圖，仍是為了日本殖民政權服務的，它給原住民帶來了不可低估的負面影響。

一、語言同化：原住民族語的衰落

林品桐認為「凡語言是民族文化的一種表現，而用殖民國語是無法完全表現思想或是習慣。如果用殖民國之語言來代替殖民地之語言，在初等教育完全以殖民國語時，會完全斷絕殖民地之固有文化。而其思想、宗教、道德等全部逐漸頹廢。殖民地人的精神會大為攪亂。」〔註184〕學者徐敏民也曾直言

〔註184〕 林品桐譯著：《總督府檔案專題翻譯（八）教育系列之一：臺灣總督府公文類纂教育史料彙編與研究（明治二十九年七月至明治三十四年十二月）（下）》，南投：臺灣省文獻委員會，2001 年 2 月，第 1434 頁。

「日語教育是奴化教育的尖兵」〔註185〕，由此可見，日本在據臺時期對原住民推行徹底地日語教育，是日本維護帝國主義殖民統治的重要組成部分。

臺東地區的原住民擁有各自不同的原住民族語，在歷史上，他們無文字，只是單純地依靠語言進行文化傳遞及文化傳播。日本殖民者的到來，改變了這一狀況。日語的引入，並作為官方承認的唯一語言，要求全部原住民都要掌握，不僅在學校教育中全部使用日語教學，禁止原住民使用族語，而且利用社會教育的力量將日語推廣至原住民的日常生活中。由此，日語逐漸滲透進臺東的「蕃地」，各個「蕃社」中的「蕃人」被框定在日語學習及使用的語言體系中。

語言是無孔不入的，它具有流動性，它緩慢地流進在原住民的社會，在原住民的人際互動中得以流動與傳遞。一開始，日語與原住民族語是並行的兩套語言體系，原住民學生在學校按照規定必須使用日語，回到家中，原住民學生與家人的溝通則使用原住民族語，傾向於「二元」的語言教育模式。但是隨著日本推行「理蕃」政策的深入，殖民者期待可以在原住民地區實現快速的「同化」，他們也急於看到原住民教育的成果。於是，受教育者被擴大至部落中成年的「蕃人」。在學校教育機構以及社會再教育組織的加持下，「蕃社」裏的「蕃人」普遍掌握不同程度的日語，甚至連日本殖民者也表示「令人驚訝的是語言發音之標準」〔註186〕。

殖民是一種文化混雜的過程，同時也產生了混雜的身體。〔註187〕臺東地區的原住民雖然可以熟練掌握日語，但他們仍舊是日本殖民者眼中的「次等國民」。原住民族語也在文化的代際傳遞中受阻，越來越多的原住民在日本殖民者營造出的學習日語的狂熱社會氛圍中，開始逐漸失去使用原住民族語的語言能力，他們成為了有著原住民身份，長著原住民面孔，卻說著日語的人，產生了「混雜的身體」。

臺灣學者陳明仁認為，權力及其展布滲透於期間，透過多種且多層論述的競逐過程，在特定的時間與空間中，形成某種暫時的意識形態或文化霸權。而此種伴隨著語言所產生的權力關係，涉及文化詮釋的權力、意義的賦予、再現、認知等等意義的過程。所以，語言絕對不應僅被當做溝通的工具，語言更

〔註185〕 徐敏民：《日語教育是奴化教育的尖兵》，《探索與爭鳴》，1995年第12期。
〔註186〕 臺灣總督府警務局理蕃課編，陳瑜霞譯：《理蕃之友·第三卷》，新北：原住民族委員會，2016年，第42頁。
〔註187〕 陳明仁：《東臺灣歷史再現中的族群與異己——以胡傳之〈臺東州採訪冊〉的原住民書寫為例》，臺北：稻鄉出版社，2005年，第128頁。

涉及一個人的認同,在人、我的交換互動中,一個人如何想像自己,同時也想像他人。〔註 188〕可以說,日據時期對原住民施以的日語教育,是一種語言同化主義,也是語言殖民。此時期,臺東地區的原住民族語逐漸走向衰落。

二、文化入侵:原住民部落文化的凋敝

日據時期,日本對原住民的政治統治始終伴隨著不斷的文化殖民行為。從一開始,日本文化作為外來文化,被臺灣總督府認定的唯一「官方」文化強勢入侵原住民地區,對其輸出日本「知識觀」。

作為殖民教育的首要陣地,學校成為日本推行文化殖民的實驗田。在學校,學生學習日語外,還設有修身、體操以及唱歌等課程,通過教授日式禮儀以及日本國歌等形式,將日本的國家意識形態深深根植於原住民學生的觀念中。在臺東地區的各個「蕃社」,日本殖民者則明令禁止原住民「出草」,並通過設置隘勇線等手段,強制劃定原住民的生存區域。此外,也通過多種社會教育的方式,對「蕃社」內的「蕃人」施以日本文化教育,從外在到內在,由物質至精神,對其施行日式的「皇民化」規訓。

在日本文化的入侵下,臺東地區原住民原有的部落文化逐漸凋敝,其傳統「知識觀」逐漸式微。其中,社會組織、部落制度以及祭典儀式也逐漸喪失其應有的功用及內涵,傳統家庭教育以及部落教育亦逐漸瓦解。日據時代日本民族學家、考古學家國分直一曾於 1935 年 7 月對臺東地區的排灣「蕃社」進行考察時,有如下描述:

> 只有年輕人戴花冠跳舞,邊跳邊歌詠小米豐收與耕種之樂。至於獵首凱旋之歌,今日已不傳,現在除了部落族老曾經跳過凱旋舞外,年輕一代已經忘記了曾經有獵首祭和凱旋舞。我向族老請做一次示範性的表演,於是在老人的帶領下,年輕人學著踏出凱旋舞步,結果腳步紊亂,無法齊一向同一方向旋轉,儘管如此,老人們提高嗓子,朗朗歌詠喜獲首級、凱旋歸來的古謠。〔註 189〕

由此可見,原住民傳統部落文化在來勢洶洶的日本文化面前,已變為弱勢文化,並且已經喪失了其主體地位,失去了其應該有的教育意涵,亦無法在

〔註 188〕 陳明仁:《東臺灣歷史再現中的族群與異己——以胡傳之〈臺東州採訪冊〉的原住民書寫為例》,臺北:稻鄉出版社,2005 年,第 132 頁。

〔註 189〕 國分直一,楊南郡譯:《蕃界南路山海行》,《臺灣百年曙光——學術開創時代調查實錄》,臺北:南天書局,2005 年,第 356～357 頁。

凝聚原住民部落、傳承部落文化方面發揮應有的作用。

這是一種文化侵略行為，保羅‧弗雷勒在《受壓迫者教育學》中認為無論是文明或是苛刻的方式，文化侵略總是一種暴力的行動，它侵犯著那些受侵略文化中的人們，這些人在文化侵略中失去了自己的原創性，或是面臨失去原創性的威脅。〔註190〕日本文化深深影響了原住民，同時在一定程度上也改變了原住民的價值觀、生命觀以及宇宙觀，影響了整個原住民傳統文化。它作為日本殖民統治的一把利器，已深深扎在臺東地區的原住民部落社會中，並且將原住民部落原有的文化分割得支離破碎。

原本原住民的「知識觀」是以整個部落成員作為其載體，注重日常生活中的實踐，並在不斷嘗試及試錯後，逐漸形成的一套自有的文化體系。而日本帶來的「知識觀」卻是一套以日本文化為內核、經由西方現代化洗禮後的文化體系。二者本身就是截然不同的兩種「知識觀」形態，也在殖民與被殖民的關係中產生對峙與對抗。強壓性政治的霸權主義，使得日本的「知識觀」處於強文化的位置，相對地，原住民的傳統「知識觀」則處於弱文化的位置，原住民的傳統「知識觀」並不能與之分庭抗禮。日本「知識觀」帶著「帝國」的文化優越而主導了文化的話語權，由此，日本「知識觀」夾帶其一系列日本文化要素強勢侵入弱勢民族文化。在強—弱對比懸殊的格局中，殖民者的「知識觀」凌越原住民傳統「知識觀」而獲取唯一的「正統」地位。

三、權威易主：原住民社會權威的更迭

在傳統上，臺東地區的原住民社會並沒有一套完整的權力體系，所謂的「頭目」或「頭人」只是部落內的族人商議選出能夠肩負得起守護本族部落重任的人。這個人通常或擁有絕佳的身體素質、或有著非凡的領導才能、或身懷狩獵的絕技等，這些異於常人的特質使得他成為原住民部落社會中的領導者。原住民部落社會中的部落權威一直存在著，直到日本人的到來。

日據時代，日本殖民者的入侵，改變了臺東地區原住民傳統部落社會這一權威的地位。雖然在據臺初期，日本人「威逼利誘」各個「蕃社」的「頭目」對其臣服，承認他們在原住民部落社會中的權威，但這只是日本人「以蕃制蕃」的一種計謀。日本人的真正意圖是獲得對各地「蕃社」的實際控制權，

〔註190〕保羅‧弗雷勒著，方永泉譯：《受壓迫者教育學》，臺北：巨流出版社，2003年，第 201 頁。

對已經歸順的「蕃社」施行直接的嚴格統治及管理，並架空「頭目」的權力。隨著殖民統治的深入，日本人也在各個「蕃社」培養起親日的原住民「知識精英」。這些原住民「知識精英」經過日本「洗腦式」的殖民教育，認同日本的統治地位，並甘願充當日本人統治工具。日本殖民者意圖用這些原住民「知識精英」取代「蕃社」內「頭目」的權威地位，「將頭目勢力者中心主義轉變為青年中心主義」〔註191〕，以形成一種新型的權力。正如時任警務局管理者的橫尾廣輔所言：「就近年來實施的成績結果而論，已經無須顧慮不懂國語（日語）的老蕃的存在。現在已經是年輕人的時代了，即便默默無名尚無成就者亦可成為左右蕃社的中堅人物，再也沒有必要討老蕃的歡心而事事求其同意。」〔註192〕

　　原住民的知識分子沉醉於日本人建構的「國族」之美好藍圖中，在恩威並施及教化的逐漸推進下，馴服於其所見所聞，感慨日本之強大，並逐漸接受及認同日本的「國民」身份，他們成為日本培養的原住民文化精英，並在日本當局的扶持下成為原住民部落的中堅力量及領袖。

　　根據馬克斯·韋伯的權威理論，將人類社會的統治形式分為三種類型，即克里斯馬型權威、傳統型權威以及法理型權威。〔註193〕其中克里斯馬型權威意味著這個人具備的某些人格特質而被認為是超凡不同尋常的，其稟賦可以凌駕於自然及其他社會成員之上，或成為超自然、超人類的體現及表達。或是這個人至少擁有某些特殊超凡的力量與令人欽佩的品質。但總而言之，這個人他在整個社會團體內是被認可、認同，並獲得社會成員支持的，具有表率的特性。〔註194〕據此，可以將臺東地區傳統原住民部落社會中「頭目」的權威視為是一種克里斯馬型的權威，而日本殖民者進入後，便逐漸將這種權威帶來的部落社會的平衡所打破，形成了新的權威模式，影響到了原住民部落社會中「頭目」所發揮的作用及功能，甚至造成之後的原住民部落社會呈現出「失序」的狀態。

〔註191〕臺灣總督府警務局理蕃課編，黃幼欣譯：《理蕃之友·第二卷》，新北：「原住民族委員會」，2016年，第397頁。

〔註192〕臺灣總督府警務局理蕃課編，黃幼欣譯：《理蕃之友·第二卷》，新北：「原住民族委員會」，2016年，第160頁。

〔註193〕參見馬克斯·韋伯著，康樂等譯：《經濟與歷史　支配的類型》，桂林：廣西師範大學出版社，2010年，第297頁。

〔註194〕參見馬克斯·韋伯著，康樂等譯：《經濟與歷史　支配的類型》，桂林：廣西師範大學出版社，2010年，第345頁。

小　結

　　日據時期，臺東地區的原住民經過日本殖民者的「同化」改造，由自給自足的「原民社會」（folk society），變為雷德菲爾德所說的「農民社會」（peasant society），〔註195〕正如李亦園所述「他們不是自成一社會，而是外界現代化社會的一部分，是大社會圈內的較小較低的一圈。」〔註196〕

　　日本殖民者出於政治統治的考量，對臺東地區的原住民施以殖民教育，以期培育出「馴服」的「臣民」。日本殖民者以日本語的輸入作為媒介，透過文字及書寫權力的操控，將帶有政治強權的同化教育施加於原住民。在學校教育方面，隨著第一所針對原住民的日式學校在恒春地區的開設，由此拉開了原住民接受日本教育的序幕。隨後，日語傳習所及其分教場便在臺東地區原住民的各個「蕃社」創立，以日語的學習為主，輔之以修身、算術、歌唱及體操等課程。隨著傳習所制度的廢止，臺東地區的日語傳習所及其分教場紛紛轉變為「蕃人」公學校，在「蕃人」教育標準等規定下，開始更加系統化地對「蕃人」施以教化。此外，分屬警察系統管理的「蕃童」教育所也在臺東地區的「蕃社」招徠學生。通過臺東地區多個接受過日本教育的原住民老人的口述史，可以印證及補充日據時代原住民學校教育的具體實踐。

　　這種知識霸權不僅滲透進原住民的學校教育之中，也通過社會教育對整個原住民施以更嚴密的監控及規訓。在社會教育方面，日本殖民者主要從四個方面對臺東地區的原住民施以社會教化：其一，對原住民施以農業指導及「授產」撫育，通過集團移住以及改變原住民生產方式，進一步開發「蕃地」資源，以期將原住民培養「和順」的農民；其二，通過組織臺東各個「蕃社」內的「蕃人」參與前往臺北或日本的「觀光」，一方面顯示日本的強大對原住民形成威懾，另一方面，日本殖民者希望原住民能夠增加對日本的「國家」認同；其三，通過「勸導」原住民改換日本姓名以及強制其信奉日本神道教，對原住民施以改風易俗式的社會教化；其四，日本殖民者有意識地培育原住民民間「自治」團體，用「以蕃制蕃」的手段企圖掌握「蕃社」權威，並將整個原住民部落社會處於「帝國之眼」的監控下。

〔註195〕 參見〔美〕羅伯特·芮德菲爾德，王瑩譯：《農民社會與文化：人類學對文明的一種詮釋》，北京：中國社會科學出版社，2013年。
〔註196〕 李亦園：《臺灣土著民族的社會與文化》，臺北：聯經出版社，1982年，第286頁。

　　雖然日本殖民者的學校教育及社會教化為原住民帶來了現代知識及技能，在一定程度上促進原住民的「現代化」進程。但，仍要看到殖民教育對原住民產生了不可估量的負面影響，不僅致使原住民的文化發生變遷，而且也導致原住民的部落組織結構發生變化。這種影響主要體現在：其一，語言同化，致使原住民族語逐漸衰落；其二，文化入侵，導致原住民部落文化開始凋敝；其三，權威易主，原住民社會權威更迭，組織結構發生變化，瀕臨「失序」的邊緣。

　　殖民者與被殖民者、宰制與被宰制是對立的關係，而對立關係中涉及威權者權力擴張與霸權心態作祟，因而欲對殖民地的政治、經濟、文化、社會、文化甚至教育進行控制，並在行使各種霸權方式時，除採取軍隊、警察等強制手段的外在勢力征服外，也藉由教育柔性手段讓主流文化滲透至原住民中，改造該民族本質且讓其文化崩解，進行文化殖民。〔註197〕縱觀之，日據時代臺東地區的原住民教育，就其教育內容而言，它是一元的教育，是以日本文化「知識觀」為中心的教育內容；就其教育性質而言，它帶有侵略性、殖民性以及同化性；就其教育目的而言，它並非為了提升原住民的文化水平，而是便於管理統治，以及進一步深化拓殖；就其教育進程及成效而言，隨著帶有日本國家意志「知識觀」的逐漸滲入及深化，逐漸瓦解原住民的文化內核，也重新形塑了原住民原有的部落「知識觀」。由此，原住民傳統「知識觀」開始衰落。這也是自壓迫者利益出發的教育，它使得受壓迫者成為壓迫者所謂施以「人道主義」幫助的對象，並在壓迫者的眼中教育只是一種工具，它的實質是非人性化。〔註198〕

〔註197〕陳蓮櫻：《臺灣原住民運動與原住民教育關係之探討》，《原住民教育季刊》，2004年6月第34期。

〔註198〕參見保羅‧弗雷勒著，方永泉譯：《受壓迫者教育學》，臺北：巨流出版社，2003年，第86頁。

第五章　光復後的原住民教育

第一節　「山地平地化」時期（1945～1980 年代）

一、總體教育方針

　　教育方針不僅規定了「為誰培養人」、「培養怎樣的人」，同時還規定了「辦何種教育」以及「如何辦教育」。教育方針的轉變直接體現了統治階級對於教育轉型質的規定。〔註1〕

　　1945 年 8 月 15 日，日本天皇廣播投降詔書，預示著日本宣告結束其在臺灣五十年的統治。此後，臺灣正式宣布光復。臺灣光復後，仍繼續採用劃定原住民居住區的制度，稱之為「山地保留區」，但臺東地區的原住民並不歸屬於保留區，其行政管理與一般漢人無異。集中圍繞普及推廣漢語、漢文和傳播中國歷史、地理知識及傳統文化知識對其展開教育，同時，師資力量也面臨嚴重短缺的問題。

　　此時期，隨著日據時代的終結，臺灣原住民的教育由同化政策下的「皇民化」教育轉變為全盤「漢化」的教育模式。光復後最初的幾年，原住民並未得到官方認可，而只是將其視為深居山林、有著特殊生活習慣的弱勢群體。當時，原住民被稱為「山地同胞」，即「山胞」，1953 年《促進山地行政建設計劃大綱》的頒布，正式明確提出「山地平地化」的發展目標，欲通過制定具體建

〔註 1〕 吳仁華：《臺灣光復初期教育轉型研究（1945～1949）》，福州：福建教育出版社，2008 年，第 101 頁。

設規劃,將山地的原住民統一納入一般行政管理的範疇,但這一計劃大綱只是鼓勵及推廣「山胞」使用漢語漢文,對於具體的教育政策及方案則未涉及。隨後,多項法令的出臺,從原住民生活的各個方面試圖「去殖民地化」,同時也逐漸消解原住民原有的文化,試圖令原住民與「平地人」無疑。在此過程中,加速了原住民傳統文化及意識形態的流失及衰落。卑南學者孫大川曾稱原住民「正面臨著黃昏進入黑夜的生死經驗」〔註2〕。

此時期的臺灣原住民教育亦經歷了「去殖民化」的過程,同時也根據「山地平地化」的主旨要求,從原住民教育層面施以「平地化」的同化方針。1945年,臺灣光復,國民黨政府接管臺灣後,第二年便將所有日據時期設立的專屬原住民的學校以及教育所統統改為「國民學校」。1949年頒布《山地教育方針》,明確徹底推行國語的教育目標,這也是此時期原住民教育政策的主要施教依據及原則。以此教育方針為導向,多項原住民教育具體政策相繼頒布,如《改進山地教育實施方案》(1951年)、《山地國民學校改進教學方法應行注意事項》(1952年)等,對原住民教育過程中具體的教學操作進行補充。直至1958年,《加強山地教育實施辦法》的公布,補充了徹底推行國語的具體要求,即要求各山地學校切實加強國語教育,在課上與課下均要使用國語,禁止使用日語,違者嚴懲。此後,陸續有《臺灣省加強山地教育實施辦法》(1964年)、《改進山地教育實施計劃》(1968年)以及《維護山地固有文化實施計劃《(1976年)等教育辦法出臺,以實行統一的教育體制,推行山地平地化的教育方針。但以上相關政策的頒布只提及加強山地學校的關注,但並未涉及原住民教育的特殊性方案。

光復後,臺灣原住民教育遵從「平地化」的主旨方針,一切教育政策的實施均以此為據,意圖最大程度地擺脫日本殖民地的教育陰影,並透過普適化的教育抹除原住民的族群特性。實際上,教育「平地化」的過程就是「去特殊化」的「同化」過程。從教育制式、標準乃至教育內容的同一,原住民教育與其他非原住民族群所學無異,使其處於主流漢文化及漢文化蘊涵的教育理念的包圍下,失去了其教育的主體性。

二、教育政策的實施

位於「後山」的臺東地區,受限於歷史及地理條件等原因,原住民教育遠

〔註2〕孫大川:《久久酒一次》,臺北:張老師文化出版社,1991年,第96頁。

遠落後於其他地區，成為我國臺灣地區教育發展較為貧瘠的地區之一。光復初期，急速轉變的教育方針，具體落實在地方上實施仍較為吃力，而具體到每一個家庭、每一個學校，則又是另一番景象了。

　　光復初期，臺東地區的原住民家庭仍主要以日語作為日常交流的通用語言，並輔之以原住民族語，國語的推行對於他們而言，並沒有太多的威懾力與執行力。他們生活在部落中，通常打交道的是同一家族、部落或是附近部落的族人，使用日語或原住民族語足夠日常的溝通與生活。對他們而言，國語只有在與周圍做生意的漢族打交道時才會使用。筆者在調查中，曾訪談過臺東地區卑南族、阿美族、布農族等原住民老人，他們表示那時候使用的普遍是日語或是原住民族語：

> 那個時候我們都不會說國語啊，怎麼和別人用國語交談嘛。
>
> 還是使用日語比較多，在家和家里人也會說族語。
>
> 家裏的阿嬤阿公都不會國語呢，怎麼和他們用國語說呢。
>
> 有時候會日語和族語穿插著一起講啦。〔註3〕

　　在臺東原住民家庭環境中，國語的推行無法真正有效地推行，大多數原住民仍然延續日據時代日式的習俗及生活方式。而在臺東的學校，作為傳達教育政策的場域，依律要求全體師生推行「徹底的」國語教育，並明令禁止使用日語，或是原住民族語或是方言。無論是課上還是課下，在學校這個教育場域內，只有國語是被允許使用的，而日語及原住民族語都被劃歸至禁忌的範疇，並明確違者會受到懲罰。政策的實施落實到具體每一個老師、每一位學生身上，卻並不　定會嚴格遵守。光復初期的學校教師，大多數仍是日據時代的本地教師或是接受過日本殖民教育的原住民，他們接受了日據時代一整套的培訓，和日據時期他們所教的學生一樣，早已從肉體及精神上被規訓，堅守著原本的教學理念，延續著日據時代的教學風格。一時無法快速轉換教育模式的他們，在課堂上使用著蹩腳的國語授課，操著濃重口音的國語，甚至不時蹦出一些日語詞彙。學校裏的學生通常由附近部落的原住民及遷移至此的漢人組成，原住民學生初次接觸到國語，自然無法適應完全使用國語的授課模式，況且此時臺東地區的學校教師大多並不專業，對國語並不熟悉。在學校裏，原住民學生對於國語的學習更多的是力不從心。筆者在調查過程中，訪談此時期接受過國語教育的原住民老人，他們表示無法適應那時在學校的國語學習：

〔註 3〕訪談詳情：筆者與調查期間訪問臺東卑南族、阿美族、布農族部落耆老。

　　　　我們的老師就是我們原住民啊，他的國語講得很差呢，還教我們，我們都聽不懂。

　　　　有些老師是漢人，但是他會有口音，念課文很難懂的。

　　　　用國語講課會不習慣呢，之前都是日本人用日語講嘛，突然變成國語也很難接受，可能只有很小的小孩子能學會，就是沒有接受日語教育的那種。

　　　　我覺得國語很難的，你看現在我說國語還是不好呢，有些話不會講，用我們原住民族語才能說出來。〔註4〕

　　光復初期，當時大約 12、3 歲的卑南族孫菊花曾就讀於下賓朗部落附近的賓朗國小，接受了三個月晚教班的教育，她說：

　　　　光復後，我們學校就要求不能講日語了，說日語會被罰的。老師都用國語教我們，我們上課也是學習國語，學習拼音啊，學「b、p、m、f」啊這些，一開始會覺得很難呢，因為之前上過日本學校，老師會教日語的片假名什麼的，從來沒有接觸過國語和拼音，就覺得很難呢。家裏也沒有人會，只有在學校上課才能接觸到國語和拼音。後來就慢慢會一點點國語了，跟老師和漢人同學還學會了唱閩南歌。現在我的國語很不好呢，沒有我那幾個妹妹說得好，他們都一直在上學，有的還上大學，就去外面工作，和漢人接觸得多，國語就說得很好了。〔註5〕

　　在《一個臺灣原住民的經歷》中，生於 1956 年，臺東縣達仁鄉排灣盲眼詩人莫那能也講述了他同樣的遭遇：

　　　　我在求學之前是完全不會講國語的，像我們這一代的大部分還是講母語，雖然後來實施國語化政策，到學校就一定要講國語，可是只有老師不在，同學們直接講的還是母語，那時候叫方言，甚至有些問題就是用國語講不出來，嗯嗯啊啊之後，還是直接用方言講出來。可是老師都是漢人啊，我們要表達的東西用國語講不出來，就只好講母語。〔註6〕

〔註4〕訪談詳情：筆者與調查期間訪問臺東卑南族、阿美族、布農族部落耆老。

〔註5〕訪談詳情：孫菊花（女，卑南族），訪談時間：2019 年 12 月 19 日，訪談地點：臺東下賓朗部落孫菊花家中。

〔註6〕莫那能口述，劉孟宜整理：《一個臺灣原住民的經歷》，臺北：人間出版社，2014 年，第 35 頁。

那時學校裏的老師，有些是在日據時代就已經受到比較高等的教育，到國民政府時又把這些人再做一兩年的國語訓練，就分派到學校教書。比較早期的老師就是這樣子，差不多一半都是漢人。也有很多老師其實是外省老兵退下來的，有些可能是士官長之類，鄉音都很重，根本聽不懂他們在講什麼。〔註7〕

（莫那能妹妹所就讀的）那個國小是日據時期就建的學校，可是轉成國民政府之後，義務教育的師資是很差的。我們學校大部分的老師都是漢人，除了是漢人之外，有幾個還是國民黨退役的軍人，鄉音很重，他們自己國語也講不標準。原住民從小在部落裏成長，我一直到國小畢業，只要離開學校就幾乎是講母語，但現在不一樣了，現在到部落裏也都講母語了。因為以前我們父母這一代，絕大部分的父母不是講母語，就是講一點的日語，有些人的父母是有上過日本小學，所以第一次接觸國語就讀很辛苦。而且國語發音跟原住民發音差很多，有些音是舌頭一直繞不出來，像布農族念「六」就變成「拗」這樣。不但不標準還要記那些國字，國字以前沒有看過啊，像漢人來講，兩三歲的時候就陸陸續續接觸文字了，至少會有印象，但我們就很難，有時候明知道答案，但就寫不出來。那時候教育不只是沒有母語，而且那個國語如果是用口試的話，也許我還能用講的，問題是那時整個教育的考量，尤其到後來有一個「一元化政策」。就是說因為國民政府對臺灣原住民從意識等各方面都不是很瞭解，希望全部一元化，包括在文化上完全摧毀，實施漢人的思想。後來還有一個「山地平地化」的政策，他包裝的很好，說是要我們走向文明，排除迷信等等，這樣的政策造成後來很多原住民的價值觀，在進入學校後就一步步地被污名化。比如說用語啊，像祭司或者法師在部落應該屬有一定的社會地位，可是他們就用巫婆，巫婆他們的定義就比較迷信，或者是邪惡的象徵。在整個教育過程，我們在心理上很不容易接受，比如說像算術，一直是原住民的弱項，因為在原住民的歷史上幾乎沒什麼數字概念，沒使用貨幣買賣。如果有計算都是很簡單的，因為打獵也不可能幾萬隻，也沒有量尺，

〔註7〕莫那能口述，劉孟宜整理：《一個臺灣原住民的經歷》，臺北：人間出版社，2014年，第34頁。

衡量都是用目測或者比較式的。〔註8〕

　　再加上後來被派到部落的漢人老師，很多都是從城市被邊緣化的，可能不適任的才被派到部落，警察也是一樣，所以有些脾氣都很差，好像有點被發配邊疆的那個感覺。所以很多老師的性格都扭曲了，在處罰學生的時候是很屬害的，當然也不是全部啦，但只要碰到這種老師，學生就讀不下去了。〔註9〕

　　那時有些國小老師，部分是延續日本以番理番的政策，日本時期是先去讀農校，後來再選一些人去做警察，光復後則是農校轉成師範學校。〔註10〕

　　從以上材料中可以看出，光復初期臺東地區的原住民教育遵循徹底國語化的總體教育方針，但落實到各個學校的教學實踐中，卻收效不佳。一方面，教師的國語不標準或照例延續日據時代的教育及懲罰模式，教學效果大打折扣；另一方面，原住民學生對於國語的學習無所適從，難以達到同漢人一般的學習成效。同時，從莫那能的口述中，也可以看出光復初期，不僅針對教育推行「一體化」的政策，課程設置完全按照漢人的文化情境進行設計，忽視原住民的生活場景及文化圖樣，同時，對原住民的傳統文化及意識形態也同樣採取「去特殊化」的方式，忽略原住民獨有的文化特質，甚至將原住民的祭典儀式及宗教信仰視為迷信。這一系列政策的推行，欲將原住民劃歸至「平地人」的範疇，未考慮原住民族群在歷史文化與社會現實中的特殊性，而是採取統一的「一刀切」做法。

　　臺灣光復初期，除了普通學校施以一般教育外，在臺東設有實施職業教育的補習學校，這類補習學校目的在於輔助原住民獲得謀生技能。光復後直到1957年方裁撤的「臺東縣立山地農業短期補習學校」〔註11〕，前身隸屬於

〔註 8〕 莫那能口述，劉孟宜整理：《一個臺灣原住民的經歷》，臺北：人間出版社，2014年8月，第41～43頁。

〔註 9〕 莫那能口述，劉孟宜整理：《一個臺灣原住民的經歷》，臺北：人間出版社，2014年8月，第43～44頁。

〔註 10〕 莫那能口述，劉孟宜整理：《一個臺灣原住民的經歷》，臺北：人間出版社，2014年8月，第52頁。

〔註 11〕 成立於1928年，當時名為「臺東農業專修學校」，修業期限為三年，主要課程為種植水稻，招收對象為臺東的原住民。「學生自行開挖水圳，當時招收兩班，學生有一百人左右，以一百人的人力開始投入耕種的學習。」參見後山文化工作協會著，《臺東耆老口述歷史篇》，臺東：臺東縣立文化中心，1999年，第68頁。

日據時期所設「海端農業講習所」，該學校招收原住民學生，授以一年的農耕常識。1951 年為了配合推行改進原住民生活運動，加強原住民女性家務訓練，各鄉鎮遂設立「山地婦女家事職業補習班」，招收原住民女青年，授以縫紉、烹調、家務、婦嬰保健等課程。1953 年臺東縣政府於延平鄉開設「山地手工藝講習班」，招收原住民青年 60 餘名，開展竹、藤、木、編織等四門課程的教學活動；次年，由省民政廳接辦，並將講習所遷至海端鄉。但受限於當時的政治、經濟及文化發展狀況，這些針對原住民的社會教育收效不佳，對原住民的技職培訓產生的影響不大。

　　縱觀之，臺灣光復初期，臺灣的教育事業交由民政廳負責，原住民教育未被單列出來，而是統一歸屬於普通教育，意圖在於削弱原住民教育的特殊性，將其回歸至一般教育的範疇，提倡「山地平地化」是此時期的主旋律。此時期原住民的教育也無時無刻不和「脫日」的主旨掛鉤，從師資、教材到學校規範，從官方來看都試圖快速擺脫日據時代的殘留。另一方面，原住民的族群獨特性也被忽視，與一般民眾一視同仁的教育政策，抑制了原住民教育的發展。這使原住民陷入一種迷茫的狀態：「我到底是誰？」是部落的族人，還是擁有日本姓名的「國民」亦或是需要學習漢語的學生？這種迷茫代表著原住民對於自我認同及族群認同的混亂，隨後它也一直伴隨著 1963 年至 1987 年這二十餘年的原住民教育歷程。此期間，原住民的教育仍未得到重視，仍保持前一階段的「山地平地化」的原則，實施「漢化」政策，更進一步推廣漢語。

三、產生的問題

　　在這一時期，臺灣原住民接受的教育是以漢文化為主的統一模式的教育，「去特殊化」及「平地化」的教育方針，使得原住民接受著和其他「優勢」族群同樣的教育，一方面這種徹底推行國語的教育方式對於「去殖民地化」的迅速推進是有利的。但另一方面，普適性的教育方式和內容與原住民自身的語言、習俗、意識形態以及社會情境完全脫節，致使原住民內部產生社會組織解體、族語流失、文化凋敝、認同迷失等問題。這些問題逐漸凸顯，也進一步導致在上個世紀六、七十年代，原住民在臺灣社會發展中日漸處於邊緣化、較為弱勢的困境，並由此衍生出眾多不可忽視的社會問題。

　　從政策層面來講，此時期推行普遍的「漢化」教育政策，以期快速消除日據時期遺留下來「皇民化」的影響。但在教學方式、課程設置以及教材內容等

方面並未將原住民的語言、歷史傳統、社會風俗等納入考量的範疇，忽視了原住民的文化傳統及民族心性，原住民難以產生文化認同，極易產生文化斷裂；從學校層面來講，學校明令禁止講原住民族語，許多原住民學生一時無法融入漢語學習的教學方式及情境中，教育成效並不佳。「在傳統原住民的價值觀裏面沒有所謂的知識分子，漢人才有那種惟有讀書高的觀念，對知識很重視。原住民的生活裏面一直都沒有那種讀書是很重要的概念，包括家長跟小孩子本身，因為沒有跟外面接觸，也不知道知識的重要性，所以那時候大部分的人都把到學校當成是很不得已的事情，學生普遍的認真程度不高。」〔註12〕

原住民學生在學業上遠落後於漢人，常常輟學或早早外出打工，從事重體力的工作，為生計奔波勞碌。也是從這時起，原住民的學業及就業問題凸顯，成為關注原住民教育需要考慮的一個面向。從莫那能的口述中，亦能體現此時期原住民學業不佳而帶來就業難的社會問題逐步凸顯：

> （讀初中時）大概一半有去念初中的原住民學生都是這樣半工半讀。其實那時我們去念國中的人也不多，我那一屆國小畢業的大概二十幾個，男女約各一半一半，讀初中時女生只有兩個，男生大概八、九個，不是所有人都有去讀初中。〔註13〕

> 有些人在求學的過程中就不是很舒服，就不想讀書，因為讀書很累，還要被打，寧可去山上做工，也不認為讀書能夠做什麼。而且國小畢業後開始有生產力，家裏寧可讓你去工作，或者跟老人去打獵，又快樂又輕鬆。繼續讀還被老師修理，還那麼辛苦去背那些有的沒的，就這幾個原因，所以繼續讀書的人不多。〔註14〕

> 我那一屆很多女生其實國小畢業沒多久就嫁人了，在我國中還沒畢業時，至少就有六、七個就嫁人了。〔註15〕

出生於臺東地區蘭嶼的雅美族作家夏曼・藍波安在他的作品中有這樣

〔註12〕莫那能口述，劉孟宜整理：《一個臺灣原住民的經歷》，臺北：人間出版社，2014 年 8 月，第 44 頁。

〔註13〕莫那能口述，劉孟宜整理：《一個臺灣原住民的經歷》，臺北：人間出版社，2014 年 8 月，第 45～46 頁。

〔註14〕莫那能口述，劉孟宜整理：《一個臺灣原住民的經歷》，臺北：人間出版社，2014 年 8 月，第 46 頁。

〔註15〕莫那能口述，劉孟宜整理：《一個臺灣原住民的經歷》，臺北：人間出版社，2014 年 8 月，第 46 頁。

的描述：

> 在我二十歲那一年（1977 年），老海人帶我去嘉義，說，我們去做苦工搬水泥，賺你去臺北補習的費用。……我搬不到二十包，我的小腿開始抽筋，十根手指無法使力握住水泥，我沒辦法扛水泥了。……我做了六天便跑到另一個貨運行搬汽水。〔註16〕

筆者在臺東地區調查的過程中，也發現當問及此時期原住民的學業及就業狀況時，原住民表示大多數原住民學生的學業成績落後於漢人，這也給日後的找工作帶來了不少麻煩，高技術或技藝要求的工作他們無法勝任，只能從事程序簡單、但任務繁重、瑣碎的體力勞動：

> 我們原住民的成績不好嘛，考試成績都是不及格，根本比不上漢人吶。當時女孩子很早就結婚了，男孩子要去工作，但是沒有技術，只能去給別人打工，出賣勞力的那種。或者去種釋迦、包檳榔。幹的活很辛苦呢，可是也沒辦法呢，因為書讀不好，找不到工作呢。〔註17〕

能夠完成學業並找到心儀工作的原住民只是少數，他們或因自己有學習的天賦，或因家庭環境的原因，比如卑南下賓朗部落的孫氏家族的幾姐妹，他們或從事衛生所護士的工作，或成為行政人員。但這在當時的社會環境下只是極少數，大部分原住民無法完成學業，更難以找到合適的工作。

原住民新一代的意識到世界早已逐漸脫離部落邏輯與部落價值，原住民部落與家庭不再能夠擔負起族內成員人格養成及價值形塑的責任。經濟「推拉」力量的強人影響，也使原住民人口劇烈移動，海上、礦坑與都市鷹架，形成了新的「部落」，山地社會因而逐漸「空洞化」。經濟邏輯與錢幣邏輯，超越了「行政」力量，使原住民不自覺地「自我解構」。〔註18〕光復後的這一時期，原住民社會組織逐漸走向解體，在部落文化的急速流失中，他們對族籍的困惑，也讓他們在族群認同中逐漸迷失自我。

正如薩義德在《東方學》中論述的那樣，認為東方是落後的、原始的、野

〔註16〕夏曼‧藍波安：《冷海情深》，臺北：聯合文學出版社，2010 年 4 月第 2 版，第 7～8 頁。

〔註17〕訪談詳情：臺東地區阿美族，訪談時間：2019 年 12 月 1 日，訪談地點：臺東池上。

〔註18〕孫大川：《夾縫中的族群建構：臺灣原住民的語言、文化與政治》，臺北：聯合文學出版社，2010 年第 2 版，第 111 頁。

蠻的,甚至是無稽荒誕的,而相對地,西方則是理性的、科學的、文明的,因此,東方需要被西方殖民與教化。〔註19〕縱觀這一時期臺灣原住民教育政策,方可體味出「東方主義」的意涵,原住民教育的制定者帶著對於原住民的刻板印象,以高高在上的姿態忽視其族群的特殊性,漠視其文化價值,將統一的、帶有規訓色彩的「平地化」政策加諸於原住民。「山地平地化」政策幾乎全面改變了臺灣光復初期的原住民政策,甚至招致了原住民極大的反感。〔註20〕這一時期原住民的教育,就其教育內容而言,它是一元的教育,全盤施以漢語教育,否定原住民的文化內涵;就其教育目的而言,它意圖迅速擺脫日本的殖民陰影並且「去特殊化」,以此重構以漢文化「知識觀」為中心的教育體系。

第二節　原住民民族意識覺醒及多元發展時期

一、「原住民運動」與原住民教育發展

在20世紀80年代,經歷了光復後「山地平地化」的「同化」時期,隨著戒嚴體制下威權制度的逐漸鬆綁,臺灣社會逐漸開放,「本土化」浪潮蓬勃發展,亦波及原住民社會。同時,原住民社會面臨一系列政治、經濟、文化、教育等權利及地位的不平等問題。對內,臺灣原住民想要改變這局面,對外,他們受到國外其他原住民族群為爭取族群權利的感召,族群的文化自覺意識被喚醒。於是,在這種狀況下,我國臺灣「原住民運動」興起,他們以期凝聚本族群的力量,喚醒原住民族人的族群意識以及追求族群權利的觀念,以盼藉由社會運動的方式爭取原住民應有的權利及地位。

1983年5月1日,臺灣大學的一群原住民學生對內發行名為《高山青》〔註21〕的原住民刊物,旨在喚起原住民的民族意識,並且呼籲原住民各個族

〔註19〕參見(美)愛德華‧W‧薩義德著,王宇根譯:《東方學》,北京:生活‧讀書‧新知三聯書店,2019年第3版。

〔註20〕參見陳建樾:《從「化外」到「化內」——20世紀80年代之前的臺灣「原住民」政策述評》,《民族研究》,2003年第4期。

〔註21〕《高山青》創刊號中有關於喚起原住民民族意識的口號有:「山地青年們!奮起吧!沉睡了三、四百年,是覺醒的時候了!」、「山地人最優秀!最美麗!」、「我們必須要說,臺灣原住民正面臨著種族滅亡的重大危機!」引自謝世忠:《認同的污名——臺灣原住民的族群變遷》,臺北:自立晚報社,1987年,第111頁。

群要團結在一起。次年 12 月，包括原住民及漢人在內共計 24 人，於臺北馬偕醫院成立「臺灣原住民權利促進會」（簡稱「原權會」），積極推進原住民意識覺醒，提出原住民母語及教育問題的訴求。「原權會」是第一個以原住民為主要組成成員的非傳統的社會團體，同時也是泛族群組織，旨在有組織、有計劃地推展原住民的民族運動〔註 22〕，也是自下而上的原住民自我決策組織，具有跨時代的重要意義。1987 年，我國臺灣社會戒嚴後，「原權會」為爭取原住民權利奔走努力，在 1991 年原住民「正名運動」中，要求將「山胞」改為「原住民」，並成立「原住民族事務委員會」。

臺灣「原住民運動」實際上是建立在對歷史上民族同化政策的反思基礎之上的一種社會運動。〔註 23〕該運動的興起，推動了臺灣社會「熱點」逐漸向關注原住民的政治權利、經濟發展、文化及教育權利以及社會境遇等問題轉向。在這一運動的感召及影響下，社會各界也逐漸對原住民教育問題投去更多的目光。1983 年，臺灣「中央研究院」受託開展《山地行政政策之研究與評估》計劃，經過深入調查原住民地區，瞭解到當時原住民教育面臨諸多問題，如教育水平低下、偏遠地區原住民教育資源缺乏、經費與師資嚴重匱乏、原住民學生學業成效較差等問題。

原住民面對政治、經濟、文化諸多問題，一方面，他們面臨如何適應現代主流社會發展的問題；另一方面，他們又要思考在文化衝擊下如何保持自身文化的傳統及特質，並且還要跨越不同文化語境的差異，在文化接觸與文化變遷過程中，解決好二者之間的關係，成為此時期民族教育的首要任務〔註 24〕1988 年，「山胞教育委員會」〔註 25〕的成立欲改變以上原住民教育出現的問題，並以促進原住民適應現代生活，延續傳統文化為教育宗旨，這意味著在改善原住民教育環境、關注原住民學生教育問題的同時，也開始關注原住民傳統文化及語言的保護及傳承，並且強調原住民與現代社會的融合發展問題。臺東地區的原住民，在這一潮流的鼓動下，重新認知自己的歷史文化，各個族

〔註 22〕謝世忠：《認同的污名——臺灣原住民的族群變遷》，臺北：自立晚報社，1987 年，第 76 頁。

〔註 23〕參見陳建越：《從「化外」到「化內」——20 世紀 80 年代之前的臺灣「原住民」政策述評》，《民族研究》，2003 年第 4 期。

〔註 24〕參見滕星、蘇紅：《多元文化社會與多元一體教育》，《民族教育研究》，1997 年第 1 期。

〔註 25〕於 1994 年更名為「原住民教育委員會」。

群、部落也積極地推行尋根謁祖、重建歷史傳統的祭典儀式。

二、原住民教育的政策轉向

臺灣社會戒嚴後，隨著社會風氣開放、臺灣原住民族群意識的覺醒及高漲，原住民教育逐漸受到更多的關注。相應地，針對此時期原住民發展教育事業的需求及所面臨的諸多問題，許多政策性的文件陸續出臺，旨在改變前一時期對原住民教育「去特殊化」的教育宗旨，以期更加有針對性地完善原住民教育及文化發展的環境。

20 世紀 80 年代初，隨著頒布《臺灣省加強山地教育辦法》，在此辦法中明確提及具體提升原住民教育的實施方案，例如鼓勵教師前往原住民居住的山地進行任教、為原住民學生提供住宿補貼、原住民學生升學給予加分等優惠，原住民教育政策的實施方才有了起色。但與漢人教育相比，原住民的教育水平仍遠遠落後。進入 90 年代後，原住民教育問題得到普遍重視，相繼成立相關研究機構並頒布發展原住民教育的政策性指導規劃。1991 年在相關師院成立原住民教育研究中心，具有研究與輔導當地原住民小學教育的功能；1994 年正式實施《發展與改進原住民教育五年計劃第一期》，增強原住民與其他族群間的溝通與交流，保存並傳承原住民語言及傳統文化，並積極培養原住民人才。

雖這些計劃的實施略有成效，但因越少統領性的規範與綱領，而導致各項教育計劃與規劃各自為戰，並不能很好地協調原住民教育發展的總體方向及具體要求。而於 1998 年編訂的《原住民族教育法》則成為臺灣原住民教育發展史上的一大轉折，它改變了當時原住民教育發展缺乏「總指揮」的狀況，使得臺灣原住民教育及文化發展迎來新的契機。

1998 年頒布《原住民族教育法》旨在保障原住民的教育權利，並提升原住民的民族教育文化，以多元、平等的理念達至文化尊重及民族延續，促進族群長久發展為目的。該法將原住民教育與一般教育區分開來，分屬不同的行政機關管理，成為臺灣原住民教育政策的一大重要轉變。其中一般教育是指依據原住民學生的需求，對其施以一般性質的教育，而原住民的民族教育是指根據原住民不同的文化特質，對其施以傳統民族文化的教育。以下摘取《原住民族教育法》部分內容以作分析：

> 依原住民之民族意願，保障原住民族教育之權利，培育原住民

族所需人才，以利原住民族發展，特制定本法。

原住民族教育，應於多元、平等、自主、尊重之原則，推動原住民族教育，並優先考量原住民族歷史正義及轉型正義之需求。

原住民為原住民族教育之主體，原住民個人及原住民族集體之教育權利應予以保障。

應鼓勵各級各類學校，以原住民語言及適應原住民學生文化之教學方法，提供其教育需求。學校應運用行政活動及校園空間，推動原住民及多元文化教育。

推動教育政策，應促進認識與尊重原住民族，並鼓勵、補助非營利性機構、法人或團體，對社會大眾進行原住民族及多元文化教育。〔註26〕

從以上《原住民族教育法》的部分內容觀之，首先，該法圈定了涉及原住民教育的幾個概念，即一般教育、民族教育、原住民學校、原住民教育師資等。其次，有較大比例的內容是針對原住民的民族教育而設置的條例。從其內容可以看出，採取類似「雙軌制」的教育行政組織模式是教育制度上的創新之處。《原住民族教育法》的第二章至第六章分別從原住民學生的就學、原住民民族教育相關課程、原住民教育師資、原住民終身教育、相關評測與獎勵原則詳細展開原住民教育的具體實施規則，總體而言，均在保障原住民學生民族教育的權利，以及完善現行的教育制度及教育體制。細化的各項規定，將原住民民族教育的各個方面囊括在內，充分考慮家庭教育、部落（或社區教育）、社會教育與學校教育之間的互動關係。在該法令關於原住民的一般教育方面，則多提倡教育均等、公平等原則及理念，強調加強對原住民學生及培育的原住民師資給予政策性的傾斜，加強扶助性措施。相較於前一時期的原住民教育政策及行政命令，多注重一般教育的提升，並非將原住民具體教育實施單列出來，而《原住民族教育法》的條例則以原住民的民族教育為側重點，詳細劃分原住民民族教育的各個面向，呈階梯式地呈現具體操作的規定，極其細化的內容也表明對於原住民民族教育的重視程度。相對地，一般教育的規定則較少。

概括之，《原住民族教育法》有如下特點：

第一，從其指導思想及具體內容來看，該法是在教育機會均等的原則下制定的，關注在臺灣社會處於弱勢地位的原住民群體；

〔註26〕參見《原住民族教育法》。

第二，從法律的實施來看，該法提出了「雙軌制」的行政管理模式，細化的條例內容具有可實施性；

第三，從法律的時效性來看，該法在制定後根據原住民教育發展的狀況及新時代原住民的文化及教育需求，進行了修改與完善，有助於使得該法與當時當地的具體實際情況相呼應、相配合，從而有利於行之有效地推進該法的貫徹與實施。

可以說，《原住民族教育法》將視野轉向原住民的民族教育，一改前一階段全盤「平地化」的教育目標，強調原住民族群的特殊性，並在承認及認同這種文化特殊性的基礎上，從原住民教育及文化需求的角度出發，充分考慮原住民教育發展的各種因素，並在多元文化的路徑下，重新考量原住民的教育內涵，可將其視為原住民教育發展走向新階段的一個標誌。另一方面，該法律的頒布，意味著原住民教育強調民族教育主體性的建立，同時也更加注重發揮原住民文化的創造性，激發原住民教育的活力。此後，依據原住民教育發展的具體情況，《原住民族教育法》歷經幾次修改，以適應原住民的文化及發展需求。其中，2019 年 6 月 19 日公布施行修正後的《原住民教育法》，修正包含擴大原住民教育對象、加強各方合作、強化原住民參與及落實原住民教育課程、充裕原住民教育師資等內容。

三、多元文化教育的發展路徑

此時期，隨著時代的進步，思想的解放，歐美各國的新思想湧入我國臺灣社會，多元文化的理念成為此階段原住民教育發展的指路牌。臺灣原住民教育從之前單一的教育模式拓展至多元文化的範疇，並在強調文化尊重及民族主體性的基礎上，走向族群共生共榮。

（一）多元的社會文化環境

不同民族具有不同的文化特質，正是這些差異的存在反映了文化的多元性。通常在多民族社會，各個族群之間因文化特質、意識形式及價值觀的不同，形成了各色的文化樣態。在臺東地區生活著卑南族、排灣族、阿美族、魯凱族、布農族及雅美族等不同的原住民族群，他們擁有各自獨特傳統文化，如卑南族的「花環」文化、排灣族的「木雕」文化、布農族的「射耳祭」、雅美族的「飛魚祭」等，此外，除了生活在這片區域內的原住民，還有其他族群也生活於此，他們共同分享著臺東地區的豐富的自然及人文資源。同時，在人口

流動加快的社會，他們交錯雜居，用彼此熟知或略有生疏的語言互動交流著，他們的文化也自然而然彼此交互與關聯著，編織成了一張多元文化並存的社會互動之網。

　　筆者在調查過程中，發現臺東地區的原住民與非原住民群體聯繫密切，部分原住民群體因工作與生活交流的需要在與漢人的日常互動過程中，學會了客家話、閩南語等語言。如今原住民「部落」這個概念，已經將範圍擴大至「社區」〔註27〕這一語彙，將同一居住區域內生活的非原住民群體也包含進來，他們一道成為這一「部落」或是「社區」的成員，履行著各自的義務。臺東地區的南王部落位於臺東火車站附近，通達市區及附近鄉鎮，因其特殊且重要的地理位置，南王部落主乾道的兩旁分布著諸多商鋪，有早餐鋪、餐館、藥店、西點屋、超市等等。這些商鋪部分由住在南王部落的漢人經營，部分由南王部落的原住民經營，本部落的居民對於這些商鋪哪個是原住民開的，哪個不是原住民開的，都很清楚。他們並不會因為這些差別而有選擇地進行消費：

> 　　那家的蔥油餅很好吃呢，是漢人開的，很多人開車到這邊都要買來吃。有時候我不想做飯了，或者不知道吃什麼的時候我就會買來吃。它的味道很好呢，而且他家的辣椒很辣呢，很對我們原住民的胃口。還幾家早餐店啊，也都是漢人開的。也有好幾家賣檳榔店，有原住民在賣，也有漢人在賣，不會說要一定去我們原住民那裡買啦，因為開店的漢人也住在我們這裡，大家都很熟悉呢，沒有什麼差別呢。〔註28〕

臺東地區的多元文化背景也為原住民教育的多元發展提供了可能及必要。

（二）多元文化教育的發展路徑

　　從社會的角度來講，在多元文化共存的社會對於文化更具包容性，也給予多元文化更多的發展空間，多元文化的教育模式也成為一種必要與必然。多元文化教育的根本目標就是改變整個學校或教育環境的教育改革運動，以期達到使得不同人種、民族、社會集團的學生都能享有教育平等和學術均等

〔註27〕筆者在這裡使用「社區」的概念，指的是吳文藻先生所述社區是以文化的形態出現而作為抽象的社會的具體呈現。

〔註28〕訪談詳情：吳花枝（女，卑南族），訪談時間：2019 年 12 月 20 日，訪談地點：臺東南王部落吳花枝家中。

的目的，並提高所有學生的學業成就。〔註29〕因此，為了增強原住民的民族主體性，並使其適應現代社會的發展，同時為了保存及延續原住民傳統文化，保持其生機與活力，多元文化的教育路徑在臺東地區順勢發展起來。在原住民社會開展多元文化的教育，讓他們學習其他族群的文化，並且在課程的學習中要充分尊重原住民的文化特質及價值觀，並在民族文化的學習過程中呈現這些特質，使得原住民學生享有教育資源的權利。這種多元文化教育，在學者滕星看來是複合民族教育（Multiethnic Education）更進一步的形式，即複合民族在真正形成一個「共同文化群體」時，其教育才能成為更高一級的民族教育——跨文化教育（Cross-cultural Education）或多元文化教育（Multicultural Eduxation）。〔註30〕筆者認為這種多元文化教育是依託於多元共生的社會，在文化自覺的氛圍中產生的一種對於教育發展的文化需求。

在臺東地區，隨著原住民教育的立法，各類學校開設原住民族語以及文化教育課程，學校從課綱、師資配置、教學設施等方面，都在逐漸向多元文化教育靠攏。另一方面，一部分原住民知識精英為了原住民教育的權利在努力著，而非原住民的各界社會人士也在這樣一種氛圍下，呼籲給予原住民平等的教育資源及相關權利。

隨著時間的緩緩推進，到了 20 世紀 90 年代，隨著原住民族群意識的覺醒及高漲，以及多元文化的教育理念逐漸被廣泛接受，臺灣原住民教育亦逐漸走向尊重文化差異、發展多元文化、反對族群污名化、構建族群認同、傳承與保護傳統文化之路。此外，臺灣「原住民族委員會」於 2013 年開始施行「推展以民族教育為特色之學校本位課程」的教育計劃，立足於多元、平等、自主、尊重，鼓勵各校發展以原住民文化為特色的課程，以整合部落文化資源，傳承原住民歷史、語言、藝術、社會制度、傳統文化教育、生態利用、價值觀等文化內核，建立符合原住民學生學習需要的學校環境。由此，我國臺灣地區的原住民教育的多元文化體系有了雛形。

臺灣原住民教育自 20 世紀 80 年代後發生了很大的變化，從整體指導方針上來講，由「同化」轉為多元發展，具體教育政策的實施由扶助性轉為依據原住民文化發展需求的自主性路徑，行政管理上由分散式管理模式轉向依託

〔註29〕參見滕星、蘇紅：《多元文化社會與多元一體教育》，《民族教育研究》，1997 年第 1 期。
〔註30〕滕星：《民族教育概念新析》，《民族研究》，1998 年第 2 期。

原住民委員會的統領式管理模式，相應地，關於原住民教育及文化發展的政策及相關實施細則具體落實至地方，為原住民教育發展提供了法律保障。

2020 年 3 月，臺灣教育與文化部門發布教育報告顯示在《原住民族教育法》的基礎上，原住民的教育發展頗有成效。首先，在課程方面，已完成原住民各族語的語言教材；對開設族語課程的小學及初中提供經費支持；推動族語教師專職化，選聘 151 人專任族語教師。其次，在精進原住民師資培訓方面，8 所原住民族語重點培育大學中的 6 所開設原住民師資培訓班並提供師資公費學習的名額。再次，在保障原住民學生學習環境方面，2019 年補助初中、小學原住民學生的住宿伙食費，受益學生計 5881 人次；補助高中及相關附設進修學校就讀原住民學生的助學金以及住宿伙食費，受益學生計 13055 人次；推動原住民重點學校的校園改造工程。最後，在原住民人才培育方面，2019 年大專院校增加錄取原住民學生名額 11880 名；輔助 23 所技專院校推展原住民技職教育；補助 105 所大專院校原住民學生資源中心，提供原住民學生生活、學業及就業等一站式輔導，並成立 5 個區域資源中心，建立資源分享平臺，提供諮詢及經驗交流等。〔註31〕

這一時期，臺灣原住民教育從光復初期不加區別、「一刀切」的「山地平地化」教育方針，隨著原住民族群意識的覺醒及原住民尋求族群權利運動，已經變得更加開放與包容，並在多元文化教育的語境下，對於原住民自身文化給予了更多的關注與關懷，原住民在教育上的主體性文化需求得到了一定程度的滿足。但從我國臺灣社會整體的教育發展來看，在多元文化教育發展路徑下，臺東地區的原住民教育仍存在諸多問題。比如，原住民教育主題會議多次提及「多元文化」的概念，大部分論述重點仍在於提升原住民教育的水平，多數的解決方案仍停留在扶助性的措施，缺少了原住民參與的教育政策，仍然是以漢人想像原住民的需求所制定的，並沒有突破過去數十年來的原住民教育問題的癥結。雖然宣稱「多元文化」是原住民教育政策的方向、原則，但並不是用多元的師資來源、增加了鄉土語言教育，或是加強原住民體育舞蹈等文化課程，就代表多元文化的實施。尊重和承認應該是更核心的觀念。〔註32〕此外，在非原住民族群共享優質教育資源及文化發展成果的同時，偏遠地區的

〔註31〕數據來源於臺灣教育及文化部門報告：https://ws.moe.edu.tw/001/Upload/3/relfile/6397/71877/5ce93182-7751-4f8e-bafa-4ee7d5efbf0d.pdf
〔註32〕黃雅平：《以多元文化理論探討原住民教育政策之論述與實踐》，臺灣暨南國際大學公共行政與政策學系碩士畢業論文，2006 年，第 105 頁。

原住民仍無法獲得與他們同樣的教育發展資源與機會,這在臺東地區表現得尤為明顯。

小 結

隨著日本戰敗,日據時代的結束,臺灣光復。光復後至 20 世紀 80 年代,臺灣社會希望快速擺脫日本殖民的陰影,以期將整個社會徹底「漢化」。在「去特殊化」的進程中卻忽略原住民文化樣態及價值觀的特殊性,在原住民社會推行「山地平地化」的計劃便是如此。實際上,這種「平地化」的統一行政規劃,可視為文化「同化」的一種變體。由此,原住民教育亦在「平地化」總綱領的指導下,統一「徹底地」推行國語、禁止使用日語及原住民族語,從教育制式、標準乃至教育內容的同一,原住民教育與其他非原住民族群所學無異,處於以漢文化為中心「知識觀」的包圍下。原住民教育也在主流話語權的主導下,失去了其主體地位。

臺東地區的原住民對這種教育方針下的學校教育無所適從,在這個過程中逐漸消解了原住民的族群認同,他們不清楚自己是誰,亦不清楚自我群體在社會中所處的地位,他們只是官方口中的「山胞」,而在總方針的指示下,這些「山胞」都要被「平地化」。由此,在這一時期原住民關於生活及未來的困惑,伴隨著不確定的政治、經濟、文化、教育地位都逐漸顯現出來。「一刀切」的教育政策使得他們無法獲得更多的學業成就,進而便無法在就業中獲得優勢。另一方面,原住民傳統「知識觀」也在官方的「平地化」政策中不被認可,甚至將其視為封建迷信一般的「洪水猛獸」,進而逐漸走向衰落。

這一過程持續至 20 世紀 80 年代,經歷了「山地平地化」的「同化」時期之後,隨著戒嚴體制下威權制度的逐漸鬆綁,臺灣社會逐漸開放。國外新興思潮的湧入以及歐美「原住民運動」的蓬勃發展,我國臺灣地區也受到其影響,「本土化」浪潮蓬勃發展,亦波及原住民社會。另一方面,此時期的原住民社會面臨一系列政治、經濟、文化、教育等權利及地位的不平等問題,想要試圖改變這種現狀,我國臺灣地區的「原住民運動」在此背景下興起並蓬勃發展。臺灣社會的「熱點」也逐漸與原住民政治權利、經濟發展、文化習俗和社會境遇等問題密切相關。隨後,原住民的教育發展問題也引發社會各界的關注及重視。換言之,在一定程度上,臺灣社會的「原住民運動」對於原住民教育發展起到了助推器及加速器的作用。

　　原住民民族意識的覺醒以及文化自覺，使得他們在爭取原住民教育上有了更多的話語權。「原權會」的成立，標誌著原住民走上了自下而上追求民族權利之路，此後，原住民教育政策也在調研探討後，迎來新的發展階段。《原住民族教育法》在原住民教育發展史上具有跨時代的意義，它首次以法律的形式規定原住民教育發展的總體方針以及具體的實施方案，並提出以「雙軌制」的形式促進原住民教育改革及發展，它從制度上給予原住民發展教育充分的正當性及可能性，成為新時期原住民政策轉向的重要標誌。

　　隨著時代的進步與社會的發展，多元文化主義受到越來越多的關注。在原住民教育方面，提倡多元文化的教育發展路徑，對於臺東地區的原住民而言，是多族群社會的現實要求，同時也是原住民教育改革的發展需求。

　　從「山地平地化」時期，經過「原住民運動」的洗禮，原住民教育以特定專門的法律形式固定的下來，在總體綱領的指導下，原住民教育走向多元文化的發展路徑。可以說，多元文化教育路徑是在內外部權力共同作用下，在原住民傳統「知識觀」的基礎上所作出的選擇。

第六章　原住民教育現狀及發展困境

　　在經歷了日據以及光復後「同質化」的教育階段，臺東地區的原住民教育也在原住民族群意識覺醒以及多元文化的語境下，迎來發展的新契機。可以說，臺東地區原住民教育發展在總方針的指引下，呈現出較適應性的發展態勢。臺東地區的原住民面對變遷更加劇烈的現代社會，面臨與其他族群的競爭與共生，在多族群文化互動的過程中，其家庭、部落、學校以及社會教育均發生了改變，但同時也面臨多層級的發展困境。

第一節　家庭層面

　　家庭是在社會中最小規模的社會功能團體，亦是組成整個社會不可或缺的重要組成部分。它正如構成人體的一個個細胞，在整個大的生命循環中發揮著至關重要的作用。在臺東原住民的社會中，家庭亦不例外，它是各個族群、部落之下最小的組成單位。如今，臺東地區原住民家庭的家庭結構發生變化，它對於傳統民族文化的教育功能已逐漸減弱，家庭傳統的民族教育亦有衰落之勢。原住民家庭教育的現狀及發展困境主要體現在以下五個方面，即族語教育的消沉、隔代教養、父母對教育漠視、酗酒影響家庭教育功能及部落事務參與度低等方面。

一、族語教育的消沉

　　語言文字承載著一個民族的歷史記憶和文化圖像，是一個民族歷史的銘刻，也是文化生命之所在。更重要的是，它更是民族認同的來源及基礎。語言

文字不但是區分自我與他者的重要標誌，也是整個人類文明的珍貴寶藏。從某種角度來說，對一個民族語言文字的尊重與保存，乃是民族平等最起碼的要求，語言文字的不平等，在一定意義上來說，也顯示了政治、經濟和文化上的不平等。〔註1〕母語是代表一個民族身份的語言，是蘊藏一個民族的文化生命，是承襲祖先的經驗智慧及延續部落傳統文化之核心，也是一個族群傳統「知識觀」的載體。臺灣原住民在歷史上有語言無文字，語言對於原住民的民族教育及文化傳承極為為重要。

「就其現實的本質來看，語言是某種持續地每時每刻消逝的東西。」〔註2〕臺灣經歷日據時代長達50年的殖民統治，光復後又在「山地平地化」的總方針下指導原住民脫離原先的文化傳統，學習迅速融入「平地社會」。孫大川認為「『山地平地化』的政策，對原住民而言，實乃山地社會、經濟現代化之名，行民族同化之實。」〔註3〕臺灣原住民的傳統母語文化在閩、客為主不斷湧入的漢族文化的壓迫下，面臨逐漸消亡的困境。

當今臺東原住民家庭中，原住民族語流失問題依然嚴重，多數原住民成員之間已無法完全使用同一種族語進行交流。這種現象在原住民的核心家庭中更為明顯，中青年的父輩成為社會運轉及生產的主力，他們融入主流社會，多與漢人打交道，或是從事服務業，日常溝通交流必備的是漢語，而並非原住民的族語；他們年幼的孩子接受義務教育，在學校的教育中無法獲得原住民族語的全面學習及認知，社會主流的教育觀念及晉升考試也是與原住民族語關聯度較少，孩童放學回到家，與家長交流也是多使用漢語，原住民族語的使用時少之又少，最多只有零星的族語詞彙及簡單的短語。

與此相比，原住民的擴大家庭相對較好一些，因祖輩尚在，他們對於本族族語的掌握程度較高，在日常的家庭生活中，後輩耳濡目染可以習得族語。但這樣的家庭也同樣存在著不少問題：首先，祖輩多年事已高，筆者在調查中發現，如今能熟練用族語交流的老人在臺東地區的各個原住民部落已為數不多，甚至寥寥可數，在這些數量不多的老人中，有一部分老人的記憶力、理

〔註1〕孫大川：《夾縫中的族群建構：臺灣原住民的語言、文化與政治》，臺北：聯合文學出版社，2010年第2版，第9頁。

〔註2〕〔德〕海德格爾著，孫周興譯：《走向語言之途》，臺北：時報文化出版社，1993年，第214頁。

〔註3〕孫大川：《夾縫中的族群建構：臺灣原住民的語言、文化與政治》，臺北：聯合文學出版社，2010年第2版，第11頁。

解力及表達力因年齡問題導致日常溝通並不順利，後輩更是無法在日常對話中學習族語；其次，筆者在調查中發現，祖輩通常未接受完整的教育，因此大多文化程度不高，對於原住民部落文化相關話題，他們無法解釋更深層的文化意涵，故對於後輩的族語及原住民文化的教育則更為淺層及表面，並不能真正觸及原住民族語教育的文化內核；最後，在擴大家庭裏，因中青年的父母多外出工作，家庭只剩下祖輩及後輩，祖輩負責後輩的日常生活，因年齡及社會經驗的不同而產生的文化代溝，後輩並不在意祖輩傳授的經驗，包括原住民族語。

據筆者調查期間的觀察，在臺東的原住民家庭中常使用如下三種語言：1. 原住民族語，2. 日語，3. 包括漢語、閩南語、客家語。將各個語言按照其對話的流暢程度劃分為「流暢」、「較為流暢」、「不流暢」及「聽不懂」四個層級，筆者將調查結果製成如下表格：

表 6.1　臺東原住民家庭語言使用狀況

語言程度 年齡層	流　暢	較為流暢	不流暢	聽不懂
60 歲以上	1、2	2	3	3
40～59 歲	1	1	2、3	2
20～39 歲	3	1、3	1	1、2
19 歲以下	3	3	1	1、2

據上表可知，臺東地區 60 歲以上的原住民能夠熟練使用原住民族語及日語進行日常交流；40 歲以上、60 歲以下的原住民熟練掌握原住民族語，對於日語及閩南語、客家語則不太熟悉；20 歲以上、40 歲以下的原住民熟練使用漢語、閩南語、客家語進行溝通，對於原住民族語的掌握程度參差不齊，但都沒有漢語、閩南語及客家話那般熟練；而 19 歲以下的原住民能夠熟練運用漢語、閩南語或是客家話與人溝通，對於原住民族語較不熟練，對於日語則完全聽不懂。由此可見，在每一個年齡層對於語言的選擇及使用，都具有各自的特點，他們都選擇自己更為熟悉的語言作為溝通交流的工具，並在此基礎上形成各自不同的人生觀、價值觀及世界觀。

筆者在調查時，借宿在臺東南王部落的吳花枝阿姨家，發現已 80 歲的吳花枝阿姨可以流暢地使用日語與別人打電話，並且可以流暢地全程使用日語

與前往拜訪的日本學者進行交流，但花枝阿姨的漢語說得卻不是很流暢。在筆者調查中，發現這一現象在臺東地區年齡 75 歲以上的原住民群體中很常見，他們通常依靠原住民族語進行溝通與交流：

> 我的國語講得不好，有很多東西我用國語講不出來那個意思，只能用我們的族語才能講出來。我和我的朋友們，姐妹們在一起會講族語，現在很多年輕人都聽不懂族語了，你跟他講族語他們也不會聽、不會講。〔註4〕

> 我的普通話你們能聽懂嗎？我說的不標準呢，害怕你們聽不懂呢。我們和家人朋友在一起聊天用族語比較多，但是去買東西、出去吃飯，或是和像你們這樣的年輕人講話就要用普通話了，不然別人會聽不懂我在講什麼。〔註5〕

花枝阿姨近 40 歲的兒媳婦則完全聽不懂日語，但是她卻可以流利使用漢語和閩南語，說原住民族語也較為流暢，可以和花枝阿姨用族語進行交談。臺東地區的原住民青少年與兒童則完全不能使用日語交流，他們日常使用最多的語言為漢語，與漢人的跨族婚姻家庭中的青少年通常也會講閩南話及客家話。而對於原住民族語的使用，他們並不如長輩那樣流暢，僅僅掌握一些較為簡單的對話及詞彙，甚至一些生活在都市區或是遠在他鄉求學的青少年已無法聽懂族語，更是無法使用族語與家人交流。

家庭環境對於早期原住民兒童族語的學習至關重要，他們可以在日常的生活情境中通過與家人的互動，潛移默化地學習族語。但如果失去家庭這個良好的學習環境，族語學習將異常困難：

> 我的女兒小時候在兩三歲時，會講南王和賓朗的族語，而且她也能說得很好。因為她的爸爸，也就是我的先生是南王的，而我是賓朗的嘛，所以她都會講呢。通常我女兒一回到家，她爸爸就會跟她講族語，我們都是用族語交談的。但是我女兒四歲的時候，我們一家就搬去桃園那裡了，在那裡我們周圍的鄰居和朋友都不是原住民，跟他們將族語他們也聽不懂啊，就不會用族語了。就這樣我們

〔註 4〕 訪談對象：吳花枝（女，卑南族），訪談時間：2019 年 12 月 1 日上午 12 時，訪談地點：臺東縣卑南鄉南王部落吳花枝家中。

〔註 5〕 訪談對象：孫秀女（女，卑南族），訪談時間：2019 年 12 月 21 日下午 17 時，訪談地點：臺東縣卑南鄉下賓朗部落孫秀女家中。

在家也很少講族語了，而且我女兒到上學的年齡去上學，學校也都

學習國語，她就慢慢地把族語忘記了。〔註6〕

如今，臺東地區原住民家庭中族語的教育逐漸式微，大部分年輕人無法使用流暢的族語與人交流，能夠使用族語的僅為上了年紀的老一輩。因年輕人學業的繁忙或是外出工作的需求，他們常常失去了在家與祖輩學習族語的機會，由此導致族語教育在原住民家庭中失去了原有的地位。

二、隔代教養的問題

針對我國臺灣地區而言，通常都市化程度較低的地區，其隔代教養的比例較高，如花蓮、臺東、嘉義、苗栗、宜蘭等地。筆者在臺東調查中發現，在小學階段，原住民群體隔代教養比例高於其他非原住民群體。在原住民部落，青壯年多外出打工，進入都市、遠離部落，或因離異分居等原因，造成部落多以老年及兒童為主，由此帶來隔代教養及單親家庭等問題。與祖輩「留守」在部落的兒童，與祖輩溝通不暢，且祖輩易對孫輩極度放任，遇到教育問題時，通常採取消極的態度，不會積極尋找問題解決辦法。部分家長認為學校老師應承擔教育學生的重要責任，卻常常忽視了家庭教育的重要性。由此，常常導致原住民兒童生活和學習狀態不佳，而遠在都市工作的父輩卻並不知情。待到父輩瞭解到孩子的學習狀況，多數已難以補救，孩子學業成績差面臨無法完成學業的困境，只能輟學或跟隨父母外出打工。其次，隔代教養及單親家庭也常常因為經濟原因，無法負擔得起子女額外的教育費用，致使教育中斷。此外，隔代教養及單親家庭更易造成原住民兒童的心理問題。祖輩與孫輩因觀念不同導致溝通不暢，且祖輩大多年事已高，無暇顧及孫輩的心理變化，如青春期的「叛逆」；單親家庭也因缺失父母一方的愛，常常導致性別教育及兩性教育的缺位。

筆者在調查臺東地區調查期間，走訪了卑南族、阿美族、布農族等原住民部落，發現這些部落以老年人及年幼或學齡青少年居多，青年及中青年較少：

年輕人大多都不在部落了，他們都外出打工了，有的去臺北啊，

有的去花蓮，還有的去南部，現在部落剩下的就是老人和小孩子。

在部落裏沒有工作可做呢，只能種釋迦，去包檳榔，每天掙的錢很

〔註6〕訪談對象：孫菊花（女，卑南族），訪談時間：2019 年 12 月 19 日下午 15 時，
　　　　訪談地點：臺東縣卑南鄉下賓朗部落孫菊花家中。

少呢，又辛苦。年輕人去外面打工，等到年末大獵祭的時候他們都
會回來，等到大獵祭結束了，他們就又回去了。〔註7〕

臺東地區原住民社會主要的家庭結構為擴大家庭或核心家庭，但一部分核心家庭常常因為父母需要外出打工或工作，便將孩子交予孩子的祖輩幫忙照料，所以，在一定意義上，臺東地區原住民家庭隔代教養現象較為常見。此外，「單親」狀況也同樣存在。吳花枝阿姨的鄰居L便是一個典型例子。正在讀中學的L和奶奶、爸爸、妹妹、弟弟三代住在花枝阿姨家的隔壁，早先L的媽媽在L父親出門工作時和其他的男人好上了，於是媽媽就離開家、離開L。因父親總是忙於工作，他的生活基本由奶奶照顧，而母親「遠走他鄉」在一定程度上影響了L的心理。吳花枝阿姨說：「他以前跟我說他媽媽是不是不愛他了，不然怎麼會拋棄他跟其他的男人走掉，不要他了呢。」〔註8〕母親的出軌曾經有一段時間讓L產生「媽媽是個壞人嗎？」、「媽媽是不是不愛我了」這種疑惑，繼而對自己是否哪裏做的不好惹得媽媽離開而深深自責及內疚，那時因年齡小，沒有人可以正確疏導他的不良情緒，也導致他上課無法集中注意力聽課，影響到了學業。L已經進入青春期，身心發育都有了較大變化，因母親不在身邊，導致兩性教育的缺失，他遇到一些問題時，無法與父親溝通，也因羞於啟齒無法與奶奶交流，每當這時候，他就會來找吳花枝阿姨，告訴她自己關於青春期的疑惑：

他會跟我說一些心事，因為他媽媽不在嘛，他跟我很親，什麼都會跟我講呢。之前他跟我講說他們學校有男生和女生在男廁所性交呢，他就趕緊跑出去了。然後學校老師發現了，就通報批評了那兩個人，還要他們家長來，領它們回家要他們退學呢。我就跟L講，你可不能這樣，你在學校要認真學習，不要去做這些。他說他知道呢。他很乖的孩子，就是媽媽不在身邊，很多事他都不瞭解，也沒人教給他，跟他講這樣。〔註9〕

米德將代際之間的矛盾認為是文化傳遞的差異，即在全新的時代，前喻

〔註7〕 訪談對象：吳花枝（女，卑南族），訪談時間：2019年12月4日晚8時，訪談地點：臺東地區南王部落吳花枝家中。

〔註8〕 訪談對象：吳花枝（女，卑南族），訪談時間：2019年12月4日晚8時，訪談地點：臺東地區南王部落吳花枝家中。

〔註9〕 訪談對象：吳花枝（女，卑南族），訪談時間：2019年12月4日晚8時，訪談地點：臺東地區南王部落吳花枝家中。

文化（「老年文化」）不可避免地喪失了傳喻的相應價值，而後喻文化（「青年文化」）的崛起帶來了代際之間的對立與矛盾。〔註10〕兩代人因觀念以及看待事物的出發點不同而產生代溝，相應地也產生了兩代人的衝突與問題，影響新一代原住民的教育成效。

總體而言，隔代教養及單親家庭的現象在臺東地區的原住民群體中較為常見，對原住民青少年的身體健康及學業發展產生了一定的負面影響。

三、父母對教育的漠視

李亦園在上個世紀 70 年代末，對臺東地區所做的原住民青少年調查，顯示當時原住民父母大多希望他們的子女在小學畢業時就不再繼續學業，而是在家中幫忙生計，大多數家長對子女的教育不聞不問，不督促他們寫作業，甚至不對他們在學業上有更多的干涉，有很多父母甚至根本不肯拿出更多的錢為子女購買學習用品，原住民學生在家庭環境下得不到任何就學向上的鼓勵。此外，家長更是認同讀書無用論，多讀三年的書則是浪費時間，三年打工賺的錢都可以準備一份娶妻的聘禮了。〔註11〕時至今日，隨著社會經濟的快速發展及時代的變遷，臺東地區的部分原住民也愈加重視對女子的教育，甚至一部分則不惜財力送子女至有更多更好教育資源的都市區完成學業。但不可否認的是，因經濟、父母受教育水平較低、及早婚早育等原因的影響，臺東地區仍存在部分原住民家長對子女教育漠視的現象。這種對於子女教育的忽視，通常表現為家庭教育的缺位以及忽視、不重視學校教育兩個方面。

筆者在調查中，遇到一個在南王國小上小學的女生 H，她的家在臺東縣卑南鄉十股社區。一天晚上她在下賓朗部落旁的花東縱谷景區管理處參加課外補習後，管理處的負責人孫賈尚軒〔註12〕開車送幾個女生回家，筆者也一路跟隨。到了十股社區這個女生的家門口，她打開車門，和我們說了再見，便走向門口圍坐在一起的家人身邊。只見女生的四、五位家人在門口圍坐在一張不大的桌子旁聊天打發時光，看到我們送女生回家也沒有任何反應，只是

〔註10〕參見〔美〕瑪格麗特·米德著，周曉虹、周怡譯：《文化與承諾：一項有關代溝問題的研究》，石家莊：河北人民出版社，1987 年。

〔註11〕參見李亦園：《臺灣土著民族的社會與文化》，臺北：聯經出版社，1982 年，第 444 頁。

〔註12〕孫賈尚軒家住在臺東下賓朗部落，男，卑南族，在花東縱谷景區管理處工作，通常工作日組織附近原住民學生來管理處的二樓，對原住民學生進行義務性的課後輔導。

抬頭看了我們幾眼。女生回家和爺爺奶奶打招呼，兩位老人笑了笑就繼續和
家人聊天。

> 你看吶這個小女孩的家長都不怎麼管孩子的，無論是生活還是
> 上學，都不上心。像他們這種就是很底層的家庭，都是小媽媽，很
> 難把自己的小孩照顧好，就更不用說對他們的學業用心了，況且他
> 們自己都沒有讀書，更不知道怎麼教小孩。那老人家就更不知道了，
> 只能說保證這個小孩有飯吃能吃飽這樣，其他的也沒辦法做得更多
> 了，就更不要提家庭教育了。上學的話，也一點不關心學業啊成績
> 這種，小孩子考得好考得差，他們也都沒關係的。像我們給她輔導
> 功課，他們也覺得沒所謂。這種情況在我們這邊還不少，我們也很
> 難辦啊，不知道能何如改變。〔註13〕

孫賈尚軒口中的「小媽媽」指未達到法定婚育年齡的女性懷孕生子，由於
年紀尚小被稱為「小媽媽」。如孫賈尚軒所述，臺東地區原住民群體中「小媽
媽」並不罕見，她們常常自身未接受教育或是早早輟學，在家裏安排下早早成
婚，或是外出打工遇到合適的男性便同居懷孕，自己的身心仍未成熟便提早做
了母親，誕下子女後並不知道如何教育子女，只能依靠家中的父母共同照顧子
女。在這種情況下，父母對子女的家庭教育常常是缺位的狀態，他們只能給予
子女基本的生存環境及條件，而對於子女的教育則常常忽視。等到子女到了該
上學的年齡，家長只是照例送子女去學校學習，但常常無法輔導子女的功課，
對於孩子的學業亦沒有更高的期待，聽之任之，更不用提子女未來的教育及人
生規劃。

除了「小媽媽」這種較為特殊的群體以外，筆者在調查中發現臺東的原住
民群體中仍有部分家長對子女的教育採取漠視、忽略以及較為消極的態度。在
訪談中一部分家長明確表示自己沒有能力管孩子的學業，「我們自己都沒有文
化，沒有讀過書，怎麼教小孩子呢」、「現在小孩子的功課我們都看不懂，沒有
辦法輔導他們做作業」、「我們上班天天很忙的，小孩子的學習我們搞不來」；
另一部分家長則不重視子女的學業，「我們的小孩子讀書很差，可能就不是讀
書的那塊料，反正出來還不是一樣要去打工啊」、「小孩子的學習有學校老師
教啊，我們家長又不是老師」、「義務教育嘛小孩子都是要上學的，他們上學就

〔註13〕訪談人：孫賈尚軒（男，1975年生，卑南族），訪談時間：2019年12月2日
晚20時，孫賈尚軒的車上。

好了嘛」。雖有部分原住民家庭較為重視子女的教育，但其中大部分多為原住民與漢人婚配的家庭，他們會比原住民家庭更為重視子女的教育，不惜財力將孩子送到臺東市區的學校或是臺灣北部、南部等都市區域的學校就讀，期望自己的孩子能夠獲得更大的成績提升及學業成就。

家庭教育作為聯結學校教育的關鍵部分，對原住民青少年的成長發展有著極其重要的意義。父母對於子女教育的漠視，在一定程度上阻礙了原住民教育的發展。孫賈尚軒義務為附近的原住民兒童放學後輔導功課，但他認為如果父母不參與子女的教育，單純地依靠學校教育或是課外輔導，效果仍不佳：

> 很多情況下我們也都是心有餘而力不足。上次那個小孩就是小媽媽照顧，他們照顧不好小孩，因為經濟條件不好，他們對於教育首先關注的是要不要付錢，會不會提供餐食這些問題，不會真正關注小孩的教育環境和他想要什麼。〔註14〕

四、酗酒影響家庭的教育功能

臺東地區的原住民有各自傳統的釀造方式，釀造酒的品類也不盡相同。在原住民傳統文化生活中，釀酒及飲酒的情境均與其生產生活密切相關，例如恰逢祭典儀式、節慶農作、人生禮儀等重要時刻，才會與家人、友人歡聚飲酒狂歡。同時，酒也是原住民祭祀祖先必不可少的祭品，每當重大節日他們端起酒杯祭祀祖先，用手指蘸取杯酒中的酒向天空中播撒幾滴，再向地面撒幾滴，再向前方撒幾滴，意味著「敬天、敬地、敬祖先」。在這種意義上來說，酒是他們與祖先溝通的途徑，通過對祖先敬酒表達對祖先的尊敬與懷念，以期祖先保佑。連橫在《臺灣通史》所載：

> 番社則以黍釀之，親朋相見，以此為歡。亦既醉止，載歌載舞，頗有太古之風。番俗凡有罪者，課其牛酒。一飲之後，嫌疑盡釋，故無用刑之罰。……然番既嗜酒，酗飲之後，每至償事，挾彈而出，殺人為雄，其性然也。〔註15〕

後半段關於臺灣原住民飲酒行為描述與野蠻、出草及嗜殺聯繫在一起，得出「其性然也」的民族中心主義的偏見結論，並不能完全使人信服，但前半

〔註14〕訪談人：孫賈尚軒（男，1975 年生，卑南族），訪談時間：2019 年 12 月 26 日上午 10 點，臺東縣卑南鄉花東縱谷景區管理處二樓孫賈尚軒的辦公室。

〔註15〕連橫：《臺灣通史》，臺北：臺灣銀行經濟研究室，1962 年，第 606 頁。

段對於臺灣原住民飲酒行為的描述則可以信之。

　　事實上，臺灣原住民群體飲酒的行為，通常只出現在特殊的神聖節慶中。再加之小米豐收後留下製酒的小米數量有限，所以小米酒是稀少而珍貴的。故原住民傳統上，其飲酒行為通常在祭典節慶時方可見到，一般日常他們很少接觸到酒。〔註16〕

　　但隨著與外來文化接觸及時代的變遷，臺灣原住民被捲入資本主義的生產方式，他們生活中的「酒」從神聖儀式過渡至世俗商品，由此酒的文化意義發生改變。認為在前資本主義生計經濟時代，生產力不足、集體所有制，此時是「神聖的酒」，在資本主義化後，變為「商品的酒」，在遭遇就業難、失業率高的現實困境，原先原住民部落的社會組織瀕臨瓦解，此時又轉變為原住民手中「澆愁的酒」。〔註17〕

　　上個世紀70年代，李亦園對煙酒事業的調查顯示，從1972年至1978年的六年間，我國臺灣地區每人每年耗酒量由22.5瓶增長至37.3瓶，而臺東地區原住民雅美族由27瓶急劇增長至62.2瓶。〔註18〕許木柱在上個世紀末研究中指出，臺灣原住民群體中酒精濫用及酒精依賴的盛行率在泰雅人為30.2%與21.5%、阿美族為27.1%與17.1%、布農族為23.5%與32.0%、排灣族為23.7%與23.7%，均明顯高於漢人的3.4%與1.5%。〔註19〕陳憲明及汪明輝的研究指出1986年以前原住民飲酒以米酒居多，1987年後啤酒的消耗量才超過米酒，1989年啤酒的消耗量已占55.4%，遠超米酒的33.7%。相較於傳統飲酒，現代原住民飲酒除量明顯增加外，亦不受特定的祭儀和情境的限制，飲酒場合大致分為：祭典節慶時飲酒、為增進人際關係之非日常性飲酒、為休閒、嗜好、消悶解愁的日常性飲酒，以及失去工作能力之酗酒者的飲酒。〔註20〕

〔註16〕楊士範：《地方方志、原住民飲酒描述與族群政治——一個知識社會學角度的考察》，《臺灣原住民族研究季刊》，2012年6月第5卷第2期。

〔註17〕參見夏曉鵑：《失神的酒：以酒為鑒初探原住民社會資本主義化過程》，《臺灣社會研究季刊》，2010年3月第77期。

〔註18〕姚克明：《雅美族與健康有關的生活方式及其特異的衛生觀念與行為之調查研究》，臺北：臺灣省公共衛生研究所，1982年。

〔註19〕許木柱：《臺灣原住民飲酒問題的社會文化因素研究》，臺灣科學委員會專題研究成果報告（編號NSC85~2331-B001-060-M31），1996年，轉引自高慧娟、呂芳川：《原住民勞工節制飲酒改變歷程之探討：以東部某部落為例》，《慈濟大學人文社會科學學刊》，2015年8月第19期。

〔註20〕陳憲明、汪明輝：《臺灣山地鄉的酒類消費與飲酒問題》，《師大地理研究報告》，1993年第20期。

　　筆者在臺東地區的調查中，發現該地區原住民日常生活及儀式慶典均有酒的參與。朋友小聚常常飲用啤酒，祭典儀式常常飲用米酒或白酒。通常，原住民的酒量與非原住民族群相比較大，他們在飲酒後情緒變得更加高漲。在與他們的交談過程中，他們認為喝酒可以讓自己放鬆，遇到開心的事情會與朋友飲酒慶祝，若遇到不順心的事情也會「借酒澆愁」，依靠酒精暫時麻痺自己。在受訪的原住民之中，有部分原住民表示「我們原住民就是能喝酒」或是「喝完酒才能唱得更好跳得更好」。但同時，也會有部分原住民存在酗酒的不良行為，濫用或酒精依賴使得他們無法正常工作，在酒醉後不受控制的行為也會影響到人際交往。

　　正常、合理且適量的飲酒無可厚非，若是酗酒，則會給自己的健康造成傷害，也會給子女帶來不良影響。酗酒者酒後易脾氣暴躁，無心工作，影響夫妻關係，導致家庭爭吵不斷，家庭氛圍不融洽，影響子女的心理健康，另一方面由於家長酗酒，對於子女缺少監督與教養。有研究探討酗酒者子女的原生家庭對其的影響，認為酗酒是子女心中揮之不去的噩夢，令子女蒙羞，使得子女與酗酒父親的親情逐漸變淡，子女與父母缺少情感上的互動及語言上的溝通，往往極易造成家庭的破碎。〔註21〕筆者在臺東地區調查期間借宿於南王部落的吳花枝家中，曾於一天晚上 10 點左右，聽見鄰居 L 家傳出叫罵聲，我們和花枝阿姨一起出門查看，發現一位中等身材的男性，手中拿著酒瓶，滿臉通紅，渾身散發著濃烈的酒氣，在 L 家門口大聲吵鬧，L 和姑姑拉住他，但是他仍然滿嘴罵罵咧咧，四周鄰里在一旁圍觀，對這個中年男性指指點點。花枝阿姨告訴我們，這個人是 L 的父親，「他就是很愛喝酒呢，喝很多酒，喝完酒就會這樣，L 都拉不住他，他還會罵人呢，罵得很難聽。」第二天早上，花枝阿姨對我們說一大早 L 就來找她，告訴她昨晚爸爸喝酒後鬧事，給鄰居添麻煩了，吳花枝阿姨說：「L 早上來找我跟我講，昨天他爸爸那樣子，真讓他很丟臉呢，L 都不想理他了。」L 的爸爸終日忙於工作，內心的苦悶和生活壓力往往借助酒精得以發洩。L 父親每每飲酒過後，總喜歡大聲講話或是對 L 姊弟進行指責，即將念高中的 L 在 2019 年已經穿上了晉升的「藍裙子」，〔註22〕隨著年

〔註21〕陳佑升：《酗酒者子女的原生家庭經驗》，臺南大學諮商與輔導學系碩士論文，2009 年。

〔註22〕在卑南族的傳統中，符合年齡的青年男性在「少年猴祭」儀式過程中晉升上一階層，而「藍裙子」則是晉升為「服役級」的標誌，意味著他們要接受嚴格的訓練，並為「族父」服役，承擔起保護部落的重任。

齡的增長，L 對父親酒後行為愈加感到羞愧，他也曾和父親溝通希望父親能夠少喝酒、能夠控制自己的行為，不要給家人及鄰居造成困擾。L 的父親因忙於工作且喜飲酒，常對 L 姊弟的學業無暇顧及，L 姊弟的日常學習及生活多依靠奶奶和小姑在照顧。

此外，在調查中筆者發現，父母酗酒會造成子女模仿其行為，沉溺於酒精依賴，影響自身的身心健康及學業發展。

五、部落事務參與度低

從家庭對於部落事務參與程度的層面來看，臺東地區的原住民家庭中家長大多文化程度較低，對於參與原住民教育及部落的社會教育等事務並不積極。另一方面，人口的快速流動使得跨族婚姻並不罕見，在臺東地區通常表現為與其他族群的原住民通婚、與漢人通婚及跨國婚姻這三種形式。其中，跨族婚姻對於部落事務的參與程度低於非跨族婚姻家庭。

筆者在臺東地區調查時，發現部分跨族婚姻的家長並不希望自己的孩子加入少年會所、參與嚴苛的訓練活動。2019 年末正是卑南族舉行「少年猴祭」的時節，像往常一樣，南王部落的少年都要經過上級的「鞭笞」〔註23〕，這是一種對忍耐心的考驗，也是對於上級絕對服從的訓練。「少年猴祭」的當天，筆者跟隨卑南少年的隊伍前往卑南文化公園的「刺猴」場地，行至一半時，南王部落的林清美老師接到一個電話後說道：「什麼？警察？什麼警察？警察來幹什麼？」然後林老師便神色緊張地騎著摩托車準備返回出發點。經過詢問，原來是今年晉升的一位小學生在接受上級「鞭笞」的過程中，一旁的家長看著自己的孩子被用竹條狠狠地打屁股，心疼不已，也氣憤不已，一怒之下便報了警。這個男生的父母一方是卑南族，一方是漢族，因對卑南族的文化習俗瞭解不深而產生偏見便做出了這種舉動。但是這個小插曲並未妨礙儀式的正常進行，其他家長也參與對這件事的討論：「這個父母啊，不懂我們卑南文化啊。他覺得自己的小孩子是個寶，自己都打不得罵不得，還讓你們打，溺愛孩子啊」、「這對孩子是個鍛鍊嘛，我們都會讓孩子參加的。雖然有時候我們參加部落的一些事情不是那麼積極，但是小孩子的事，能對他成長有好處的，我們都會讓他來參加的。」林清美老師也在事後就這件事發表

〔註23〕即上級使用竹條抽打下級的屁股，是卑南族「少年猴祭」儀式的一部分，也是卑南青少年必須歷經的訓練。

了她的看法：

> 他們真是很奇怪呢，不想參加就不要參加嘛，幹嘛還要報警
> 呢，我還以為有什麼大的事情，結果是心疼孩子被打屁股。我搞不
> 懂呢。他們是原住民和漢人結婚，像這種他們平時都很少參加我們
> 部落活動的。有些人他不懂我們的文化啊就不知道，看到打孩子就
> 以為是虐待。〔註24〕

　　筆者調查中發現，在臺東地區的原住民部落裏，籌辦或主動參加部落事務的大多為部落的行政人員、耆老或部落的原住民自發組織的成員，除了一些卑南族重大節慶祭典如大獵祭以外，大多數家庭對部落的其他日常事務知之甚少，主動參與程度較低。以家庭為單位較少參與部落事務，凸顯了當今的臺東地區仍有部分原住民缺乏族群認同及文化認同，他們不自覺地被捲入主流社會價值觀的氛圍中，對本族群文化的參與感及歸屬感較低。這樣一方面使得部落文化不易進入家庭，不利於部落文化的傳承及延續，另一方面也不利於部落的共建與完善。此外，家長對於參與部落事務的態度會影響到子女對於本族群部落文化的態度，家長對於部落相關文化事務的消極、倦怠的態度會直接影響下一代，在這樣的家庭氛圍中，後代原住民對於本族群的文化認同會被大大削弱，這對於民族教育的發展同樣不利。

第二節　部落／社區層面

一、部落／社區教育的具體實踐

　　關於「社區」的定義，吳文藻在《論社會學中國化》一書中將其定義為人、所居住的地域及文化這三要素，社區則界於社會與家庭之間。〔註25〕「社區教育」（community education）則是在社區這一範圍內，將社區內的居民作為教育對象，為其提供系統的、有組織的教育活動，以達成每位居民在知識、技能及觀念層面的提升，進而能夠更充實的生活。它是區別於學校教育及家庭教育的一種特殊教育形式。通過社會的教育化以及教育的社會化二者之間的平衡及統一，以此營造學習化社區，並在服務社區的同時又能促進社區內部成員

〔註24〕訪談對象：林清美（女，卑南族），訪談時間：2019 年 12 月 28 日下午 15 時，
　　　　訪談地點：臺東縣卑南鄉南王部落林清美高山舞集工作室。
〔註25〕參見吳文藻：《論社會學中國化》，北京：商務印書館，2010 年。

不斷完善及發展自我。

　　如今，臺東地區原住民各個部落也在重建各自的歷史傳統及祭典儀式，如卑南族以尋根聖山的活動，表達對祖先的懷念，青年們在長老們的指導下從事神話和古老傳說的採集，族人們將每年的少年猴祭、大獵祭及婦女的除草祭舉辦得有聲有色，婦女們也在從事傳統織布的學習、衣服的製作和花環的編織。卑南族的初鹿部落還設有自己的原住民青年會，組織探索祖先發祥地、青年集訓、大獵祭、除喪儀式等活動，並定期出版原住民青年會訊。〔註26〕這些祭典儀式活動筆者在前文做了介紹，在部落的原住民教育部分則不再贅述。以下筆者將從臺東地區的原住民社區大學、原住民民族教育中心及原住民族語培訓課堂等三個維度闡釋現今臺東原住民部落（或社區）在原住民教育及文化傳承方面所做的努力。

（一）原住民社區大學

　　開辦原住民社區大學，傳承原住民傳統文化，強化部落及族群認同，並培育部落發展及產業人才，是落實原住民民族教育的方式之一。從 2004 年起，臺東地區先後組織開展原住民社區大學及相關原住民文化課程，並於臺東不同地區各設一個學習服務中心，由轄區內小學或初中合作開展相關課程。

　　臺東原住民社區大學依各區開設 5 處教學點，即臺東市區（含臺東市與卑南鄉）、南回區（含金峰、太麻里、大武、達仁等鄉）、縱谷區（含關山鎮、海端、池上、鹿野、延平等鄉）、東海岸區（含成功鎮、長濱、東河等鄉）、離島區（即蘭嶼鄉）。分兩學期招生，第一學期自 4 月至 6 月，開設 19 門課程；第二學期自 7 月至 9 月。每班招收 15～30 人，招生對象為年滿 18 歲具有原住民身份的本區原住民。此外，對原住民文化有興趣之非原住民亦可報名（但原住民學員需 10 人以上，非原住民學員需為學員總數的三分之一以下）。原住民社區大學的課程分為語言文化、產業發展、信息教育、社群實用等四大學程，具體課程包含原住民傳統語言歌謠、手工藝品織布、陶藝製作、原住民狩獵傳統弓製作，以及符合生活化、實用化的多元化課程。〔註27〕臺東原住民社區大學基本課程及目標如下表所示：

〔註26〕參見宋龍生：《臺灣原住民史：卑南族史篇》，南投：臺灣省文獻委員會，1998年，第 373 頁。
〔註27〕參見孟祥瀚編纂：《增修臺東縣史·教育篇》，臺東：臺東縣政府，2018 年，第 174 頁。

表 6.2　臺東原住民社區大學課程安排

課　　程	具體課程名稱	目　　標
語言文化	族語會話班、族語書寫符號教學、族語戲劇人才培訓班、傳統歌舞祭典歌謠傳唱班、部落口述歷史及田野調查、原住民傳統樂器製作與演奏、原住民部落參訪、原住民部落起源及遷移史、族譜撰寫、原住民部落地圖繪製、原住民狩獵文化。	1. 建構原住民文化與價值觀，傳承祖先知識與智慧； 2. 培養族人學習族語聽說讀寫的能力； 3. 鼓勵學員參與族語認證，培育原住民族語種子師資； 4. 原住民優質文化傳承與保護。
產業發展	排灣族手工羊角鉤織包、原住民傳統服飾製作班、原住民手工藝品製作班、部落手工皂、植物染、原住民傳統十字繡、原住民文化創意產業人才培訓班、原住民樂舞人才培訓班、原住民文化解說員培訓班、原住民文化社工培訓班、部落創意產品開發。	1. 培育原住民手工藝文化創意產業人才及建立部落文化與產業之臍帶關係，改善部落的就業機會與經濟狀況； 2. 培育原住民產業經濟人才。
信息教育	網絡信息應用、網絡行銷。	1. 培育原住民信息人才，傳播原住民文化； 2. 建立部落大學專屬行銷平臺。
社群及實用	銀髮族健康與養生保健、推拿按摩保養、原住民健康有氧班、部落風味美食與文化、原住民釀造文化、原住民野菜知識與應用、婦女教育、部落教育與營造。	1. 構建原住民終身學習之環境； 2. 鼓勵原住民參與部落事務及服務的能力，參與部落營造； 3. 提升原住民生活品質及人際關係。

資料來源：筆者根據孟祥瀚編纂：《增修臺東縣史‧教育篇》，臺東：臺東縣政府，2018 年，第 178～179 頁重新編制。

　　臺東原住民社區大學開設具體情形如下表所示：

表 6.3　臺東原住民社區大學開設情形

時間	課程數（班）	學員人數	承辦單位	課程類別
2005 年	90	1605	東河國小、德高國小、豐榮國小、大王國小。	文化、生活、技藝課程。
2007 年	126	2240	大王國小、初來國小、東河國小、豐年國小、椰油國小。	技藝性課程、社團性課程、產業課程、文化課程、傳統文化、生活應用、族語教學、電腦信息。
2011 年	72	1335	空中大學——臺東中心	同上

2013 年	54	993	臺東大學「原住民族」教育研究中心	原住民語文教育、原住民文化探索、原住民產業經營、原住民社區教育、原住民人權教育、原住民信息教育、原住民職業訓練、原住民婦女教育、原住民健康照護。

資料來源：筆者根據孟祥瀚編纂：《增修臺東縣史‧教育篇》，臺東：臺東縣政府，2018 年，第 175～176 頁重新編制。

　　近些年，臺東地區的原住民社區大學舉辦得有聲有色，如 2018 年 4 月 24 日舉辦開學典禮，第一學期至 6 月底，開設陶珠與陶甕結合製作、傳統弓箭、布農族苧麻弓織背帶等 19 門課程。其中，選定兩門課程作為大學學分認證，通過即可抵免大學學科學分，[註 28] 以此鼓勵更多的原住民參與到社區大學的培訓與學習中，提升民族文化的技藝與技能，進而增強自身對原住民文化的認同感及歸屬感。

　　原住民社區大學作為在原住民地區開設的社區教育實踐，是在原住民教育上的一次大膽的嘗試。它承擔了學校教育中的部分職能，並將教育的主體擴大至原住民的全體社會成員，優質的教育資源經過整合及重新配置後提供給原住民進行選擇，是部落（或社區）教育的重要組成部分，它也發揮了其作用及意義，有利於原住民教育的多樣化發展。

（二）原住民民族教育中心

　　全臺灣曾開辦過五個原住民部落學校，現阿美族的部落學校已停辦，只剩下 4 所學校，即排灣族、布農族、泰雅人及卑南族的部落學校。後來卑南族的部落學校逐漸停止招生，遂變為民族教育中心，即現位於南王實小的「卑南族民族教育中心」。當時開辦的卑南族花環部落學校以卑南語教學為主，輔以民族文化課程。課程的教師均為卑南族，且熟練掌握族語。民族文化課程以學習卑南族的古調歌謠、族群遷徙神話、節慶祭儀為主。卑南耆老、同時也是卑族語老師的林清美，曾任卑南部落學校的校長，據林老師介紹卑南部落學校當時只開辦了五年，招收國小三年級到國中三年級的學生。卑南族部落眾多，每個部落的語言都有其獨特之處，但師資力量卻嚴重不足，再加上後期學生的增加，導致教學效果大打折扣，教學也無法再正常開展，遂停辦。林清美認為：

〔註 28〕參見孟祥瀚編纂：《增修臺東縣史‧教育篇》，臺東：臺東縣政府，2018 年，第 177 頁。

學生增加，但老師並沒有增加，各個階段的學生都在一起學習
都沒有區別了。而增加老師的費用也比較多，後來「原民會」就不
願投入經費，所以就不再繼續開辦了。〔註29〕

　　後來卑南族的花環部落學校改為「卑族民族文化中心」，當時只有四名工
作人員，視各個部落上課情形而開設手工藝製作及民族文化課程，此時民族文
化中心不再擔負教授族語的任務，而是將其交由各個部落內部自行開展。

　　以下以臺東縣海端鄉布農族的「原住民族教育中心」為例，分析其在原住
民部落（或社區）教育中發揮的重要作用。布農族的「原住民族教育中心」位
於臺東縣海端鄉，該部落學校自 2014 年 3 月 10 日創設至今。以前設在部落
裏叫做部落學校，當時有編制的工作人員有 8 人，主要在寒暑假開課，受眾主
要是國小和國中的學生。2018 年 6 月改為「布農族東群部落學校暨原住民族
教育中心」，隸屬「原住民族委員會」，延續布農東群部落學校的發展基礎，深
耕民族教育及傳承布農文化。目前該教育中心有三名工作人員，其中一名為部
落學校的主任，另外兩名工作人員負責日常雜事的處理。筆者於 2019 年 11 月
前去拜訪時，該教育中心當時的主要任務是負責籌備布農族的文化教育課程。
該課程面向的對象更加廣泛，如大專生、教師、社會各界人士等都可參加。該
中心也在不斷的摸索下形成了較為完備的課程體系及學習模式。以布農族文
化教育為中心的課程體系主要分為多日型和單日型，其中多日型包括工藝類
課程、傳統領域課程、多元社群課程、都會區相關課程、教師研習課程及支持
其他的當地學校的課程等；單日型課程則包括巫師課程、小米文化課程、生命
禮俗課程、氏族文化課程以及獵人文化課程等。

圖6.1　布農東群部落學校

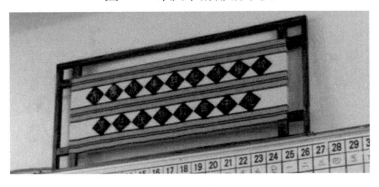

〔註29〕訪談詳情：林清美（女，卑南族），83 歲，訪談時間：2019 年 12 月 4 日下午
　　15 時，訪談地點：林清美的族語課堂工作室。

1. 多日型課程

（1）工藝類課程

該課程主要為學習布農族特色的藤編、刺繡、織布以及製作木刀等技能。筆者在調查中，兩名布農族的工作人員將以往學員製作的編織背包、木質刀鞘、藤編杯墊及織布等作品向我們展示。

圖 6.2　布農部落學校往期學員製作的作品

（2）傳統領域課程

該課程意為「尋根之旅」，由老師帶領學員上山尋找舊部落的舊址，瞭解以前的家族歷史及氏族文化，走以前的路，認識部落文化。並且在部落舊址尋找祖輩曾使用過的物品，如鋤頭、刀及鍋具等。在傳統領域課程中，老師講述過去部落的習俗和遷徙歷史，如講述過去小孩出生時剪掉的臍帶會放在家中牆壁的磚塊之間等習俗故事，讓年輕一輩重新思考自己的「根」在何處。

（3）多元社群課程

該課程關注點在於認識布農族其他社群的歷史文化。因布農族分為卡社群、郡社群、卓社群、丹社群、巒社群和蘭社群等不同的社群，每一社群、甚至每一部落間的口音、生活習慣及習俗均有差異。這門課程主要在各個社群的部落中進行，由特定老師或部落耆老擔任授課。多元文化課程的開設，有助於學員加深對於整個布農族族群的認知，增強族群成員的凝聚力。

（4）都會區課程

該課程主要採用與不同地區聯合授課的方式。因布農族的年輕一輩多遠離部落外出上學或就業，人口外移至都會區，較少接觸到傳統布農族的部落文化。針對這一特點，該中心與高雄市桃源區及南投信義鄉聯合，為都會區的年輕一輩普及布農族的部落文化及習俗，並針對布農族在都市區的適應問題作出輔導。

此外，教師研習課程的受眾主要為當地學校的老師，或是對於該課程感興趣的布農族或漢人。而支持當地的學校主要是為附近國小的漢人教師提供教學幫助，為其輔導布農族學生提供部落文化的支持。

2. 單日型課程

（1）巫師課程

該課程主要為教授布農族巫師祭的相關文化課程，如下蠱、治病、求平安、準備祭典等。在臺灣原住民許多部落文化中，都存在巫師。然而，近些年布農族的巫術及巫師文化消逝得很快，如今在臺東縣延平鄉及海端鄉尚有兩位巫師。在該課程的授課中，會邀請部落的巫師進行授課。巫師通常通過清唱祭歌，並配合石頭、苧麻以及鐵片等法器的使用，以此演示並介紹巫師文化。布農族通常認為巫師會在施法時洩露天機或是尋求庇護，部分布農老人對此多有忌諱，該課程的開展讓學員認識巫師是如何產生，並用正確的態度對待布農族的巫師及其文化系統。

（2）小米課程

該課程主要教授布農族的小米文化。臺灣原住民中許多族群文化都與小米有著密不可分的關係，因每個族群的歷史及習俗不同而各具特色。在該課程的教學中，授課耆老首先由神話傳說引入小米在布農族生產生活中的重要性，如在布農族的傳說中，是月亮教會了族人播種小米的技藝。其次，便根據小米生長的不同階段而開展不同的課程，教授不同時期對應的小米祭典，如：開墾祭視每年小米生長的具體時間而定，大約在 10 至 11 月，即布農族通常所說的「芒草開花時則進行開墾祭」，此後進行播種祭、除草祭、射祭及小米進倉祭。上述所有小米的農事祭典均可由布農族的祭事歷體現出來，這也是該課程的講授內容之一。

（3）生命禮俗課程

該課程自 2017 年正式創設（過去則是包含在氏族文化主題課程之中），包含家族的意義與功能、懷孕與生產、命名與嬰兒禮、成年禮、婚禮與社會制度、葬禮與傳統信仰、倫理與禁忌、藝術與樂舞等子課題。其中，較有代表性的《布農族生命禮俗——婚禮篇》教學課程，則從氏族上禁婚與解禁傳統規範、傳統布農族結婚方式、結婚示例及結婚用豬的分送原則與刀法等四個部分進行闡釋，該教學資料通過調查及文獻資料的整理，再加上實驗教學的模式，將布農族婚禮習俗生動完整展示。一位工作人員說：

> 你看這個教材就是我們做的，我們自己去查資料啊，問一些老人啊之類的，把這個教學材料做出來。這裡面的那個男生就是我啦，我去當模特，扮演新郎。通過表演的方式把我們布農族傳統的婚禮習俗都呈現出來，這樣比較生動，大家也能看得更明白，就知道我們布農族傳統上結婚是什麼樣子。〔註30〕

2019 年 10 月部落學校舉辦了關於布農族「生子」的課程，包括命名禮等習俗規範。依照布農族的傳統，新生兒通常不會馬上為其取名，而是等幾個月嬰兒沒有夭折且健康成長後，才會請長老為嬰兒取名；若嬰兒生病且久病不癒便會改換其他名字。新生兒出生後，部落長老會將石菖蒲的根嚼碎，並塗抹在嬰兒額頭，並會說祝福的話，祝福這個嬰兒健康成長，惡靈都要避開這個嬰兒。

〔註30〕訪談詳情：「布農族民族教育中心」的一名工作人員（男，布農族），訪談時間：2019 年 11 月 15 日，訪談地點：臺東縣海端鄉「布農族民族教育中心」內。

圖6.3　布農部落學校關於布農生命禮俗的教材

（4）獵人文化課程

　　該課程主要教授山林知識、認識動植物、辨別天象及狩獵規範（對於獵場的判斷及狩獵後的分食規範）。布農族世居於臺灣中央山脈，他們常常穿梭於崇山峻嶺間追逐野獸進行狩獵活動，狩獵最重要的目的即食其肉、衣其皮、飾其牙及角。對布農族而言，狩獵也是自我表現及爭取社會地位的絕佳機會。該課程並非是刻板的圖片展示及課堂教學，而是在山林中注重場地情景式的體驗之感，若沒有野外實踐條件的都會區則會通過靜態展示的方式進行。

　　筆者在拜訪該教育中心時，發現中心兩名工作人員需要承擔收集資料、對外聯絡、組織活動以及各種雜事。在教育中心擺放著課程教材、活動策劃書以及各類原住民文化的書籍與資料。中心的主任和工作人員說起曾經開辦的課程很是自豪與驕傲，他們認為這是他們布農族文化的傳承及延續所做出的努力，也希望能為布農族傳統教育貢獻出一份力。

　　　　因為現在很多小孩子都不瞭解我們布農族自己的文化了，那些
　　　　傳統啊習俗啊這些，都是阿公啊嘛還記得。但是阿公啊嘛年齡也大
　　　　了，有些就不在了，小孩子從哪裏知道自己的文化呢？我們要讓他
　　　　們瞭解布農族的文化，瞭解布農族的精神是什麼，這樣布農族的文
　　　　化才可以生生不息。〔註31〕

〔註31〕訪談詳情：「布農族民族教育中心」的主任（男，布農族），訪談時間：2019年

　　從「布農族民族教育中心」的教育實踐中，可以看出該原住民教育中心為「原鄉」及都會區的原住民學生提供修習民族教育的機會，在一定程度上補充與完善了原住民教育體系。同時，它承擔了部落實施民族教育的責任，有助於培養原住民教育人才及兼具傳統與現代知識的「新世代」原住民，同時也有利於增強原住民的文化認同。此外，原住民教育中心也在多元文化的視野下，增進不同社群之間的瞭解，促進族群間的相互關懷與尊重。

（三）原住民族語培訓課堂

1.「原住民族語言能力認證考試」

　　語言是一種重要的社會文化資源，它具有不可再生的天然屬性。同時語言作為文化的載體，承載著一個民族、一個地區獨特的歷史傳統，也記錄了族群在發展進程中積累的豐富知識與寶貴經驗。為了促進原住民族語的延續及民族教育的長久發展，我國臺灣將原住民族語能力制度化，推出「原住民族語言能力認證考試」〔註32〕，內有南勢阿美語、賽夏語、東排灣語等 43 種原住民族語，並分為初級、中級、中高級、高級以及優級等不同層級的認證標準，考試包含聽力及口試。其中，涉及臺東地區的族語包括不同分支的卑南語、魯凱語、排灣語、阿美語、布農語、雅美語等。

表 6.4　原住民語言能力測試要求

等級	詞彙範圍	聽力測試
初級	原住民語言學習詞表（1～300 詞及其衍生詞）	是非題（5 道共 15 分） 選擇題（10 道共 30 分） 配合題（5 道共 15 分）
中級	原住民語言學習詞表（1～500 詞及其衍生詞）	同上

---

　　11 月 15 日，訪談地點：臺東縣海端鄉「布農族民族教育中心」內。

〔註32〕需要對原住民族語的書寫系統作出說明。原住民本無文字只有語言，從荷據時代的「新港文書」，到 1968 年基督教會首次以羅馬拼音譯製原住民族語版的宗教文學作品，再到 1994 年由「中研院」李壬癸教授負責編訂臺灣南島語言的語音符號系統，臺灣原住民的文字書系統逐步完善。原住民族語由只有語言無文字，發展到書寫系統的確立，有利於原住民文化的傳承及發展，有利於原住民族語課程的教學實踐。但另一方面，筆者在調查過程中發現，臺東地區的原住民在書寫語言存在分歧的現象，如不同族群、不同部落對某一詞彙的標音不同，為了規範原住民族語的書寫，健全族語的文字化，有必要對原住民族語的書寫系統進行統一的規定，建立更加完善、更加標準的原住民族語書寫系統。

等級	詞彙範圍	聽力測試	口語測試
中高級	原住民語言學習詞表（1～800詞及其衍生詞）	選擇題（10道共20分）	朗讀提（1道共10分） 問答題（5道共10分） 看圖表達（1道共10分）
高級	原住民語言學習詞表（所有詞彙及其衍生詞）	選擇題（5道共50分） 題組選擇題（5道共50分）	朗讀題（1道共50分） 口語表達（1道共50分）
優級	不限	選擇題（1道共50分） 題組選擇題（5道共50分）	朗讀題（1道共50分） 即席演說（1道共50分）

等級	口語測試	合格標準
初級	單詞朗讀（5道共10分） 簡答題（5道共20分） 看圖說話（1道共10分）	100分為滿分，60分以上為合格（且聽力45分以上，口語15分以上）
中級	單句朗讀（5道共10分） 問答題（5道共20分） 看圖表達（1道共10分）	同上

等級	閱讀測試	寫作測試	合格標準
中高級	選擇題 （15道共30分）	聽寫題 （5道共10分） 問答題 （5道共10分）	100分為滿分，60分以上為合格（其中聽力、閱讀、寫作成績之和須達到45分以上，且各項成績不得為零，口語15分以上）
高級	詞彙選擇題 （8道共40分） 語言結構選擇題 （7道共40分） 題組選擇題 （4道共20分）	段落翻譯 （2道共50分） 寫作 （1道共50分）	200分為滿分，140分以上為合格（其中聽力、閱讀、寫作成績之和須達到105分以上，且各項成績不得為零，口語35分以上）
優級	詞彙及語言結構選擇題（10道共60分） 題組選擇題 （4道共40分）	寫作 （1道共50分） 評論 （1道共50分）	同上

資料來源：筆者根據原住民族語言能力認證測試網站 http://lokahsu.org.tw/download/ 原住民族語言能力認證測驗題型、配分、詞彙範圍、參考教材及合格標準一覽表——公告版1070129.pdf，重新編制。

其中，不同等級對於不同的語言能力要求如下表所示：

表 6.5　原住民語言能力認證不同等級的要求

等　級	原住民語言能力要求
初級	1. 能聽懂簡短的個人切身相關訊息（例如身體特徵、健康狀況等）；能聽懂常見的特定訊息（例如動作指令、方位等）；能聽懂個人基礎生活常用的簡短語句（例如問候、道別、感謝、指稱等）。 2. 能以讓人聽懂的語音，念出常見文字所書寫的簡單詞語、運用熟悉的語句應答、簡短介紹個人切身相關訊息、說出日常生活的簡單語句。
中級	1. 能聽懂日常生活的一般語句（例如天氣變化、詢問近況等）；能聽懂日常活動相關事務的談話、報告（例如特定訊息宣導等）。 2. 能以讓人聽懂的語音，念出一般生活內容較長的詞語或短句、運用簡單且連續的詞句介紹個人生活環境、經驗、想法與感受等、描述日常生活事物或發表個人想法。
中高級	1. 能聽懂日常活動相關事務的語句（例如指示方向、徵詢意見、提供信息、工作等）；能聽懂日常生活的各式社交主題的談話（例如節慶祭典、長輩談話等）。 2. 能以讓人聽懂的語音，念出特定主題之段落文章、參與日常生活大部分事務的談話或發表個人想法、流暢地表達介紹個人生活環境、經驗、意見、想法與感受等。 3. 能讀懂簡單語句及與個人相關的短文或信件；能讀懂生活中常見的文字資料（例如廣告、傳單、菜單、標語等）。 4. 能完整寫出與日常活動相關的語句；與人交流的訊息（例如便條、卡片或 e-mail 等）。
高級	1. 能聽懂長篇且廣泛主題的談話或報導（例如電視劇、新聞報導等）；能聽懂談話的內容、架構、條理、觀點，並大致瞭解對話中的言外之意。 2. 能以精準的語音流暢地朗讀涵蓋廣泛主題及內容的文章、參與廣泛主題的談話，並詳細談論個人的日常生活事務、經驗、事件、意見、感受等、有條理、有結構地表達個人對各項主題的觀點、評論。 3. 能讀懂表達生活經驗、事件、意見、感受的短文、各種常見主題的文章或報導的內容、架構、條理、觀點；能理解文章中的修辭及美感。 4. 能針對文章段落，進行族語及漢語之互相轉譯；能以文章表達個人較廣泛的生活經驗、感受和意見，或針對一般主題表達個人看法，並與他人交流。
優級	1. 能聽懂各類主題之複雜且專業的言談內容，如較長談話、辯論、演講、禱（祭）詞、歌謠、神話故事等；能分辨談話背後的理由、立論根據、立論缺失及矛盾之處，並針對各種言談內容進行摘要、推論、總結或綜合判斷。 2. 能以自然、精準的語音，流暢且自在地朗讀各種專業主題、內容的長篇文章、參與各種主題的談論，並對廣泛主題與人交換意見並發表演說、運用各種說話技巧、對各項主題表達出結構完整、條理分明的觀點、解說與專業評論。

3. 能深入瞭解各種文章體裁、風格之複雜且專業的內容，包括散文、論文、小說、新詩等；能分辨文章背後理由、立論根據、立論缺失及矛盾之處；能對各種文章內容進行摘要、推論、總結或綜合判斷；能精確掌握文章中的修辭及美感。

4. 能針對不同的議題，靈活運用豐富詞彙、各種修辭技巧與文體，進而寫出流暢、具有美感且語句通順、結構完整的文章，表達對廣泛主題的看法或感受；能針對不同事件，有條理、有層次地寫出專業評論或表達深層的感受。

資料來源：原住民族語言能力認證測試網站 http://lokahsu.org.tw/download/原住民族語能力認證測驗各級測驗能力指標——公告版 1070129.pdf

　　原住民族語言能力認證考試作為族語的唯一認定標準，對於原住民族語教育的發展以及原住民文化的傳承有著重要意義，在此基礎上，方才有族語課堂教育實踐的產生。

2. 族語課堂

　　臺東地區分布著阿美族、卑南族、排灣族、魯凱族、布農族及雅美族等不同的原住民族群，各族群均有其各自的原住民族語。其中，不少原住民語言經歷時代的更迭及社會的變遷，面臨即將消亡的狀況，卑南語便是其中之一。作為臺灣南島語之一的卑南語，按照語言學的劃分屬原始南島語系的次語群，卑南語劃分為四個分支，即初鹿、知本、南王、建和，現被列為世界瀕危語言之一。

　　在原住民族語能力認證的框架下，臺東地區在部落中開設族語課堂，以期培養原住民族語人才，扭轉原住民族語瀕危的局面。族語課堂是由「原民會」贊助支持，利用「師徒制」培養卑南語人才，也稱為「三年制計劃」，該計劃自 2018 年 8 月正式實施。「師徒制」的族語教育在各個原住民部落設置族語教學課堂，由專門的族語老師或是部落中的耆老擔任教學工作，通常族語課堂設在部落集會所如歌謠、古謠集會所，並定期由民族教育中心的專員負責巡視督導。師徒制有全職和兼職之分，老師和學員都領取「原民會」發放的薪水。「師徒制」的族語課堂的學生大多為年輕人，為了方便上班上學的人，授課通常在晚上。族語課堂的設置意圖在於復振原住民語言，培養專職的族語教師。林清美老師認為這是在「培養種子老師」〔註33〕。這些種子老師成為原住民培育的師資力量，他們在經過原住民族語能力認證後，可以持續性地培養原

〔註33〕訪談詳情：林清美（女，卑南族），83 歲，訪談時間：2019 年 12 月 4 日下午15 時，訪談地點：臺東南王部落林清美的族語課堂工作室。

住民族語人才。

居住在南王部落的卑南族林清美，出生於 1938 年，依託所開設的「高山舞集」歌謠集會所而設立族語課堂工作室，為部落周邊的卑南族提供族語教育。通常族語課堂週一至週五上課，從上午 8 點到 12 點，下午從 3 點到 5 點。「師徒制」族語教學通常是一對一的方式，但林老師卻帶了兩名學生，她認為多收學生更加有利於族語教學：

> 多收學生，可以多培養人才，但只收兩個學生，會浪費時間。
>
> 我本來申請收 5 個學生，但「原民會」不同意，所以現在變成只收
>
> 兩個不同年齡不同程度的學生。〔註34〕

林老師所收的兩名學生，其中一位是林老師二哥的女兒，因其想要學習族語來到林老師的族語課堂。她在南王實小擔任文化課程的老師，沒有教育編制，是一年一聘的合同制。她主要教授卑南族的文化課程及族語，如卑南語的日常詞彙及生活簡單對話。另一位學生是林老師大哥的孫兒（即林老師的侄孫女）。兩位學生的基礎不同，前者有一定卑南語基礎，後者則完全從零學起，但卻進步很快，現已掌握簡單卑南語的對話與造句。林老師根據他們不同的基礎及學習需求，設計不同的課程，同時也對兩位學員的學習態度和成績都積極肯定：「還是有成效的，她們都很認真，各自都有心得。」〔註35〕林老師認為自己的族語課堂只是為她們的族語學習進行鋪路，要更加熟練的掌握族語，還是要不斷地運用與實踐，「要長期與部落的老人交談，這樣學得比較快。」〔註36〕

在林老師的族語課堂，一面牆壁懸掛著林老師為卑南文化及教育發展所做貢獻的證書及獎狀，下面則擺放著林老師組織及參與部落文化事務的照片，由此可以看出林老師在部落中受人尊敬及愛戴。吳花枝更是尊重林老師，她對筆者說：

> 你們要瞭解我們卑南的文化，想要瞭解卑南語，瞭解我們部落，
>
> 就一定要去找林老師，她都知道這樣，她知道的很多，在我們部落

〔註34〕 訪談詳情：林清美（女，卑南族），83 歲，訪談時間：2019 年 12 月 4 日下午 15 時，訪談地點：臺東南王部落林清美的族語課堂工作室。

〔註35〕 訪談詳情：林清美（女，卑南族），83 歲，訪談時間：2019 年 12 月 4 日下午 15 時，訪談地點：臺東南王部落林清美的族語課堂工作室。

〔註36〕 訪談詳情：林清美（女，卑南族），83 歲，訪談時間：2019 年 12 月 4 日下午 15 時，訪談地點：臺東南王部落林清美的族語課堂工作室。

大家都很尊敬她的，她的話大家都會聽的。之前有很多專家老師啊，來我們這裡做調查，都要去找林老師。我們只能回答你們很少的問題，她能告訴你們的更多，幫助你們理解我們卑南文化。〔註37〕

圖6.4 林清美的卑南族語課堂工作室

林老師教授族語通常是根據學生的個人資質制定不同的學習方案，族語課堂雖然頗有成效，但林老師對日前原住民族語現狀仍表示擔憂，她認為：

現在部落小朋友的族語、英語和國語混在一起講，通常很少人能完全掌握族語，因為斷層太久了。當時光復後要求推行國語教學，在學校一定要用國語，不能說族語，否則會被掛牌。就導致很多人連族語都不會講了。〔註38〕

在前文的部分，筆者已經回溯了臺灣原住民教育的發展進程，從中可以看出日據時期推廣日語的「同化政策」及後期的「皇民化」運動，破壞了原住民族語發展的社會生態環境，而光復後的「山地平地化」的教育政策，也阻礙了原住民族語的傳承。時至今日，在多元文化及應試教育的背景下，族語只在原住民小學教育中佔有為數不多的位置，而國中及高中後，族語課程缺位於學校教育。另一方面，隨著時代的推移，部落中掌握族語的耆老年事已高，並不能承擔起在家庭或部落中教育後代子孫族語的重任。此外，跨族群的通婚也為原住民族語教育增添幾分曲折。對此，林老師也表示贊同，她認為：

我們一直在努力，在推動族語，但要是沒有族語的語言環境，

〔註37〕訪談對象：吳花枝（女，卑南族），訪談時間：2019年12月4日晚8時，訪談地點：臺東地區南王部落吳花枝家中。

〔註38〕訪談詳情：林清美（女，卑南族），83歲，訪談時間：2019年12月4日下午15時，訪談地點：臺東南王部落林清美的族語課堂工作室。

學習及推行族語就很難。學校只有一週一天的族語課，環境不好。

通婚使得很多家庭的語言環境發生改變，環境也不好。〔註39〕

於是，原住民族語逐漸式微，原住民文化也在慢慢消滅，正如林老師所述：

時代在改變，祭典儀式這些原住民傳統的東西都在慢慢改變。

像現在參加儀式時，年輕人不懂儀式的真正內涵。〔註40〕

這也是一個信號，提醒原住民族語教育的重要性。相比於「師徒制」的一對一教學，林老師希望應該更多推廣家庭式的族語教育。她認為：

家庭式的族語氛圍很好，並給予他們補助，通過每年考核的方式，這樣族語教育才能進步。〔註41〕

通過發薪水或是獎勵的方式，讓更多的家庭投入到家庭式的族語學習及教育中，相比「師徒制」更具有普適性。

家庭可能為了爭取薪水或是獎勵，會請會講族語的人晚上去家裏教授族語，這樣更好推動族語學習。父母雙方不同民族，也可以一起學習不同的族語。這樣家庭教學會更有氛圍，更有語言環境。這樣比師徒制要更好，普及面更廣。現在師徒制的老師每個月3000（新臺幣）的薪水，可以把這些錢分給家庭，最初補助多一些，這樣就有很多人樂意學習了。〔註42〕

和林清美開設「師徒制」族語課堂不同，居住在下賓朗的部落耆老南媼嬪則兼職多所小學的卑南語教師，按照計劃她每週奔波於臺東縣不同的小學之間，如臺東市區的新生國小、南王實小，卑南鄉的初鹿國小，鹿野鄉的鹿野國小等。其輕鬆愉快、詼諧幽默的族語教學，令南媼嬪大受學生的好評，「我的那些學生都很棒呢，他們學習能力很強，族語都說的很好。我和他們上課很開心，就像朋友一樣。」〔註43〕南媼嬪也很樂於教授族語，當她每每騎著車穿行

〔註39〕訪談詳情：林清美（女，卑南族），83歲，訪談時間：2019年12月4日下午15時，訪談地點：臺東南王部落林清美的族語課堂工作室。

〔註40〕訪談詳情：林清美（女，卑南族），83歲，訪談時間：2019年12月4日下午15時，訪談地點：臺東南王部落林清美的族語課堂工作室。

〔註41〕訪談詳情：林清美（女，卑南族），83歲，訪談時間：2019年12月4日下午15時，訪談地點：臺東南王部落林清美的族語課堂工作室。

〔註42〕訪談詳情：林清美（女，卑南族），83歲，訪談時間：2019年12月4日下午15時，訪談地點：臺東南王部落林清美的族語課堂工作室。

〔註43〕訪談詳情：南媼嬪（女，卑南族），70歲，訪談時間：2019年11月25日上午10時，訪談地點：前往大坡國小調查的車中。

在風景如畫的山間時，她很享受可以和學生分享自己心情的教學時光。與筆者交流時，她翻開手機找出她教授族語時的照片，對筆者說：

> 這是我們上課時候的照片，還有這個，這些都是我的學生喔，這個女生吶，她很厲害呢，學習族語學得很快。還有這個，他是老師喔，每次我去，都會和他在一起交流教族語的問題，我也向他學到了一些好的教育方法。還有不同部落族語可能有一些不同，比如發音，有些則是完全不同的，我們也會一起談論，這也讓我對我們卑南語有了更多的認識。其實，這就是教育的最終目的吧，它並不是一個單向的，而是雙向的，是一種共贏的狀態。〔註44〕

語言文字對於文化的傳承極其重要，語言文字不僅僅文化的載體，一個族群「知識觀」的體現，更是該族群性格氣質的體現。對於臺灣原住民而言，族語的學習不僅使得珍貴瀕危的語言得以延續，同時也增強了族群的文化認同，這對於一個族群、民族的永續發展來說是何其珍貴的。以族語課堂開展族語培訓的方式，補充了家庭、學校教育對於族語教育的不足之處，是開展部落（或社區）教育可資借鑒的一種特色模式。

二、原住民部落的教育發展困境

如今，臺東地區原住民部落（或社區）教育面臨傳統文化難以為繼的發展困境。臺東原住民的部落傳統文化並歷經日據時代日本「同化」政策的「洗禮」，其特質已發生文化變遷，面臨傳統「知識觀」逐漸衰落的發展困境。光復後，有些原住民部落經歷傳統的衰落，難以找回昔日原住民文化的輝煌。

以下以臺東地區卑南南王部落及知本部落的會所制度的廢除及重建為例，探討當今原住民地區部落（或社區）教育的發展困境。南王部落的會所制度在上個世紀 50 年代後期逐漸式微，年齡階層制度的功能也隨之減弱。1958年，南王部落的南、北兩所成年會所廢除，兩所少年會所也在同年廢除。1964年，南王部落的卑南族決定重建少年會所。南王部落耆老認為重建少年會所基於以下幾點原因：

1. 拆除集會所後，年輕人失去了接受訓練的機會，造成禮節上的疏忽，忘記年齡階級成員間彼此的禮數；

〔註44〕訪談詳情：南媼嬪（女，卑南族），70 歲，訪談時間：2019 年 11 月 25 日上午 10 時，訪談地點：前往大坡國小調查的車中。

2. 會所廢弛後，青少年出現不團結、不合作的現象，缺乏團隊精神和少年間競爭的創造活力；

3. 對長輩缺乏尊重、長幼失序；

4. 部落無法延續祖先遺留下的技能、知識和習俗，祖先不悅，致使部落事故、死亡頻發。〔註45〕

南王部落中南部的少年會所於 1964 年 12 月 21 日重建落成，當時 87 位少年準備就緒進入少年會所，接受卑南族傳統集體生活訓練的洗禮。從這一年開始，南王部落少年會所的活動包括少年猴祭、除喪儀式、體能訓練、膽識訓練等便未中斷過。〔註46〕此後，少年會所因建築老化而重新修築，並建立卑南普悠瑪傳統文化活動中心，作為卑南族節日祭典的主要活動場所，供族人使用。

卑南知本部落的少年會所也曾因文化變遷而中斷過。宋龍生教授 1995 年在他的調查中，一位知本部落的祭司回憶少年會所時這樣描述：

> 知本的少年會所在我就讀知本公學校四年級時（即約 1935 年前後）還存在，後來經過一次大颱風，該建築就被颱風吹倒，到了第二次世界大戰末期戰爭最激烈的時候，村人們為了躲避美軍飛機的轟炸，就逃難到知本溫泉裏面現在「老爺飯店」附近，在那邊挖山洞避難，少年會所就在那時完全消失，大家也不再去少年集會所。〔註47〕

知本社少年會所的集訓活動在 1962 年因「打屁股」的訓練形式引起家長的不滿，最終釀成鬥毆事件，於是負責集訓的除役級的青年宣布少年組的訓練從此取消不再舉行。直到 1993 年左右，少年組的訓練才在知本籍天主教神父曾建次的努力下恢復了年度的活動，並且在舊學校的場地上興建了少年集會所。〔註48〕

正如上文南王部落的耆老所述當年重建少年會所的原因，當今臺東地區

〔註45〕 參見宋龍生：《臺灣原住民史：卑南族史篇》，南投：臺灣省文獻委員會，1998年，第 356～357 頁。

〔註46〕 參見宋龍生：《臺灣原住民史：卑南族史篇》，南投：臺灣省文獻委員會，1998年，第 354～357 頁。

〔註47〕 宋龍生：《臺灣原住民史：卑南族史篇》，南投：臺灣省文獻委員會，1998年，第 358 頁。

〔註48〕 參見宋龍生：《臺灣原住民史：卑南族史篇》，南投：臺灣省文獻委員會，1998年，第 360～361 頁。

原住民社會的部落組織雖得以重建及恢復，但其發揮的實際功效卻大不如前。如阿美族及卑南族的年齡階層組織，其族人平日上學或上班，組織的實際作用已被稀釋，更多的則在原住民重大節慶祭典中呈現出來，各個年齡階層在此時才得以聚集，以統一的行動團體發揮作用。

　　由此，原住民傳統部落的文化樣態已漸漸發生變化。臺東原住民的祭典儀式也隨著社會變遷發生了許多改變，有些祭典的儀式過程逐漸被族人遺忘，或是較為複雜的儀式過程簡化了許多。例如臺東地區布農族的「射耳祭」、雅美族的「飛魚祭」、卑南族的「小米除草祭」等祭典儀式，如今祭典儀式的過程已簡化許多。從另一視角來看，當今原住民部落舉行的祭典儀式更傾向於一種舞臺式的「展演」，部落裏的原住民作為這場宏大舞臺展演的「表演者」，他們身穿量身定製的民族服飾，在特定的時間、規定的場域內，依照所謂「流傳下來」的流程進行著華麗的演出。從歐文・戈夫曼關於社會戲劇的相關論述來看〔註49〕，在這場演出中，他們既是表演者，同時又是觀看者，在祭典儀式的具體實操過程中，達至自我與族群文化的交融或交互的狀態。只不過，當今原住民祭典儀式在這種劇場式的「重現」之下，更多強調原住民傳統文化的外在表現，在一定程度上忽視了原住民的價值觀及意識形態等文化內核的體現。或許，可以將其稱之為是形式大於內容的「展演」模式。

　　筆者在調查過程中，參與了臺東地區幾次原住民的祭典儀式活動，筆者作為這場「展演」的觀眾，會為顏色鮮豔、製作精良的原住民服飾以及原住民參與者整齊劃一的動作而感到驚歎，但同時，筆者所觀之祭典儀式難免又有一種「脫節感」。比如，卑南族的「少年猴祭」儀式，幾名還在上幼兒園的原住民孩童也參與到製作草猴和刺猴的儀式中，因家庭傳統教育的缺位以及部落文化氛圍被稀釋，這些孩童似乎並不清楚自己所做的意義到底是什麼，他們只覺得可以和小夥伴和爸爸、叔叔一起上山，刺猴的儀式似乎也只是一種「遊戲」。或許，他們能從老一輩哼唱的卑南族傳統文化的古調中明白這是與日常生活所不同的一天。

　　隨著部落的民族文化意涵及組織功能逐漸被消解，使得原住民的祭典儀式中「神聖性」也相應減弱。臺東地區原住民部落組織及文化制度受現代化的衝擊及社會文化變遷的影響，已悄然改變。這種變化適應了都市生活快速的

〔註49〕參見〔美〕歐文・戈夫曼著，黃愛華、馮鋼譯：《日常生活中的自我呈現》，杭州：浙江人民出版社，1989 年。

發展節奏，但同時原住民的部落文化特質也隨之改變。當然，在現代化的社會，這種改變可以視為是一種「傳統」和「現代」交融的體現，可以說是原住民文化為了適應社會、延續部落文化生命力的一種「生存策略」。但不可否認的是，一部分部落文化在這種「選擇」中被丟棄，影響了原住民部落文化固有的教育價值及意義。最重要的是，部落（或社區）的民族文化氛圍已僅存無幾。

第三節　學校層面

一、學校總體發展狀況

　　由臺東地區的學校教育發展狀況觀之，截止 2020 年，臺東設有小學共 87 所，其中臺東市區 20 所、卑南鄉 8 所、綠島鄉 2 所、蘭嶼鄉 4 所、鹿野鄉 5 所、延平鄉 4 所、關山鎮 4 所、海端鄉 7 所、池上鄉 3 所、成功鎮 5 所、長濱鄉 5 所、太麻里鄉 5 所、大武鄉 3 所、金峰鄉 4 所、達仁鄉 3 所。設有初中共 24 所，其中包含兩所私立初中。〔註 50〕以下表列舉 2019～2020 學年，臺東地區原住民小學的具體情況：

表 6.6　臺東原住民地區小學現狀

學校名稱	班級數	學生數	男學生數	女學生數
南王實小（卑南族）	6	68	35	33
利嘉國小（卑南族）	6	44	21	23
大武國小（排灣族）	6	105	61	44
土阪國小（排灣族）	6	39	16	23
東河國小（阿美族）	6	43	19	24
大坡國小（阿美族）	6	40	18	22
武陵國小（布農族）	6	61	34	27
海端國小（布農族）	6	46	25	21
大南國小（魯凱族）	6	71	33	38
蘭嶼國小（雅美族）	6	27	16	11

〔註 50〕數據來源於臺東縣教育處網站：http://www.ttct.edu.tw/home2/page06.php 以及
　　　　http://www.ttct.edu.tw/home2/page05.php

學校名稱	上學年畢業生	男專任教師	女專任教師
南王實小（卑南族）	12	3	10
利嘉國小（卑南族）	5	6	7
大武國小（排灣族）	19	3	12
土阪國小（排灣族）	8	7	6
東河國小（阿美族）	7	9	3
大坡國小（阿美族）	4	2	2
武陵國小（布農族）	10	6	6
海端國小（布農族）	9	5	9
大南國小（魯凱族）	6	6	6
蘭嶼國小（雅美族）	4	8	4

資料來源：臺灣教育統計處網站：2019～2020 年度國民小學校別資料 https://depart.
moe.edu.tw/ed4500/News_Content.aspx?n=5A930C32CC6C3818&sms=91B
3AAE8C6388B96&s=596D9D77281BE257

以下列舉 2019～2020 學年臺東原住民地區幾所初中的具體情況：

表 6.7　臺東原住民地區初中現狀

學校名稱	班級數	學生數	男學生數	女學生數	上學年畢業生
卑南國中（卑南族）	13	269	164	105	88
蘭嶼國中（雅美族）	6	87	41	46	29
海端國中（布農族）	3	38	20	18	12
大王國中（排灣族）	10	207	116	91	74

資料來源：臺灣教育統計處：2019～2020 年度國民小學校別資料 https://depart.
moe.edu.tw/ed4500/News_Content.aspx?n=5A930C32CC6C3818&sms=91B
3AAE8C6388B96&s=596D9D77281BE257

　　根據數據統計，截止至 2019 學年，臺東地區國小的原住民學生人數占我國臺灣地區總原住民學生數的 44.1%，國中的原住民學生人數占我國臺灣地區總原住民學生數的 43.8%。〔註51〕臺東地區小學中原住民學生共 4400 名，占臺東全體學生的 44.1%，占全臺小學學生總人數的 10.36%；初中原住民學生共 2540 人，占臺東全體學生的 43.8%，占全臺初中學生總人數的 11.19%，

〔註51〕臺灣教育統計處網站：https://stats.moe.gov.tw/statedu/chart.aspx?pvalue=41

二者均居於全臺原住民學生人數首位。〔註 52〕其中，臺東地區的高級中等學校中蘭嶼高中的原住民學生占比最高，達至 98.3%。〔註 53〕臺東高級中學其中普通科原住民學生數為 305 人，綜合高中原住民學生數為 696 人，職業科原住民學生數為 1049 人，學士班原住民學生數為 401 人，碩士班原住民學生數為 144 人，博士班原住民學生數為 2 人，特教學校原住民學生數為 61 人，〔註 54〕都遠低於其他地區。

　　由上述表格及統計數據觀之，臺東地區學校中原住民學生人數比例較高，但不同地區的不同學校有各自不同的具體情況。總體上來看，在臺東原住民地區學校的班級數較少，各個學校的學生數分布不均，個別學校學生數極少，教師數也相應較少。此外，原住民學生高學歷的人數占比較少，接受高等教育的原住民學生更是少之又少。

二、學校教育的具體實踐

（一）臺東市南王實小（卑南族）

　　南王實小創建於 1897 年 4 月 1 日，當時為臺東日語傳習所之卑南分教場，它是除了豬勝束日語傳習所以外，日本統治者在臺灣原住民居住的山地建校最早的一所小學。後來於 1905 年改為卑南公學校，為卑南族區域中最大的學校。1941 年更名為卑南國民學校，學區包含南王、卑南、賓朗、岩灣等地區；1945 年臺灣光復後，正式更名為南王國民學校，高榮華為光復後首任校長，學區包括南王及卑南兩區；1951 年 8 月 1 日，卑南分校獨立，即現今的卑南國民小學；1968 年改為南王國民小學；2017 年 8 月 1 日正式更名為「南王 Puyuma 花環實驗小學」（以下簡稱為「南王實小」）。其中，「Puyuma」為卑南族語，有集中、團結之意。「Puyuma」一詞也指卑南族十部落中的南王部落。花環則最能凸顯卑南族穿著服飾特徵，在任何重要場合，包括在婚喪祭典時，族人都會佩戴花環以表尊崇和團結。以「Puyuma」和花環為學校命

〔註 52〕 數據來源：臺灣統計處教育信息查詢 https://stats.moe.gov.tw/statedu/chart.aspx?pvalue=41，臺灣統計處 2019 年縣市統計指標之各縣市國小、國中、高級中學之概況統計：https://depart.moe.edu.tw/ED4500/News_Content.aspx?n=82CAED1A33B4CD83&sms=DBDDB8 DC17D0D8C4&s=70F4101D51651396
〔註 53〕 數據來源：臺灣統計處教育信息查詢 https://stats.moe.gov.tw/statedu/chart.aspx?pvalue=42
〔註 54〕 數據來源於臺灣教育統計：http://stats.moe.gov.tw/files/ebook/Education_Statistics/109/109edu.pdf

名，表達了意圖培養卑南學生在濃厚的本族文化薰陶中學習成長，互相幫助，成為受人尊敬之人的美好期待。如今的南王實小是融入於卑南文化及部落傳統的學校。

圖 6.5　南王實小內雙語教學標語

圖 6.6　南王實小的卑南鄉土教育中心

　　南王實小比鄰卑南國中以及卑南遺址公園，校地面積約 23668 平方米，原住民學生比例達八成，其中又以卑南族居多約占全校學生數六成，為臺東市區原住民學生比例最高的學校。此外，學生的家庭組成以隔代教養及單親家庭的比例最高。該校校長洪志彰著力於語言復振、文化深耕及學力扎根的教育理念，致力於打造更具卑南文化特色的民族實驗學校。他希望能將學校教育與家庭教育緊密結合，讓學校的教育也成為卑南兒童成長的一部分。

　　筆者在調查中，走進南王實小就感受到校園被濃厚的卑南文化所包圍。進入校門首先領入眼簾的便是少年會所，它是按照比例縮小的小型建築，它也是卑南文化的一大標誌。少年會所的一側為棟教學樓，教學樓的走廊張貼著拉丁文書寫的卑南語及漢語的日常交流用語、動植物的雙語名稱、家庭親屬稱謂的雙語標識等。在教學樓的盡頭是卑南民族文化教育中心，是開展卑南文化課程及卑南文化交流的場地。該教育中心日常作為學校民族文化教育課程的教學場所，活動室的前方設立了少年會所的模型以及收穫小米的工具模型，活動室的四周是卑南學生跟隨課程教學而親手製作的富有卑南文化特色的繪畫及手工藝品。這些都彰顯了這所具有卑南文化特色的民族實驗學校的教學理念，即讓民族文化走進學校，融入學生的日常學習生活中，這也是卑南文化深耕的體現。

　　在教育理念及課程設置方面，南王實小改變以往學校教育的固定模式，將部落的耆老及民族教育老師，甚至是志同道合的家長都納入整個教育環節，花費一年多的時間制定出卑南族的文化課程，囊括 14 個主題、1032 節的文化教學方案。從一年級至六年級的課程，將卑南族的神話傳說、節日祭典、生產生活、文化信仰等一一展現出來，並結合每一階段兒童不同的認知程度及身心差異，提倡以人為本的教育理念，施以多元化的教學方式。以沉浸式的教育模式為主，鼓勵兒童多思考、多動手，跳脫紙上談兵的固有框架，以情景式的表現手法還原卑南族的傳統文化。

　　在南王實小的卑南文化課程教學方案中，上學期共有 9 個主題，分別為會所文化、我們的部落、卑南族的先賢、Puyuma 年祭、卑南族飲食文化、圖紋之美、Puyuma 樂舞饗宴、狩獵文化及文化隧道書；下學期的課程共有 8 個主題，分別為 Puyuma 小米文化、Puyuma 的家、圖紋之美、Puyuma 文學與創作、卑南飲食文化、Puyuma 樂舞饗宴、風箏故事、土地與信仰。針對不同的課而設置了不同的教育方案，如「我們的部落」、「卑南族的先賢」及「卑南族飲食文化」等課程，會邀請南王部落的耆老前來學校為學生講述卑南族的傳統文

化，分享地方性知識。吳花枝阿姨曾經受聘於南王實小，成為該校民族文化教育課程的志願者，她曾在活動中心為學生講述卑南族佩帶花環的習俗以及卑南族獨特的飲食文化，並且教學生演唱卑南族的古調及陸森寶老師創作的關於卑南族的歌曲《懷念年祭》等，收穫了學生及老師的一直好評。

> 我當時去做志願者，教那邊的學生唱我們卑南族的歌曲，小孩子們都很感興趣呢，他們都學的很認真。有幾個孩子是真的特別有天賦，聽我唱一遍就能跟著一起唱了。洪校長說那邊的學生還要我過去教他們唱歌，給他們做好吃的呢。〔註55〕

以下以「會所文化」及「我們的部落」課程為例，呈現南王實小關於民族文化教育課程具體的教學實踐。

圖 6.7 南王實小文化課程「會所文化」篇教學內容

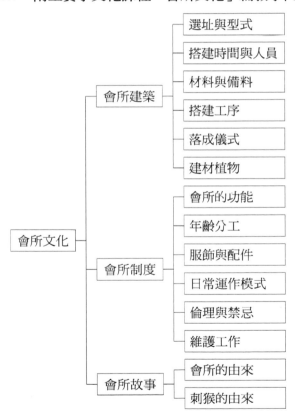

筆者根據《南王 puyuma 花環實驗小學文化課程教案》中《會所文化》課程製作

〔註55〕訪談詳情：吳花枝（女，卑南族），訪談時間：2019 年 12 月 16 日，訪談地點：臺東縣南王部落吳花枝家中。

圖 6.8　南王實小文化課程「我們的部落」篇教學內容

筆者根據《南王 puyuma 花環實驗小學文化課程教案》中《我們的部落》課程製作

　　「會所文化」課程從三方面入手講解會所文化，分別是會所建築、會所制度及會所故事。在這三個主題下又分裂出多個詳細的內容，會所建築主題

包含選址與型式、搭建時間與人員、材料與備料、搭建工序、落成儀式、建材植物等 6 個內容；會所制度主題包含會所的功能、年齡分工、服飾與配件、日常運作模式、倫理與禁忌、維護工作等 6 個內容；會所故事主題包含會所的由來及刺猴的由來等 2 個主題。

「我們的部落」課程如上圖所示，包含部落設界、部落歷史、領域變遷、部落組織、部落產業以及部落對外關係等六個部分。

以上民族文化教育課程的教學目的以達成學生在認知、情感及技能方面對族群文化有深刻的感受。在認知方面以期達成以下教學目標：

1. 能夠瞭解課堂族語的意思；
2. 瞭解自己所居住的社區文化；
3. 比較不同部落間的文化異同；
4. 知道卑南傳統故事；
5. 透過傳說故事與現今部落發展聯結；
6. 瞭解卑南傳說與現今部落的改變；
7. 直到傳統領域及現在的部落設界；
8. 瞭解部落組織及其運作模式；
9. 認識傳統與現代的部落產業；
10. 瞭解卑南族不同時期的對外關係。

在情感方面以期達成以下教學目標：

1. 能認識在傳統領域與現今領域設界的不同，進而表達對其看法；
2. 能思考先民在傳統產業與現代產業的轉換與調試。

在技能方面以期達成以下教學目標：

1. 能念出部落名稱及課堂卑南族語；
2. 能認得卑南八社十部落名稱；
3. 能重述卑南傳說故事；
4. 能分享我們部落相關故事；
5. 能思考並設立訪談問題；
6. 能透過課程進行訪談；
7. 能透過課程進行實地踏查；
8. 能搜集課程相關之時事（傳統領域劃設辦法、新聞報導）。

南王實小尤其重視卑南傳統少年會所制度的傳承，採用互動式、沉浸式的

文化課程教學，將學校教育與部落教育緊密聯繫在一起，在部落學習、向部落學習，強化了原住民學生的自我認同及族群認同。在 2019 年末卑南「少年猴祭」前夕，南王實小曾組織學生上山砍竹子，並有專業老師指導學生親手完成卑南族少年會所的製作。雖然只是製作一個縮小版的少年會所，但通過讓學生親自體驗的製作過程，實踐了這種互動式、沉浸式文化課程教學理念，讓學生深刻感受卑南族傳統文化的魅力，是部落教育與學校教育密切聯繫的重要體現之一。由此，進而達成該校的教育目標，即希望培養學生具有主動學習的能力，以及良好品格的養成，並藉由學生生活環境之文化底蘊，並透過實操參與，讓學生認識自己的原住民文化，並學會尊重與欣賞不同的文化，發覺與培養自身的興趣與天賦，以達到「自發、互動、共好」的教學目的。南王實小以卑南族的傳統文化為民族教育的特色，從語言復振、文化深耕及學力扎根三部分的教育願景下，致力培養擁有雙文化能力的學生。

（二）大武鄉大武國小（排灣族）

大武國小位於臺東縣大武鄉大武村，全村原住民人口近 6 成。大武鄉大武國小的前身有二，一為臺東日語傳習所的分教場，一為大武尋常小學校。前身為臺東日語傳習所分教場的沿革如下表所示：

表 6.8　大武國小校史

時　　間	沿　　革
1904 年	大武國民小學創校，時名「巴塱衛番童教育所」，為臺東日語傳習所分教場
1904 年 4 月	因臺東日語傳習所分教場廢紙，遂改稱「巴塱衛公學校」，對原住民學生施以教化
1917 年	改為「巴塱衛番人公學校」
1920 年	巴塱衛改為大武，校名不變
1922 年	改回「巴塱衛公學校」
1941 年	遷至大武橋改名為「大武大橋國民學校」

前身為大武尋常小學校的沿革如下表所示：

時　　間	沿　　革
1911 年	設立專攻日本子弟就讀的「大武尋常小學校」
1941 年	改為「大武國民學校」

　　兩校合併後的沿革如下表所示：

時　間	沿　革
1945 年	大武大橋國民學校與大武國民學校合併
1968 年	實施九年國民義務教育，改稱「大武國民小學」

資料來源：筆者根據大武國小網站學校沿革重新編制 https://twps.boe.ttct.edu.tw/
　　　　　files/13-1136-37881.php?Lang=zh-tw

　　如今，大武國小學生總數為 106 名，其中原住民學生比例占 75.47%，其中排灣族 70.41%、阿美族 2.5%、卑南族 2.56%。全校教職工 22 名，其中原住民籍 2 名，分別為排灣族和阿美族，原住民教師占比 9%。〔註56〕

　　學校將原住民文化相關課程納入教學的框架，小學二至六年級將國語、本土語並行，其中本土語為排灣語教學，每週本土語均為 1 節。一年級的排灣語教學主要教授排灣語的拼音字母（母音、清音、濁音、古音等）並練習簡單會話；二年級主要教授排灣語的聽讀能力，如「djavadjavai sun sinsi？〔註57〕（老師你好麼？）ui，djavadjavai aken masalu.（是的，我很好，謝謝）」，並灌輸排灣男女兩性的性別意識並介紹母系社會；三年級主要教授學生從家庭生活中認識過去的排灣族社會，如上學期第一課「Ku kina cemekeljan（我的家庭）」；四年級教授簡單族語表達日常生活以及排灣族歌謠，如上學期第十三課「na paiwan a senai 1（排灣族的歌謠一）」；五年級讓學生理解人與自然的相互關係，通過族語認識自己家族文化，如上學期第九課「paljilji tjaivuvu 去拜訪奶奶」；六年級通過生動的情境讓學生學會孝順父母及表達願望的良好習慣，並能感知自然與四季的變化，保護自然。如上學期第九課「raljiz（颱風）」。

　　總體來看，大武國小的排灣文化課程，由排灣籍教師進行授課，低年級從認識排灣族語的拼讀和發音開始，中高年級逐步涉及到排灣族的家庭結構、社會組織、節慶歌謠等傳統文化層面，採用循序漸進的授課模式。此外，大武國小亦將排灣族文化分享納入其原住民課程規劃中，以族語為基礎，通過對話交流及實物的展現，推進排灣族文化教育。大武國小的原住民民族文化教育頗有成效，該校在 2019 年度本土教育資源榮獲優等評級，成為大武鄉排灣族學校教育中的佼佼者。

〔註56〕數據來源於臺東縣大武國小網站 http://co.boe.ttct.edu.tw/data/108/144637/108
　　　　大武國小_◎乙、壹、學校現況及背景分析 51625e5d1d785ca
〔註57〕為排灣語，以下便不再贅述。

（三）東和鄉東河國小（阿美族）

東河國小位於臺東縣東和鄉東河村，該校自 1921 年創辦以來，距今有近 100 年的歷史。該校的沿革如下表所示：

表 6.9　東河國小校史

時　　間	沿　　革
1921 年 5 月 1 日	都歷「蕃人」公學校的大馬武窟分班
1921 年 5 月 10 日	成立為大馬武窟公學校（四年制）
1933 年 4 月 1 日	改為六年制
1940 年 4 月 1 日	改為大馬公學校
1943 年 4 月	設立隆昌分班
1946 年 4 月 1 日	改為東河國民學校
1946 年 9 月	東河國民學校隆昌分班，獨立為隆昌國民學校
1968 年	改為東和國民小學

資料來源：筆者根據東河國小網站重新編制 http://www.thps.ttct.edu.tw/files/11-1110-1895.php?Lang=zh-tw

如今，東河國小全校有 6 個班級，是一所偏遠地區的「迷你」小學。該校所在村落東河村，為原住民與漢人的混居村落，其中原住民多以阿美族居多。因此，東河國小是一所漢人及原住民混合的小型學校，其中原住民學生占 65%。截止 2019 年，該校六個年級共 37 名學生，其中原住民學生 27 名，位於校內的附屬幼兒園共 17 名學生，[註58]學生規模實屬「迷你」。全校教職工 18 名，其中 12 名為教師，包括一名阿美族老師。

筆者在調查中遇到該校的一名女數學教師，她熱情地向我們展示了她獨特的教學方式和自己製作的教具。這名年輕的女教師希望她的學生能在遊戲中學習，如利用不同的圖形和撲克牌來學習數字的大小；利用磁鐵的漢字貼，讓學生學習替換造詞；黑板的上方左右邊表明「左」和「右」，利用人的雙手為圖像提醒學生分清楚左右。現任校長姚乃仁在一旁解釋「我們很多原住民小朋友會有左右不分的狀況，所以用手的圖像畫在黑板上，可以時刻提醒學生哪個是左邊，哪個是右邊，這樣老師就不用每次用話語提醒，用圖案這種最直觀

[註58] 數據來源於東河國小網站 http://co.boe.ttct.edu.tw/data/108/144655/108 東河國小_◎乙、壹、學校現況及背景分析 f42ea65d31469d87f61.pdf

的方式隨時提醒學生。」〔註59〕

　　東河國小設有語言教室，主要教授閩南語、原住民語（主要為阿美語）及新住民語〔註60〕（主要為印尼語）。其中，原住民語會外聘請專門的阿美語老師來此進行授課。校內有一個電腦室，每四年更新一批電腦，按照學生人數最更多的班級，一人一臺進行配置，額外有教師使用的一臺。教室旁邊設有一個室外資源回收的置物箱，學生將垃圾在教室分類好，再有組織地投放入垃圾分類箱中，姚校長說：「這是讓原住民學生自己動手，從小就樹立垃圾分類和環保的觀念，我們收集的瓶子可以換錢，也讓學生知道金錢的來之不易。」〔註61〕教室盡頭的菜園則是由老師及中高年級的學生，在開學的9、10月利用課程進行開墾共同耕種，種植了茄子和九層塔等較為好打理的蔬菜。菜園旁邊則是學校廚房的儲水系統，這是校長購置的過濾系統，通過過濾處理讓臺東的硬水變為軟水。同時，學校每兩間教室內有一臺飲水機，這樣水通過二次過濾淨化，保證老師及學生喝到的水是健康的。學校廚房則是按照一位學生一天50元的營養午餐進行競標，由外面的餐飲公司負責做好運過來。通過這些細節，可以感受到該校對於良好教育環境的重視。

　　學校內設有幼兒園，2011年4月完工，目前幼兒園有兩間教室，由一位園主任、一位保育老師及一位廚師組成。園主任也是幼兒園的班主任、教導者，負責整個幼兒園的日常管理。幼兒園內部環境溫馨，每一間教室按照不同功能分區，分為午休區、玩具區、手工區、活動區、餐飲區、教師辦公區、兒童廁所區等。保育老師會教學生折紙、畫以及、做手工，並將學生的繪畫作品及手工作品擺放在展示區。在參觀中，筆者發現該幼兒園也將原住民文化滲入其中，學生學習繪畫的圖紋多為阿美族紋飾，製作的手工也是與阿美族傳統文化相關的作品。幼兒園主任介紹道：

　　　　我們這裡就是阿美族的部落，很多學生也是阿美族。而且我們
　　學校和幼兒園都是以阿美族文化為特色的，讓學生在教育中感受阿
　　美族文化的魅力。所以老師教學生們畫畫啊做手工啊，會把阿美族

〔註59〕訪談詳情：姚乃仁，男，東河國小的校長，訪談時間：2019年12月11日下
　　　　午16時，訪談地點：臺東縣東和鄉東河國小內。
〔註60〕在此地有許多通過中介公司雇傭印尼人進行長期照顧，有很多印尼人來臺後
　　　　與當地人結婚，成為「新住民」。
〔註61〕訪談詳情：姚乃仁，男，東河國小的校長，訪談時間：2019年12月11日下
　　　　午16時，訪談地點：臺東縣東和鄉東河國小內。

文化的東西放進去。〔註62〕

對阿美族而言，東河村是海岸阿美族文化的重要指標區域，對於東河國小而言，基於地方以及家長對阿美族傳統文化的重視，它承擔了保護與傳承原住民文化的教育中心角色。

東河國小根據國小學生的身心發展狀態制定不同階段的原住民文化課程，由簡入繁、由易入難、循序漸進，並加入動手實際操作的教學，讓學生將學習內容內化。學校從一年級至六年級均開設阿美語課程，重視培養學生聽說讀寫及綜合應用阿美語的能力。利用阿美語作為溝通的工具，在與人溝通的過程中進一步啟發學生對於族語學習的興趣。同時，在這一過程中，也增強了學生多元文化以及跨族群人際溝通的能力，並以原住民文化主體性的觀點，來思考自己與他人的關係。學校的原住民特色課程從低年級開設，即「文化阿美」。其中「文化阿美」包含「飲食」、「童玩」、「服飾」三個子題。以下為「文化阿美」部分的具體課程及學習節數：

圖 6.9　東河國小文化課程「文化阿美」篇教學內容

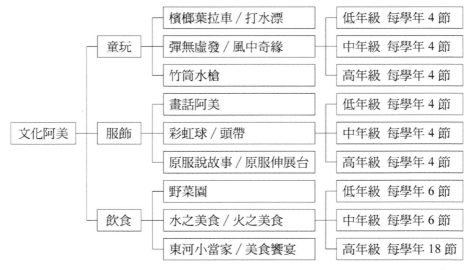

筆者根據東河國小課程安排重新編制 http://co.boe.ttct.edu.tw/data/108/144655/108 東河國小_◎乙、肆、課程實施與評鑒一、課程實施 2773365d380c09702ec.pdf

東河國小因學生數量少，相應地教師數量也相對較少。其中，教師也大多身兼多門課程。如二年級李老師任生活、健體、本土語三門課程；三年級鄭老師甚

〔註62〕訪談詳情：東河國小附設幼兒園主任，女，訪談時間：2019 年 12 月 11 日下午 16 時，訪談地點：臺東縣東和鄉東河國小附設幼兒園內。

至擔任英語、自然、綜合、社會、藝文、本土語、音樂、彈性等 7 門課程之多。除專職教師外，學校的兩名主任也負責擔任綜合、社會、健體、彈性等課程。

此外，該校一方面是基礎教育的場域，另一方面也是東河村村民的生活重心。校內行政樓對面正在施工營造阿美族部落的瞭望臺，校長告訴筆者「這代表著我們學校和附近的原住民居民守望相助」〔註63〕。在假日，東河村若有婚喪嫁娶的活動，東河國小的體育場地會免費提供。東河國小將學校與部落緊密聯繫起來，在學校與部落的互動中為原住民民族文化教育課程注入活力。

總體來看，東河國小可以視為臺東較為偏遠地區原住民學校發展的一個典型案例。該校依據阿美族文化特質發展特色教育，其教育發展有如下優勢：其一，其師生、教職工的互動與溝通較為和諧；其二，充實的軟硬設施也為師生提供了安全穩定的教育環境；其三，較為重視學生基本能力的養成；其四，依據地方特點，開發阿美族文化特色的多元學校本位課程。

（四）延平鄉武陵國小（布農族）

武陵國小位於臺東縣延平鄉武陵村，「武陵」在布農語為「Buklavu」（音為布榖拉夫），意為平原之意。日據時期，1914 年至 1941 年日本殖民者為了便於管理，遂將散居在附近深山的布農族強制遷移至武陵村及永康村。武陵村日據時期改名為「明野」，臺灣光復後該回「武陵」。該校沿革史如下表所示：

表 6.10　武陵國小校史

時　間	沿　革
1924 年	該地設立「蕃童」教育所
1945 年	改為武陵國民學校
1968 年	改為武陵國民小學
1966 年	成立永康班
1967 年	永康班改為永康分校
1968 年	永康分校獨立設校
1996 年	因永康分校人數劇減，並為武陵國民小學之分校
2000 年	永康分校裁撤併入本校合班上課

資料來源：筆者根據武陵國小校史重新編制。

〔註63〕訪談詳情：姚乃仁，男，東河國小的校長，訪談時間：2019 年 12 月 11 日下午 16 時，訪談地點：臺東縣東和鄉東河國小內。

現今，該校共教職工 19 名，其中國小教師 11 名，布農籍教師 5 名；國小學生 66 名，其中布農族 32 名，阿美族 2 名，排灣族 2 名。

該校以布農族文化為原住民民族文化教育發展特色課程的內容，將布農文化滲入日常行事中，在制定校歷時將布農族傳統文化囊括其中，武陵國小 2019～2020 年度的校歷中涉及布農族文化的部分如下表所示：

表 6.11　武陵國小校歷涉及布農族文化的內容（2019～2020 年度）

時　　間	事　　件
2019 年 9 月 6 日週五	小米進倉祭活動
2019 年 10 月 24 日週四	合唱及鄉土歌謠鹿野分區賽
2019 年 12 月 6 日週五	小米開墾祭活動
2020 年 1 月 3 日週五	小米播種祭活動
2020 年 3 月 20 日週五	小米除疏祭
2020 年 4 月 11 日週六	村射耳祭
2020 年 5 月 5 日週四	布農族射耳祭
2020 年 6 月 5 日週五	小米收穫祭

資料來源：筆者根據武陵國小校歷重新編制。

該校開設本土語教學，主要為郡群布農語作為原住民語言特色教育，輔助布農族民族文化教育課程的開展。筆者在武陵國小調查期間，發現該小學有著濃厚的布農族文化氛圍。教學樓的走廊張貼著布農語和漢語雙語對照的日常用語牌，牌子的頂部則是布農族特色的祭事歷。〔註64〕如「maluspingaz ik〔註65〕我是女生；mabananaz ik 我是男生；isnanavan ik 我是學生」、「maazisu ulusa patas？你的衣服什麼顏色？madanghas 紅色的」、「isa isua lumah？你的家在哪兒？Isis Buklavu 在武陵」等。透過環境的布置，營造出布農族民族教育的學習環境。

武陵國小將布農族文化課程列入學校本位課程之中，校內設有原住民教育資源中心。該校利用資源中心結合部落資源推動布農族傳統歌謠、族語、

〔註64〕布農族的祭事歷是由豐富的象形符號顯示在一年中，所有布農族有關農事、狩獵、以及生命禮俗的祭典與時間順序，是布農族先祖留下來珍貴的智慧遺產。
〔註65〕為布農語，以下便不再贅述。

祭儀文化的教學活動，透過多元的教育環境，培養學生在傳承中學習布農族的文化。

圖 6.10　武陵國小內的雙語標語

　　該校設置的布農族文化發展學校本位課程，從一至六年級均有民族教育的相關課程，每週為 1.5 節，共 30 節。主要課程有我的家鄉、美麗傳說、唱出布農情、阿媽的織布箱、有趣的童玩、布農民族植物、布農歷史地理、布農族文倫理、布農神話傳說、布農祭祀禮儀、布農生活育樂、布農文化藝術、布農民俗體育文化、布農傳統歌謠、小米祭儀主題課程、環境教育與傳統智慧等。在以布農傳統文化為核心的教育氛圍下，武陵國小發展原住民文化課程卓有成效，學生在多次比賽中獲獎，如 2018 年六年級的余佳穎同學參加語文競賽獲得臺東縣布農族朗讀國小組第二名；2019 年四年級的胡品蓉同學參加國民中小學本土語言歌謠比賽獲得原住民語國小乙組的優選，三年級胡苡嫄同學獲得甲組優選的好成績。該校校長也對教育成果頗有感悟：

> 我們主要以布農族文化為教育特色，大部分學生也都是附近的布農族。很多布農族的孩子在學校第一次系統地接受布農族傳統文化的教育，因為之前他們在部落接觸到的文化也比較零散嘛，不可能什麼都知道的。在學校我們的教材學生也比較感興趣。〔註66〕

　　另一方面，校內所設的原住民教育資源中心也發揮了布農文化的教育功能。原住民教育資源中心（布農族）建於 1987 年，原先作為音樂教室使用，後改為布農族的教育資源中心。中心一樓陳列著與布農族相關的對象，有布農族的服飾、日常生活及生產用品等。其中，還陳列著學生的織布作品及弓箭等工具，此外，還擺放著小米、鐮刀和獵到的獸骨，以及代表布農族特色的祭事歷。根據課程設計，資源中心會和部落進行合作，邀請部落耆老或布農文化精

〔註66〕訪談詳情：胡琢偉，男，武陵國小的校長，訪談時間：2019 年 12 月 18 日，
　　　　訪談地點：臺東縣延平鄉武陵國小內。

英來此開展布農族文化課程的教學實踐，跳脫出課堂和書本較為固化的教學模式，以實物製作、展示以及情境展演的形式，讓學生親身感受布農族文化的獨特魅力。

圖 6.11　布農教育資源中心服飾展示

圖 6.12　布農教育資源中心小米及鐮刀展示

圖6.13　布農教育資源中心布農祭事歷展示

圖6.14　布農教育資源中心

　　在武陵國小原住民文化課程的培養與薰陶下，學生能夠加深對於自我的認同及布農族文化的認同，他們並不以自己是原住民而感到自卑，而是自豪於自己血脈裏湧動著布農族生生不息的血液。就像校內兩名布農族學生的作文裏寫道：

　　　　美麗的延平鄉，一群無憂無慮的孩子，親愛的孩子們，世界等
　　　著你們來改變。原住民的孩子，是祖先的希望，也是祖先心裏的燈，

要為祖先照亮回家的路。我們更是未來的希望，不要被挫折給壓扁了。延平鄉的野孩子，拿著你們手中裏的武器，勇往直前向自己的目標飛奔。〔註67〕

我是個無憂無慮的原住民野孩子，我的皮膚黑黑的，像土的顏色一樣，眼睛星光熠熠、圓潤，像一顆光亮的星星。我們的聲音樂器一樣嘹亮，穿過高山、山谷、海洋，手臂粗壯像樹幹一樣，背起重重的木頭。我們的故鄉延平鄉，風景漂亮、天空湛藍像一件藍襯衫，空氣清新，也有清新的河流，我們的河流就像一條彎彎曲曲蛇，星星亮亮。〔註68〕

他們以童真的語言，炙熱的情感，表達著他們對於布農族及布農文化的熱愛，這種情感伴隨著日常部落生活及學校的民族教育課程滲透進他們的觀念中，這便是一種「潤物細無聲」的文化嵌入。

筆者在武陵國小進行調查時，操場上有一群學生組成的歌唱團在老師的指導下排練布農族的「祭槍歌」。據校長介紹說：

他們是在為幾天之後的歌唱比賽作準備。這也是我們學校的特色之一，由不同年級的布農族學生組成歌唱團，出去比賽或是交流，讓外面更多的人看到我們學校，感受我們布農族文化的魅力。〔註69〕

歌唱團內有年齡較小的學生，他們聽從老師指揮，一遍一遍排練，沒有因為炎熱的天氣而有怨言，「他們參加這個活動都很自豪呢。」〔註70〕整個表演其中有一段「報戰功」的片段，幾名男生依次在隊形中央隨著其他學生的附和聲，大聲地用布農語「報戰功」，大意為我叫什麼名字，我在這一年有什麼優秀的表現，獲得過哪些榮譽和獎勵。據校長介紹，校內合唱團經常代表學校出去交流比賽，他們曾參加臺東縣2018學年學生音樂暨師生鄉土歌謠比賽，並

〔註67〕胡品蓉：《美麗的家鄉》，資料來自於武陵國小校刊 http://sfs.boe.ttct.edu.tw/data/144690/school/docup/mariok_330_107%BE%C7%A6~%AE%D5%A5Z-%AAZ%B3%AE%B0%EA%A4p.pdf

〔註68〕王辰鈞：《星星亮亮》，資料來自於武陵國小校刊 http://sfs.boe.ttct.edu.tw/data/144690/school/docup/mariok_330_107%BE%C7%A6~%AE%D5%A5Z-%AAZ%B3%AE%B0%EA%A4p.pdf

〔註69〕訪談詳情：胡琢偉，男，武陵國小的校長，訪談時間：2019年12月18日，訪談地點：臺東縣延平鄉武陵國小內。

〔註70〕訪談詳情：胡琢偉，男，武陵國小的校長，訪談時間：2019年12月18日，訪談地點：臺東縣延平鄉武陵國小內。

獲得原住民語系國小團體優等獎不錯的成績，這也令校長很自豪：

> 很鼓舞人心呢，也讓我們更加確定我們在做的事是對的，能讓學生瞭解自己的文化，並且更加認同布農文化。我們也算是布農文化的傳遞者吧。〔註71〕

圖6.15　武陵國小合唱團排練布農「祭槍歌」

　　武陵國小一直致力於民族教育及發展原住民文化。2020年2月，在校圖書館舉辦了世界母語日的標語設計大賽，增進了學生對原住民族語的瞭解及認知。此後，該校便將每週三定為學校的母語教學日，提倡族語教學的生活化、正常化、趣味化、情景化、鼓勵化、整合化，致力於推動族語與日常生活相結合，透過多元化的教學方式培養學生說族語的習慣。此外，武陵國小深入貫徹落實民族教育，將布農族語融入到各領域教學實踐中，如將布農族語教學課程融入健體領域進行布農族傳統射箭教學、融入藝文領域的視藝課程教學中，進行傳統布農族服飾圖案、文化的繪畫。同時，學校還設置自有小米田，進行小米祭儀課程的實地教學，讓學生深刻感知小米文化的意涵。

（五）達魯瑪克民族實驗小學（魯凱族）

　　魯凱族分布於南臺灣中央山脈的兩側，分為下三社群、西魯凱族及東魯凱族。東魯凱族分布於臺東縣卑南鄉東興村，是臺東縣內唯一魯凱族的居住區。達魯瑪克（Taromak）在魯凱族語中意為「我們的家、發祥地」，其中「Ta」意

〔註71〕訪談詳情：胡琢偉，男，武陵國小的校長，訪談時間：2019年12月18日，訪談地點：臺東縣延平鄉武陵國小內。

為「我們的」,「romak」意為「家」。達魯瑪克民族實驗小學位於臺東市郊大南橋畔的卑南鄉東興村達魯瑪克部落,是臺東地區唯一以東魯凱族為主的原住民學校。該學區居民,除原住於東興村的魯凱族以外,還包括居住於大南橋的阿美族及漢人。該校的校史沿革如下表所示:

表 6.12　達魯瑪克民族實驗小學校史

時　　間	事　　件
1920 年 4 月	隸屬大南派出所「蕃童」教育所
1945 年 1 月	合併為利嘉國民學校大南分校
1946 年 9 月	獨立為大南國民學校
1963 年	成立新園分班
1964 年	新園分班升格為分校
1967 年 8 月	改為臺東縣大南國民小學（新園分校獨立設校）
2017 年	改名為達魯瑪克民族實驗小學

資料來源：筆者根據該校校史沿革重新編制。

如今,該校學生共 73 名,其中一年級 14 名、二年級 12 名、三年級 9 名、四年級 18 名、五年級 12 名、六年級 8 名,[註72] 學生中魯凱族的比例近六成。該校教師共 24 名,其中沉浸族語教師 1 名,校內教師 9 名,外聘教師 13 名,[註73] 多為魯凱族。外聘教師負責原住民文化的課程教學,如傳統歌謠、鼻笛、族群歷史、魯凱族傳說及狩獵神話、原住民植物、弓箭教學、編織刺繡技藝、祭儀禮俗等方面。一至六年級每週有 1 節本土或新住民語課程（即東魯凱語、東排灣語、閩南語以及菲律賓語）。

作為臺東地區唯一東魯凱族的學校,該校重視發揮魯凱族文化特色,遂於 1997 年 8 月設立「魯凱族鄉土教育中心」,現今充分發揮民族資源教室的功能,而作為魯凱族民族教育的部落博物館。此外,該校積極參與臺東地區原住民族語傳統歌謠教材的研發,組織原住民教師與部落耆老及科研文史工作者共同參與,將魯凱族的傳統歌謠進行採集、整理、分類與錄製。2011 年與原民會共同開發「bekas 吧！達魯瑪克」文化課程,是部落文化的民族教育課程納入正式領域的一次嘗試。2017 年學校轉型為「達魯瑪克民族實驗小學」後,

〔註72〕數據來源該校官網 https://school.boe.ttct.edu.tw
〔註73〕數據來源於該校官網 http://www.dnps.ttct.edu.tw/bin/home.php

在校長彭志宏的規劃下，提出以魯凱民族文化的沉浸式課程達到「文化再深、學歷再升、勇士（sanga）精神再生、雙手再伸」〔註74〕的教育目標。筆者在調查中對該校的教育目標有了深刻體會。首先，「文化再深」是指文化課程強調沉浸式、在做中學。以東魯凱文化為課程主軸，由認識自己的家到部落，增強學生的文化認同，由此影響或激勵學業成果；其次，「學歷再升」是指提高學生基礎學科的能力；再次，「勇士（sanga）精神再生」是強調東魯凱族的勇士精神。從小東魯凱族的兒童就被社會教化要追求成為勇士，這是東魯凱族所尊崇的最高榮譽象徵，由此引導學生重拾勇士精神，提升榮譽感，培養積極進取的人格；最後，「雙手再伸」是指文化課程強調從實際體驗中學習，以具體文化情境為依託，讓學生在具體實踐中加深文化學習的廣度與深度。

目前該校各年級每週有8節的魯凱文化課程。該文化課程主要在學校的文化教室、部落、集會所內由專聘教師或部落耆老進行授課，課程架構如下：

圖6.16 達魯瑪克小學文化課程架構

資料來源於該校官網 http://www.dnps.ttct.edu.tw/bin/home.php

〔註74〕參見孟祥瀚編纂：《增修臺東縣史·教育篇》，臺東：臺東縣政府，2018年，第198頁。

　　由上圖可知該校的魯凱文化課程以東魯凱文化為核心，課程包括社會制度、歲時祭儀、部落生態、樂舞神話、原創工藝、文史溯源等部分。全年課程設置以小米的播種—生長—收穫為時間軸，依託於魯凱族的小米文化，基於此拓展至家族、部落文化，並將生產與生活結合、將過去、現在與未來聯結、將教育與傳承並行，立足於學生的發展，並致力於培養部落文化的優勢人才。可以說，達魯瑪克民族實驗小學的魯凱文化課程是一個較為完整展示原住民特色傳統文化的課程。它深耕依託於部落，與部落密切聯繫，有利於將家庭、部落與學校三者有機結合起來。該校課程的理念也是從認識自己的家族開始，再擴沿至認識整個部落與東魯凱族的文化。教學方式也強調將部落生活融入教學，開展情景式教學，結合魯凱族文化中的歲時祭典而安排不同的教學。其中，著重強化魯凱語的學習是一種沉浸式教學的教育理念，以進入具體文化情景為原則，讓學生從體驗中學習。

　　從原住民文化教育課程的具體內容上來看，該校的文化課程內容主要包含：達魯瑪克的由來、起源故事、小米的故事、部落界址、部落的組成、家族的起源、家庭結構、祖靈屋、常見動植物、祭祀植物、生命儀禮、自然資源的運用、編織藝術、小米文化、飲食文化、傳統服飾、秋韆禁忌、男子集會所、山林智慧、宗教信仰、族群關係等諸多部分。一至六年級的文化課程，針對不同年齡階段學生的學習及理解、表達力的不同特點，採取循序漸進的課程設置。低年級課程多以激發學生學習興趣為主，如採取講故事或實地踏查部落的方式，講述魯凱族及部落的歷史；中高年級則更深、更廣地學習魯凱族文化的各個方面內容。總體來看，文化課程將情景式教學的特色發揮得淋漓盡致，注重課程的實踐性及學生的體驗感。如，學校設有專門的小米田，根據小米生長的不同階段，帶領學生前往小米田，由專聘教師或部落耆老授於播種、除草、收穫等技能；上山認識植物及祖靈屋，體驗搭建魯凱族秋韆、歌謠的學習、學習製作阿粺以及月桃編織等魯凱傳統文化。

　　達魯瑪克民族實驗小學附屬幼兒園於 2005 年 1 月 31 日增設，學生多為達魯瑪克部落的魯凱族。幼兒園設有族語教師，多以繪本的形式進行族語教學設計，如以繪本的形式介紹小米生長所需要的要素，及小米生長的過程，讓學生學習簡單的魯凱語詞彙。同時幼兒園設有族語教育班，開展魯凱族文化的教育活動，如帶領學生來到小米田為小米及紅藜除草、學習製作族語卡片、學習製作魯凱美食，以及到部落踏查部落舊址及祖靈屋。

綜上所述，達魯瑪克民族實驗小學是一所以魯凱文化教育為基礎的民族特色學校，民族教育課程較為全面，注重沉浸式的族語教育及情景式的文化教育。它依託於部落，能夠更好地將家庭、部落、學校三者密切耦合，有利於共同營造民族教育的良好氛圍。

（六）蘭嶼鄉蘭嶼國小（雅美族）

蘭嶼國小位於臺東縣蘭嶼鄉紅頭村，是一所以島上雅美族學生為主的小學。該校的校史沿革如下表所示：

表 6.13　蘭嶼國小校史

時　　間	事　　件
1923 年	設立，名為「紅頭番童教育所」
1946 年	改為「臺東縣紅頭國民學校」
1947 年	改為「臺東縣蘭嶼國民學校」
1968 年	改為「臺東縣蘭嶼鄉蘭嶼國民小學」

資料來源：筆者根據蘭嶼國小校史重新編制。

該校規模較小，學生多為蘭嶼島的居民。截止至 2019 年末，學校內就讀學生 27 名，其中雅美族 23 名。一年級 4 名、二年級 4 名、三年級 2 名、四年級 4 名、五年級 9 名、六年級 4 名。正式教師 6 名、代理教師 6 名。[註 75]學校一年級至六年級每週均設有一節本土語課程即雅美語課，由族語教師進行授課。基於雅美族的民族特色資源，該校開設雅美族文化課程，課程主題按照不同季節分為飛魚季（Rayon）[註 76]、夏季（Teyteyka）和冬季（Amyan）等不同主題，特定時節裏所教授的文化課程內容則不同，分為飛魚文化、漁團文化、芋田文化、分享文化、造舟文化、製陶文化、山林文化、生命禮俗文化、傳統藝術文化等九個子主題，如下頁圖所示。

在以上課程主題的框架下，具體授課分為「Alibangbang（飛魚）來了！」、「Akey（爺爺）的一生」、「冬暖夏涼的 Vahey（地下屋）」、「巴丹島來的 Wakey（地瓜）」、「典雅美麗 Tatala（拼板舟）」等內容。該校的文化課程涉及到雅美族的命名製度、歲時節日、生命禮俗、神靈信仰、藝術技能、民族飲食等層

〔註 75〕 數據來源於該校官網 http://co.boe.ttct.edu.tw/data/108/144685/108 蘭嶼國小_◎乙、壹、學校現況及背景分析 4c10a45d1b153f4f701.pdf

〔註 76〕 為雅美語，以下便不再贅述。

面。如 2019 年一年級下學期飛魚祭的教學在第 13 周進行認識飛魚的授課，包括分辨飛魚的種類、學習傳統飛魚的分類法及關於飛魚的傳說故事等，在第 15 周主要學習及參與飛魚的傳統祭儀。

圖 6.17　蘭嶼國小雅美文化課程架構

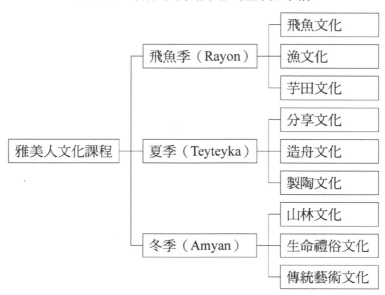

筆者根據該校課程資料整理制定，資料來源於該校官網 http://co.boe.ttct.edu.tw/data/ 108/144685/108 蘭嶼國小_附件、捌、原住民族課程 0a8a655d1ef41af3ed0.pdf

　　該校通過雅美族文化課程倡導「同村參與」的學校——部落共建的方式，營造良好的學習雅美文化的教育氛圍，注重學生的實際參與及感知。重視傳統原住民文化的延續，實行族語教學，延續雅美族文化傳承。根據不同年齡學生的身心差異及思維能力的不同，採取不同的授課方式。低年級主要以引發學習興趣為主，通過老師講述雅美族傳說神話故事的方式，讓學生體會雅美族文化的精神，便於其理解與接受；中年級則從雅美族的歷史軌跡出發，以部落的遷徙史及重大歷史事件為授課內容，讓學生能從整個文化歷史脈絡中認知雅美族的文化內涵；高年級則將視野擴大，不僅關注雅美族的文化，也關注雅美族與其他原住民族群之間的關係，培養學生廣闊的文化視野。

　　總體來看，蘭嶼國小在原住民教育上處於弱勢，且具有特殊性與典型性。受限於蘭嶼島的自然環境，與上述其他原住民地區小學相比，該校的民族教育仍存在最大的劣勢在於，封閉性的島嶼易造成文化落差以及民族教育資源的受限。

以上為臺東地區原住民學校教育的具體實踐，從卑南族、阿美族、布農族、排灣族、魯凱族、雅美族等原住民地區學校入手，深入闡釋了原住民的學校教育現狀。可以看出，各校以本地原住民傳統文化為依託，在此基礎上，形成各有特色的原住民文化教育課程，這些課程對於重建原住民傳統「知識觀」有著重要意義。但另一方面。這些學校的發展存在不可忽視的問題。

三、原住民學校教育面臨的困境

（一）原住民「少子女化」趨勢影響學校發展

近些年，臺東地區的原住民家庭逐漸呈「少子女化」趨勢。隨著社會競爭的增強，以及養育兒童的成本增長，使得越來越多的原住民家庭加入「少子」大軍，由此帶來學齡學生人數的減少，原住民學校遭合併甚至是廢校的命運。

筆者在臺東一所布農族小學——武陵國小調查時，校長告訴筆者：

> 這幾年我們學校的學生越來越少了，部落裏很多家庭都只有一個小孩了，學生數少，班級的授課都有很大影響。像我們還是屬偏遠地區的原住民學校，有時候我就擔心學校今後的發展問題，會不會合併或是怎樣。[註77]

這一點在臺東偏遠原住民地區表現尤為明顯，山區相較於都市區人口較為稀疏，位於山區的學校通常各個年級的學生總數均為一百以下，劃分至每個年級、每個班級，學生人數更是屈指可數，這對學校的教學與授課造成影響。「小班教學」成果並不好，有些學校因學生數量少導致多年級共同授課，這種「混合式」教學模式不利於學生的學習。學生數量的不固定，學校亦無法擴大教學規模或投入更優化的教育資源，甚至像武陵國小這種的學校面臨著合併或是廢校的窘境，這對於提升臺東地區原住民整體教育水平是不利的。

（二）文化差異造成的學習成就被忽略

臺東原住民地區的學校以漢文化為主的教材、課程及教學模式對原住民學生及非原住民學生統一授課，原住民文化與漢文化本就存在差異，學校在課程教學中未對這種差異進行劃分，而是利用統一的標準評判學生的學業成

〔註77〕訪談對象：武陵國小校長，訪談時間：2019 年 12 月 16 日，訪談地點：武陵國小內。

就。李亦園在其研究中發現教育的目標、教學的方法與漢人的標準一致,以致於很多與原住民實際的教育需要格格不入,致使原住民學生與家長沒有好感。〔註78〕這種與原住民日常生活情境「脫節」的教育方法及培養目標,勢必會造成原住民學生的低學業成就。筆者在調查過程中發現,在小學階段,原住民學生的成績遠低於其他非原住民學生,且不按時完成作業的比率高於其他學生。

社會普遍將原住民學生學業成就低的原因歸結於家庭或是原住民自身,常常會忽略文化差異這個重要原因。臺東原住民地區的學校除本土語課程及特有的原住民文化課程外,其餘課程均為統一的授課安排,與普通學生無異。語文、數學、英語等課程與原住民的傳統文化及日常生活相去甚遠,導致「大部分原住民學生從小就視上學為畏途,學習的情緒始終很低落,只有對體育、音樂、勞作等科目才感到興趣。」〔註79〕課後輔導原住民小學生功課的卑南青年孫賈尚軒說:

> 我們通常都給這些原住民小學生補習數學,因為相較於漢人,原住民學生的數學通常都很差的,考試一般都考不及格,還有很多原住民學生考幾分呢。因為數學比較抽象,很多原住民小孩子都不能理解,而且教材都是統一的,這對他們來說沒有優勢。〔註80〕

原住民學生所使用之教科書大多以漢族文化及意識形態為標準,涉及原住民文化的部分幾乎不多見。教學科目教材幾乎完全按照都會區學童的日常生活經驗來書寫,原住民學童只能依靠想像和老師貧瘠的講解達成表層的理解,這些文字及圖像脫離原住民學童的生活場域,無法更多地激起原住民學童的共鳴及學習熱情。沒有生活經驗的教材對原住民學童的吸引力不高,就像閱讀空洞的詩篇不知所云。

(三)課程設置與安排的不合理

1. 原住民族語課程不足

臺灣光復後至上個世紀 80 年代,臺灣社會廣泛推動國語運動,禁止使用

〔註78〕 參見李亦園:《臺灣土著民族的社會與文化》,臺北:聯經出版社,1982 年,第 444〜445 頁。

〔註79〕 李亦園:《臺灣土著民族的社會與文化》,臺北:聯經出版社,1982 年,第 413 頁。

〔註80〕 訪談人:孫賈尚軒(男,1975 年生,卑南族),訪談時間:2019 年 12 月 2 日晚 20 時,孫賈尚軒的車上。

方言〔註81〕，隨著原住民族群意識的覺醒以及時代變遷，原住民族語逐漸受到重視，成為學校的必修課程。2001 年臺東地區將鄉土語言列為正式課程，將族語列入語文課程，開始實施每週一節的族語課。

雖然本土語言被列入正式課程，但在臺東地區的大部分學校，原住民族語及文化教學，在課程占比仍較低，通常每週設置一節原住民族語課程及原住民文化課程，且有被逐漸邊緣化的趨勢。這對於從小缺乏族語語言環境的原住民學童來說是遠遠不夠的。學校這樣的語言環境不利於原住民學生學習族語，會造成原住民學生對本族群語言及文化認知產生疏離感，亦不利於原住民的文化傳承。

2. 標準化時間安排不適合原住民學生

李亦園在《社會文化變遷中的臺灣原住民青少年問題》中論述 20 世紀 70 年代末在臺東地區的原住民學校，課程設置依照嚴格的時間管理進行，原住民學生的活動均在老師嚴格的監督下進行，他們就沒有太大學習熱情，成果較差。李亦園又舉了臺東地區排灣族初中學校的一個例子，即學校有意安排戶外活動給原住民學生，但原住民學生並沒有特別大的熱情，因為戶外活動中的露營、野外求生、尋找野生可食用的植物等，對於原住民學生來說是習以為常的日常生活，而這些內容一旦被安排在課程中，作有序化的教授，他們便不能接受。待老師瞭解原因，改為較自由的上課方式，讓學生自由討論及操作，原住民學生的態度大為改觀。〔註82〕

筆者在調查過程中發現，低年級原住民學生在規定上課時間內更加容易走神，但在課外活動或實踐課程中精神則更投入。多名小學的校長及教師在被問及這個問題時，也表示原住民學生普遍喜歡體育課或是一些戶外的實踐課程，在這些課程中，他們表現得比其他非原住民學生更加出色。幾名就讀於南王實小的學生也同樣表示喜歡文體類的課程：「我就很喜歡體育課啊，可以到體育場和同學一起玩啦，很開心。我不喜歡數學課，因為很難，我一上數學課頭都會暈呢」、「還有上次我們一起去製作巴拉冠〔註83〕，老師帶著我們上山去砍竹子，再拿回來製作很小的一個巴拉冠」、「還有上次有姆姆來給我們講故

〔註81〕包括原住民族語。

〔註82〕參見李亦園：《臺灣土著民族的社會與文化》，臺北：聯經出版社，1982 年，第 443 頁。

〔註83〕即卑南族的「少年會所」。

事，教我們唱歌，我還學會了唱呢」、「我不喜歡考試啦，我的功課不好呢，還是不用考試的課我更喜歡呢」。

　　如今，臺東地區的學校仍遵從統一固定的課程安排，課程以課堂教學居多，且僅有的戶外實踐課程相對較少，原住民學生對固定時間的教學投入度相對較為不高。

（四）師資力量薄弱

1. 教師數量不足

　　李亦園在其研究中發現原住民學校大都偏遠，大部分教師不願意前往任職，很多願意執教的老師也只是抱著過渡的心理，希望一年半載後另覓他處，便也沒有心情與耐心認真完成教學及督促學生。當時在原住民地區就任的老師對原住民學生很多存在偏見，認為原住民學生的智力遠不如漢人學生，又生性頑劣，完全沒有平等、公平及包容地對待原住民學生，更別提肯鑽研、肯用特殊的教學方法引導原住民學生，激發起興趣了。〔註84〕

　　調查中筆者發現，臺東地區平均每個學校有十名左右的教師，但大部分多為漢族教師，原住民教師的數量更是少之甚少。在這些十名教師的教學過程中，通常每名教師又要兼任數門課程的教學工作，師資力量極度缺乏。筆者在臺東縣東河鄉東河國小做調查時發現，校內教音樂科目的小林老師之前是教授語文科目的，因教師緊缺轉為教授音樂後，自費在外面找老師練習鋼琴，鞏固自己的樂理知識。

> 　　我之前是教語文的，是語文組的，很久之前也彈鋼琴，但有點不太熟練了。現在做音樂老師了嘛，肯定要再把鋼琴撿起來，不然怎麼教學生呢。所以我就在外面花錢找老師教我鋼琴，這樣才教得好學生嘛。〔註85〕

　　此外，臺東原住民地區的學校很多教師身兼數職，甚至自己所學的專業和所教專業大相徑庭。例如臺東縣成功鎮三民裏的三民國小的小陳老師，她現在是該校的代理教師，教授音樂科目，但她大學主修專業是不動產，和音樂相去甚遠。

〔註84〕參見李亦園：《臺灣土著民族的社會與文化》，臺北：聯經出版社，1982年，第445頁。

〔註85〕訪談對象：臺東縣東和鄉東河國小音樂教師小林老師，訪談時間：2019年12月11日下午15時，訪談地點：東河國小會議室。

我的專業和音樂不相關，是不動產專業的。我在教會接觸到音樂，包括原住民的音樂，彈琴伴奏也是在那裡學的。上課過程中，我也在不斷摸索，向其他老師請教，怎麼授課效果好。〔註86〕

臺東大學音樂系林清財教授在接受筆者的訪談中也曾表示這種現象在臺東原住民學校中很普遍：

臺東城鄉教育的差距真的很大，偏遠地區學校的情況不容樂觀。像他們這些學校很多都是一個老師的「包班制」，就是一個老師負責一個班級，教授多門課程，比如說藝術類的課程，一個老師她教音樂同時也負責美術課。還有一些老師是完全不相關的專業，轉過來教音樂啊美術這些。雖說藝術課程看起來好像誰來都可以多少教一點，但是專業的素養和知識背景卻是缺少的。〔註87〕

臺東地區學校漢族教師對於原住民文化知之甚少，原住民教師則嚴重不足。臺東較偏遠地區的學校人力缺乏，教師除了正常授課外，有時還要身兼數職從事行政等事務，甚至部分老師兼任多門課程，教師數量嚴重不足，制約了原住民學校教育的發展。

2. 教師專業性不夠

臺東原住民地區的學校中大部分教師為漢人，未曾接受過原住民相關文化課程的培訓，他們在實際教學過程中同樣面臨著不少難題，其中，不知如何將教學內容與原住民文化完美融合，進而激發原住民學生學習的興趣、增加其共鳴，便是其中一項難題。

在一次臺東地區的課綱探討會上，附近小學的老師提出不知如何教原住民學生的問題，有的老師表示不知道如何用原住民學生喜歡的方式授課來提高他們的興趣，以及提高他們的課業成績。從新北市光復國小來臺東學習的一名英語老師，提出將英語與音樂融合的方式激發學生的興趣。

通過音樂去學習英語是一個很好的方法，有時我們在教學過程中會讓學生自己編排一些英語的音樂劇，通過戲劇邊演的形式鍛鍊學生的英語聽說的能力。我是經常利用英文歌曲教授英語，作為激發他們

〔註86〕訪談對象：臺東縣成功鎮三民里三民國小的代理音樂教師小陳老師，訪談時間：2019 年 12 月 11 日下午 15 時，訪談地點：東河國小會議室。

〔註87〕訪談對象：臺東縣臺東大學音樂系林清財教授，訪談時間：2019 年 12 月 11 日下午 15 時，訪談地點：東河國小會議室。

興趣的一個切入點，然後再拓展到英文歌曲及背後的文化。〔註88〕

林清財教授針對此問題表示：

> 很多老師他們沒有經過專業的培訓，來到原住民地區的學校，有些老師他一點都不瞭解什麼是原住民，什麼是原住民文化，就開始教這些原住民學生了，這怎麼可以呢。首先老師要先融入到這個文化環境中，瞭解原住民和他們的文化，瞭解他們的需求，再進行授課才會有效果嘛。我的經驗喔，像原住民學生他們很喜歡能夠參與進去的課程，比如說讓他們自己製作樂器啊，讓他們自己設計一個表演啊，他們都積極參與呢。〔註89〕

但臺東地區學校的大多數非原住民老師不及這位新北市英語老師的教學能力，他們大多初次接觸原住民學生和原住民文化，並不熟知應如何對原住民學生「因材施教」，更不瞭解原住民文化，專業性不足的問題制約了授課的效果。

（五）基礎設施薄弱

從臺東地區原住民學校的建設角度來看，這些學校獲得的教育經費普遍偏低、且整合度較低，無法滿足教育的開展。

筆者在臺東縣東和鄉東河國小做調查時，姚乃仁校長告訴筆者：

> 我們學校就在海邊，離海很近，海風啊，海水啊，還有下雨對我們學校的教學設施影響都很大的，像我們教學樓的欄杆、屋頂都被腐蝕生鏽了。今年我們又投入一大筆經費來維護學校的設施，給房頂重新加固，欄杆維修再重新上塗料，不然設施老化也是安全隱患。〔註90〕

東河国小配有電教室，根據班級內學生的人數按照比例配備電腦，但據筆者觀察，這些電腦款式較為陳舊，且只配有寥寥幾臺，各個年級的學生只能錯峰使用，相較於其他都市區學校的教學設施，像東河国小這種偏遠地區原住民學校的教學設備狀況仍不容樂觀。因缺乏資金，導致基礎設施不足及陳舊的問

〔註88〕訪談對象：新北市光復国小一名英語女老師，訪談時間：2019 年 12 月 11 日下午 15 時，訪談地點：東河国小會議室。

〔註89〕訪談對象：臺東大學音樂系林清財教授，訪談時間：2019 年 12 月 11 日下午 15 時，訪談地點：東河国小會議室。

〔註90〕訪談對象：臺東縣東和鄉東河国小校長姚乃仁，訪談時間：2019 年 12 月 11 日下午 15 時，訪談地點：東河国小校內。

題仍然是臺東地區學校教育所要面臨的問題之一,「硬件」跟不上就無法保證授課質量及正常的教學秩序,影響教學效果。

綜上所述,臺東地區原住民學校教育仍存在諸多問題,使得原住民教育發展受限。

第四節　社會層面

一、社會教育的具體實踐

臺東地區的社會教育,隨著時代的變遷及整個教育水平的提升也得到了充分發展,以下筆者將從原住民電視臺考量社會教育中媒介的教育作用、從原住民民族技藝培訓考量原住民文化發展及傳承的教育意涵、從教育「文創」產品考量民間社團的教育影響、從原住民文化健康站考量原住民高齡及終身教育實踐,以及從家庭教育中心考量社會教育對於家庭教育環境的關注及改善。從以上多維度闡釋現今臺東原住民社會層面在原住民教育及文化傳承方面所做的努力。

(一)原住民電視臺

「臺灣原住民族電視臺」(英文為 Taiwan Indigenous Television,縮寫為 TITV),簡稱「原視」,口頭慣稱「原民臺」,是我國臺灣地區第一個、並為唯一全天候以臺灣原住民為主題的電視頻道,由「原住民族文化事業基金會」擁有。2016 年 8 月 1 日正式播出,至今已四年有餘。

筆者在 2019 年 11 月 8 日抵達臺東時,在落腳的民宿觀看了「原民臺」的節目。「原民臺」針對不同的受眾而採用不同的節目形式,不間斷地輸出原住民文化,為原住民提供族語的學習環境,亦為非原住民提供直觀瞭解原住民的途徑。以下筆者針對當天所收看的節目,對「原民臺」進行民族志的書寫及分析:

2019 年 11 月 8 日上午 9:30～10:00,播送節目《ui!輕鬆講》,主要以原住民三代對話為節目主軸,融合傳統與現代的觀點,共同探討兩性、親子、部落、族語等議題,兼顧知識性及娛樂性,主要針對 20～60 歲的受眾。筆者收看的這一期其中有一個環節是你比劃我來猜,參加比賽的為幾對年輕的原住民夫婦,他們有夫妻雙方均為原住民的,也有只有一方為原住民的。比賽的題目均為與原住民文化相關的詞彙,如「矮靈祭」、「祖靈信仰」、「紋面」等

等，表面上為考察夫妻雙方的瞭解及默契程度，實際上也是考察年輕一代對於原住民文化的瞭解及熟悉程度。比如一方說到「那個賽德克在臉上和身上刻的」，另一方就回答出來正確答案「紋面」；一方說到「賽夏族的很有名的祭儀」，另一方在思考過後回答出正確答案「矮靈祭」。這種形式將互動性與娛樂性結合，又讓觀眾從一兩個關鍵詞中獲得對原住民的快速認知。

　　10：00 至 10：30 播送的節目為《wawa senai》，節目名為原住民語「孩子唱歌了」的意思，即該節目的受眾為較為低齡的原住民兒童。該節目主要利用木偶戲的形式，充滿童話色彩，整個節目輕鬆通俗，讓原住民兒童在寓教於樂中學習原住民的語言及習俗，以此從小培養其族群文化的認同感與歸屬感。這個時間段播放的是第 33 集魯凱語的《別吵了，查馬克》，人物對話均使用魯凱語，查馬克是個魯凱的小男生，他在與朋友玩耍時，瞭解到吵鬧是不尊重別人的表現，於是他學會了在團體裏對別人保持尊重，且遇到事情時，不要大驚小怪地嚇到別人。隨後的第 34 集仍然是魯凱語的《可怕的狗狗》，魯凱小男生查馬克遇到狗時感到害怕，他的家人告訴他每個人都有害怕的東西，狗狗也是有可愛的一面，應該去試著瞭解它，這個故事藉由正面的思考讓孩子正確面對自己的恐懼。整個節目輕鬆有趣，有針對性的選擇不同的族語及歌謠作為節目的主題，既是語言類學習的節目，也是能啟發兒童的益智類的節目，原住民兒童可以通過觀看該節目學會簡單的族語詞彙、日常對話及原住民歌謠，也能從深層次獲得良好行為習慣及品德的教育。

　　隨後 11：00 及 12：00 整點播放的《原視新聞》及《族語午間新聞》均使用原住民族語進行播報，每一天使用不同的族語，且新聞主播也是原住民。

　　下午 14：00～15：00 播送的是《我，存在——原住民影像記錄》之《古茶布安的小獵人》節目，本集講述的是魯凱族的故事。唯一常住在舊好茶的獵人杜義雄（魯凱名為 Sigiyan，以下簡稱其 Sigiyan）守護部落重建家園，決心要和祖靈在一起的真實記錄。節目介紹了舊好茶遺址是西魯凱族的發祥地，「古茶布安」（即 Kucapungane）是舊好茶族語名稱。1979 年為了獲得更好的教育及醫療資源，部落自舊好茶石版屋遷徙到南隘寮溪旁，然而 2009 年「八八風災」引起的洪水吞沒了一切。部落歷經多年苦難終於搬遷到禮納里社區，但是好茶族人依舊心繫山上的舊部落。魯凱族視獵人為英雄，獵人必須有過人的智慧與堅忍的精神，要在山林里克服惡劣的自然環境，還要與動物鬥智鬥勇。在魯凱族的傳統觀念裏，能佩戴百合的獵人勇士，除了要捕獲 6 隻大公野

豬外，還要有與族人分享勝利果實的情操，而 Sigiyan 是真正的百合勇士，他回到山上舊部落，重建起石板屋，燃氣一縷炊煙。Sigiyan 認為「這是我們的部落，我不要它滅亡」，他每天在石板屋裏生一把火，溫暖石板屋，照耀祖靈回來的路。

這個節目主要透過原住民影像記錄的方式，讓原住民自己能夠發聲講述自己族群的故事及文化。主位的文化傳遞方式有助於原住民內部加深族群遷徙以及傳統習俗的集體記憶，這對於形塑及增強原住民的族群認同是極其重要的，同時對原住民族人也起到社會教育的作用，教育他們銘記祖先的歷史，同時也教育他們要保護好、傳承好祖先留給他們的文化財。另一方面該節目也有助於外界以小見大、由淺入深、由此及彼地深入瞭解原住民的文化內核與精神氣質。從另一個角度來看，這些影像記錄帶著些人類學影像志的意味。文字是文化傳遞的載體，那麼依靠視覺、聽覺、感覺更具衝擊力、感染力的影像記錄，更像是將文字置於三維空間內情境化的動態場景中的另一種「銘刻」。被記錄保存下來的原住民生活之影像，將為成為日後珍貴的文化遺產，正如該紀錄片名為《我，存在》所示，那是彼時他們曾經生活在那裡的標記。

隨後是 15：00～16：00 播放的《原觀點——部落進行式》，該節目以人文與紀實新聞為主要內容，分為《原觀點——東海岸之聲》、《原觀點——部落瞭望臺》及《原觀點——部落進行式》三個子節目。當天播送的是關於布農族文化的節目，即《Paitasan Isilulusan 訴說 Bunun 人的世界‧信仰‧生命觀》，節目介紹了「Paitasan Isilulusan」是布農族唯一留下的圖文記錄，通常稱之為祭事歷、歷板等。歷史中被發現的 Paitasan Isilulusan 現存於博物館，僅有一片留存在中部山區部落。這塊 Paitasan Isilulusan 的持有人完整呈現了它的樣貌，也從歷史變遷、布農族生產方式及節慶祭儀等方面闡釋其與布農族的聯繫。這個節目更帶有全局觀念，從更為宏大的原住民與部落、與社會的全視角觀點出發，透析原住民的族群文化，讓原住民觀眾對自我的部落文化、族群文化有宏觀的瞭解。

16：00～16：30 播送的是原住民族語兒童動畫短片《樹人大冒險》，該動畫片的主題曲是《加油吧！泰雅族》，為泰雅語演唱。

17：00～17：30 播送的是原住民族語的兒童教學節目，名為《pito，pitju，mpitu'：7 個為什麼》。其中，「pito」為海岸阿美語數字「7」之意，「pitju」為北排灣語數字「7」之意，「mpitu」為泰雅語數字「7」之意。該節目利用六

位動畫人物走進校園，去到阿美語、泰雅語、排灣語、布農語、太魯閣語等五個原住民族群的學校，跟隨族語老師及學生一起上族語課、唱族語歌。該節目這種新穎的族語教學方式，可以激發較為低齡原住民兒童的學習興趣，他們可以在節目中和卡通人物一起認識與學習原住民族語的發音，在娛樂中學會原住民族語的簡單詞彙及日常對話。

經過觀看一天「原民臺」的節目，筆者發現該節目定位為不同年齡段的受眾，每一個年齡段都可以在「原民臺」找到適合觀看的節目。如較為低齡的原住民兒童可以通過觀看族語卡通片或木偶劇的形式，學會簡單的原住民族語及歌謠；高年級或原住民大學生則可以觀看《原住民學生劇展》〔註91〕或拍攝短片進行投稿；成年人則可以觀看原住民紀錄片或是紀實新聞類節目，獲得原住民的信息。這種全方位文化輸出的媒介，對於原住民的社會教育是極其重要的。滲透式的媒介，把原住民的語言、文化、習俗變為每日可接觸、可感知的知識，在家庭與學校不可能每時每刻都接收到原住民的文化資源，但是在電視上卻可以。普遍、易得、快捷的媒介，是原住民社會教育很好的途徑。2018 年「原民臺」收視率調查顯示，原住民的觀眾多來自北部及東部地區，其中東部及離島地區占 30.77%〔註92〕；收看「原民臺」的頻率多數以一周 2～3 次為主，占 22.61%；〔註93〕收看「原民臺」原因以「多一個管道可瞭解原住民文化」占比最高，達 69.12%，其次為「透過媒體播放傳承原住民文化」，占比 64.94%，再次為「提升原住民對族群的認同」，占比 42.25%；〔註94〕對於「原民臺」的滿意認同度調查中，「對原住民很重要」、「有助於原住民文化發展」、「有關懷到原住民的生活」等選擇項占比最高。〔註95〕這表明，其一，「原民臺」以原住民為受眾，播送的節目在原住民群體中得到普遍接受，在原住民聚集的東部地區更是如此；其二，原住民收看「原民臺」的頻率也相對較高，「原

〔註91〕 該節目為原民臺 2019 年 11 月 6 日 21：00～21：30 所播放的節目，筆者由原民臺網站的節目播放計劃獲得資料。

〔註92〕 財團法人「原住民族文化事業基金會」：《107 年度原住民族電視臺收視調查研究報告》，2018 年，第 6 頁。

〔註93〕 財團法人「原住民族文化事業基金會」：《107 年度原住民族電視臺收視調查研究報告》，2018 年，第 14 頁。

〔註94〕 財團法人「原住民族文化事業基金會」：《107 年度原住民族電視臺收視調查研究報告》，2018 年，第 20 頁。

〔註95〕 財團法人「原住民族文化事業基金會」：《107 年度原住民族電視臺收視調查研究報告》，2018 年，第 32 頁。

民臺」成為原住民日常獲取原住民信息的首選；其三，大多數原住民觀眾認可「原民臺」，認為其對於原住民很重要，也認為「原民臺」有助於發展及傳承原住民文化。

綜上可述，媒介對於原住民的族語發展以及傳承原住民文化具有一定程度上的教育作用，為原住民拓寬了家庭及學校以外的學習渠道與途徑，是原住民社會教育的一種特殊模式。通過媒介的傳播，原住民傳統「知識觀」得以傳遞。在其中，媒介也蘊含著權力，原住民文化能夠通過影像的形式呈現，也表明原住民處於賦權增能的動態歷程中。

（二）原住民民族技藝培訓與傳承

臺東地區的各族原住民擁有獨具特色的民族技藝及技能，開設原住民傳統技藝及技能的培訓，對於發展及延續原住民傳統文化具有促進作用，而且對於非原住民族群而言，這也是進一步瞭解原住民文化的一種途徑。在臺東地區，通常參與這項原住民技藝及技能培訓的大多為已工作的成年人，他們或出於自身的興趣愛好，或出於對本族文化藝術的仰慕，或出於對原住民技藝面臨失傳的擔憂等不同的原因，與當地的原住民「匠人」學習原住民的傳統技藝。

對於原住民的民族教育而言，這屬傳承民族文化的範疇，而從教育的主體來考量，這也是成人教育的一種。原住民成人教育不再只是一種補償性教育，即以強化優勢文化再教育原住民適應這樣的社會生活，原住民成人教育更應是「賦予權力」（education for empowerment），透過檢視現存社會已有的一些假設與價值，瞭解偏見與歧視之所在，促進社會的變革，締造一個「開放的社會」（open society）。〔註96〕

下文以臺東地區下賓朗部落的卑南傳統技藝「匠人」孫菊花為例，說明民族技藝及技能培訓的相關實踐及社會教育意義。

臺東卑南鄉下賓朗部落的孫菊花，出生於 1938 年，她掌握卑南族的羊角鉤、織布及刺繡等多種傳統技藝，她是東區職業訓練中心編織班的訓練師，也是卑南下賓朗部落的民族技藝傳承人。孫菊花年輕時的工作與羊角鉤或織布並不相關，她的工作就是在工廠的流水線上每天重複同樣組裝配件，但她卻在業餘時間織毛衣、鉤桌布。孫菊花學習羊角鉤是一個偶然的機會：

〔註96〕李瑛：《原住民成人教育與轉型學習理論初探》，《成人教育》，1996 年第 33 期。

　　　　2011 年我去屏東來意鄉教授織帶機，當時有一個學員是排灣
　　的，她在玩羊角鉤，我看到了覺得很有意思，也想試試看，於是就
　　跟著學員一起，用他們自己製作的鉤針，用主辦方提供的線，就開
　　始學習羊角鉤。可能是平時也會玩棒針的原因吧，當時學起來也很
　　順手，就慢慢學起來了。當時沒想到後來會教學。〔註97〕

　　孫菊花於 2012 年開始在東區職業訓練中心開班授課，當時的組長找到
她，受限於經費，希望能開設一門所需材料較為便宜簡單的課程，孫菊花建議
開設羊角鉤課程，「因為工具很簡單，只要有羊角鉤和線就可以了」〔註98〕，
於是孫菊花的羊角鉤課程就正式開班，當時學生為阿美族、排灣族和卑南族。
東區職業訓練中心民族技藝老師共 4 名，孫菊花教授羊角鉤，其餘的老師分別
教授一般鉤針、植物染布及木工，全年共 300 課時；中心接收 15 歲至 65 歲的
學員，來中心學習的不少為原住民，他們有的為了掌握一門手藝可以養活自
己，有的出於自己的興趣愛好，有的出於對於原住民文化技能的傳承及保存
的想法。

　　　　當時一個班有 30 人，大部分都是 40～60 歲的原住民，女性比較
　　多。他們學了以後可以當副業，我有一個學生學了之後，回去用羊角
　　鉤鉤的包包，她就拿出去賣啊，很多人喜歡。有一天她跟我說，老
　　師，有人要用很多錢跟我買呢，她們都很喜歡我鉤的包包呢。〔註99〕

　　從 2012 年就職於東區職業訓練中心至今已有 8 年，期間因需照顧生病的
丈夫而暫停工作休息一年：

　　　　組長強烈要求我回來教課，可能他認為我帶學生經驗很好吧。
　　中心其他人都有學歷，只有我沒有學歷，但我從青年開始就開始接
　　觸棒針，所以我的技術經驗很豐富，我去學校教課就不會再怕的。
　　因為我是拿針線的老師，不是拿粉筆的老師。〔註100〕

　　除了掌握羊角鉤技藝，孫菊花還熟練掌握卑南族傳統織布的技能。在臺

〔註97〕訪談詳情：孫菊花（女，卑南族），83 歲，訪談時間：2019 年 12 月 19 日上
　　　　午 9 時，訪談地點：臺東縣卑南鄉下賓朗部落孫菊花家中。
〔註98〕訪談詳情：孫菊花（女，卑南族），83 歲，訪談時間：2019 年 12 月 19 日上
　　　　午 9 時，訪談地點：臺東縣卑南鄉下賓朗部落孫菊花家中。
〔註99〕訪談詳情：孫菊花（女，卑南族），83 歲，訪談時間：2019 年 12 月 19 日上
　　　　午 9 時，訪談地點：臺東縣卑南鄉下賓朗部落孫菊花家中。
〔註100〕訪談詳情：孫菊花（女，卑南族），83 歲，訪談時間：2019 年 12 月 19 日上
　　　　午 9 時，訪談地點：臺東縣卑南鄉下賓朗部落孫菊花家中。

中原住民技藝中心參加初級、中級及高級版的培訓課程後，孫菊花考取了織布訓練師的資格證：

> 臺中技藝中心是訓練原住民的，當實訓練的老師是漢人，是留日的漢人，他們掌握日本那邊織布的技藝，當時在技藝中心學習的學員都是各地的原住民老師。〔註101〕

卑南族傳統織布分為地機與高機不同的類型，孫菊花家中的高機從日本購入，為了配合特殊的織法遂託工匠對其進行改造升級。

> 織帶機不分民族，誰都可以來學習，而織布的高機和地機只會教卑南族的圖案花紋。〔註102〕

圖6.18　卑南織布技藝傳承人孫菊花

孫菊花教授織布的學費為2萬新臺幣（約為4500元人民幣，按2022年10月12日匯率），學習時間為一個月，孫對於教學很嚴格：

> 我就告訴他們一定要有一整個的時間，要連續來學，如果中間說不來了，學費是不退的。如果幾天沒有來，前面教過的就會忘記，

〔註101〕訪談詳情：孫菊花（女，卑南族），83歲，訪談時間：2019年12月19日上午9時，訪談地點：臺東縣卑南鄉下賓朗部落孫菊花家中。

〔註102〕訪談詳情：孫菊花（女，卑南族），83歲，訪談時間：2019年12月19日上午9時，訪談地點：臺東縣卑南鄉下賓朗部落孫菊花家中。

又要重新來過，這樣就很浪費時間，也不能學會織布。〔註103〕

孫菊花當初選擇學習織布出於興趣，「織布收入不多，市場不大。」〔註104〕

孫菊花專注於卑南族的傳統服飾製作及教新人，將卑南族的織布技藝傳承下去。如今，孫菊花找到了接班人——她的表侄女孫家儀，為了不讓這門技藝失傳，孫菊花收孫家儀為徒，教授她傳統的卑南族織布技藝：

> 下賓朗織布的只有我們孫家，孫家儀在學習高機（織布），我們
> 要她把織布傳承下去，正好她也有興趣，就跟著我學習了。我要她
> 要經常做，太久不做就會忘掉的。〔註105〕

孫家儀那時大學剛畢業，孫菊花身體狀況不好，擔心卑南族織布的技藝會失傳，希望孫家儀將織布的技藝傳承下去，但是孫家儀擔憂一旦答應孫菊花後，織布傳承的擔子太重，怕自己有負孫菊花的期望。於是孫家儀並沒有馬上學習織布，而是畢業參加進入社會，做行政工作，但每天重複做同樣的事情，令孫家儀「覺得自己沒有價值，內心很恐慌、憂鬱。」〔註106〕於是孫家儀辭去工作，在家休整了4、5年，「重新思考自己的價值，想要靜下來做一件事」〔註107〕，就去找孫菊花學習織布。第一次接觸織布，孫家儀覺得很複雜：

> 圖案、織線都要經過計算，但看到織出來的圖案後，感覺織布
> 很神奇。織布就像是內心整理的過程，讓人可以安靜下來。後來慢
> 慢學習織布，覺得心境可以比較穩定，會有成就感。逐漸發現織布
> 原來也蠻有趣的之後，漸漸地傳承的壓力才沒有很大。〔註108〕

孫家儀先從織帶機學起，後又學習簡易織機。孫家儀的侄子孫奎晉升為青少年最高階層時所穿的卑南族傳統服飾，就是由孫家儀花了一整年的時間而製作完成的：

〔註103〕訪談詳情：孫菊花（女，卑南族），83歲，訪談時間：2019年12月19日上午9時，訪談地點：臺東縣卑南鄉下賓朗部落孫菊花家中。

〔註104〕訪談詳情：孫菊花（女，卑南族），83歲，訪談時間：2019年12月19日上午9時，訪談地點：臺東縣卑南鄉下賓朗部落孫菊花家中。

〔註105〕訪談詳情：孫菊花（女，卑南族），83歲，訪談時間：2019年12月19日上午9時，訪談地點：臺東縣卑南鄉下賓朗部落孫菊花家中。

〔註106〕訪談詳情：孫家儀（女，卑南族），32歲，訪談時間：2019年12月26日下午15時，訪談地點：臺東縣卑南鄉下賓朗部落孫大山（孫家儀父親）家。

〔註107〕訪談詳情：孫家儀（女，卑南族），32歲，訪談時間：2019年12月26日下午15時，訪談地點：臺東縣卑南鄉下賓朗部落孫大山（孫家儀父親）家。

〔註108〕訪談詳情：孫家儀（女，卑南族），32歲，訪談時間：2019年12月26日下午15時，訪談地點：臺東縣卑南鄉下賓朗部落孫大山（孫家儀父親）家。

要先做給自己的家人，做衣服很花時間精力的，就來不及做給其他人了。而且我們自己織出來的衣服很貴重的，以前有的人要用牛去換呢。〔註109〕

跟隨孫菊花的教學，孫家儀掌握了簡易織機後，開始學習高機織機。

像菊花阿姨她向老一輩學習都是口述的，但菊花阿姨很聰明，學東西很快，她自己回家又肯研究，把織布的技巧簡化，讓後面學習的人比較能夠理解。〔註110〕

在孫菊花的建議下，孫家儀參加了原住民技藝中心的織布師資初級班，使得孫家儀對於織布的基本原理及織布機的應用有了初步瞭解，後跟隨孫菊花學習更容易上手。如今，孫家儀家中擺放一臺高機織機，筆者在調查中發現織機上面還有尚未完成的布料。據孫家儀介紹，她每天只有閒下來有時間就會去織布，「這個真的要是不是織幾下才可以，不然長時間不做的話就會忘掉。」

孫菊花成為十里八鄉聞名的「織布大師」，不少學生慕名前來向她學習織布、羊角鉤，她都耐心傳授技藝，她並沒有想過申請專利，只是單純地希望卑南族的傳統技藝和服飾不要慢慢消逝。孫家儀也勇敢擔起傳承卑南族技藝的重任，在社交網絡上分享織布的心得體會，以後也計劃會在卑南部落開展織布體驗的活動，她也很擔心這項技藝的傳承與教育問題，擔心「織布可能以後真的要進博物館」〔註111〕，她對於這項技藝教育與傳承表示：

會想讓更多的卑南族來學習和傳承，因為這就是我們卑南族的傳統，我們也會教卑南族的圖案及紋飾。教學是真正想學這門技藝的，想要把它傳承下去的。〔註112〕

臺灣原住民的眾多族群均有各自特色的民族傳統技能，如排灣族的木雕，卑南族、泰雅人的織布等，這些傳統技藝技能也是原住民傳統「知識觀」的體現。但隨著時代的變遷，這些技能逐漸沒落，能熟練掌握這些技能的只有部落裏耄耋之年的老人。如何讓更多的人瞭解原住民傳統技能與藝術、讓更的人願

〔註109〕訪談詳情：孫家儀（女，卑南族），32歲，訪談時間：2019年12月26日下午15時，訪談地點：臺東縣卑南鄉下賓朗部落孫大山（孫家儀父親）家。
〔註110〕訪談詳情：孫家儀（女，卑南族），32歲，訪談時間：2019年12月26日下午15時，訪談地點：臺東縣卑南鄉下賓朗部落孫大山（孫家儀父親）家。
〔註111〕訪談詳情：孫家儀（女，卑南族），32歲，訪談時間：2019年12月26日下午15時，訪談地點：臺東縣卑南鄉下賓朗部落孫大山（孫家儀父親）家。
〔註112〕訪談詳情：孫家儀（女，卑南族），32歲，訪談時間：2019年12月26日下午15時，訪談地點：臺東縣卑南鄉下賓朗部落孫大山（孫家儀父親）家。

意參與進來將其傳承下去，也是提升原住民社會教育需要思考的問題。通過對孫菊花及孫家儀這種原住民「匠人」傳承精神的思考，可以看出原住民傳統技藝及技能的傳承需要以培訓方式尋找繼承人，並通過技藝分享會的形式吸引更多人參與其中，方可將原住民文化傳承及延續下去。

（三）民間社團的教育實踐

民間組織也是臺東地區原住民社會教育很重要的力量之一，他們出於對本族群文化的熱愛以及文化傳承的責任感，自發地形成社會教育的社團，通過補充教學、開發「文創」產品等方式為原住民提供社會教育的渠道，也為非原住民提供瞭解原住民文化的途徑，同時將原住民文化輸出，有助於其傳承與保護。

下文以卑南族的民間社團以發展及推廣卑南文化為主旨而製作的「文創」產品為例，探討臺東地區民間力量在傳承原住民文化，以及促進民族教育發展方面所做的努力。

孫賈尚軒在臺東縣花東縱谷景區管理處工作，他和他的團隊（即「卑南鄉下賓朗社區發展協會」，以下簡稱「發展協會」）為卑南族的社會教育做了許多可資參考的嘗試及努力。由孫賈尚軒團隊設計的關於卑南族少年猴祭的桌遊，是一款將娛樂性與知識性相結合的益智類遊戲，受眾面廣，學齡期兒童及成人都可以從遊戲中獲得不同的心得和感受。該桌遊以製作少年會所為主題，意圖讓卑南族及非卑南族的玩家透過簡單有趣的遊戲，瞭解熟悉卑南族的「地方性知識」。該遊戲的設計及製作以工作坊的形式開展，發展協會邀請部落少年會所的成員以及部落課後輔導班的學生共同參與設計，工作坊結合下賓朗部落族語教學中「文化關鍵字」的課程，從中挑選出與少年會所最相關的字或詞語，加入遊戲的設置。

以下便以該民間社團的「文創」產品為例，闡釋其對原住民文化發展及社會教育的意涵。桌遊的外殼上印著充滿童趣的開篇引子：「卑南文化的傳承故事——少年會所。一年一度的少年年祭即將到來，卑南少年 Ilriyaw 卻發現母語逃走了！你能幫忙 Ilriyaw 一起找回母語嗎？」談到為什麼將故事的主人公命名為 Ilriyaw 時，孫賈尚軒介紹道「Ilriyaw 是一個老人的名字，也是我的侄子孫奎的卑南名字」〔註113〕，通過這個虛擬故事主角的講述，引出一系列卑

〔註113〕訪談詳情：孫賈尚軒（男，卑南族），40 歲，訪談時間：2019 年 12 月 26 日上午 10 時，訪談地點：臺東縣花東縱谷景區管理處二樓。

南族文化傳統及部落文化。整個桌遊分為任務卡和材料卡，其中任務卡分為年祭準備和少年年祭兩個部分。

（一）任務卡

1. 年祭準備

年祭的準備包括三個地點卡片，即：

（1）山上、野外（卑南語：a la las）

　　　該卡片表示抽取材料牌，有幾人採集就抽幾張；

（2）下賓朗部落（卑南語：Pinaski）

　　　該卡片表示抽一張部落牌；

（3）少年集會所（卑南語：Trak u van）

　　　該卡片表示將材料牌合成，給予其他玩家手牌或交易。

2. 少年年祭

少年年祭包括四個部分，即：

（1）祭典開始！少年穿著傳統服飾，手持武器，提著草猴，從少年會所出發。（有穿著傳統服飾的玩家＋1分）；

（2）少年會前往部落的住家，進入屋內走一圈，同時發出「Pua」聲音，表示將一年不好的事物及惡靈嚇走。（喊出「Pua」聲音的玩家＋1分）；

（3）之後，少年來到祭場參加刺猴的儀式，少年們用長矛刺穿草猴，再用弓箭射擊草猴。（完成一組籠子或置物架的玩家＋1分；完成一組長矛或弓箭的玩家＋1分；完成一組草猴的玩家＋1分）；

（4）祭典最後，高階級的少年會使用竹子抽打底階級少年的屁股，這一行為代表少年的表現獲得部落的認同可以晉升新的階級。（所有玩家＋1分）。

（二）材料卡

材料卡牌按照服飾、動物、植物、劃分為不同類型，包括如下卡牌：

1. 服飾類（黃色卡牌）

服飾卡牌包含以下具體卡牌，即：

（1）腰帶（卑南語：pa-ret）＋1

（2）披肩（pe-si）＋2

（3）頭巾（hin-pu）＋1

（4）上衣（ma-ki-tan）＋1

（5）圍裙（tang-ya）＋1

（6）花環（a-putr）＋2

2. 植物類（綠色卡牌）

植物卡牌包含以下具體卡牌，即：

（1）姑婆芋（Sel）

（2）桂竹（Van）

（3）長枝竹（Tan）

（4）藤（Da）

（5）木頭（Ku）

（6）桂竹（Lu）

3. 動物類（紅色卡牌）

動物類卡牌包含以下具體卡牌，即：

（1）猴子（所有玩家＋1分）

（2）蜂（這回合上山採集的玩家丟棄1張材料牌）

（3）蛇（這回合玩家不能上山採集）

（4）田鼠（所有玩家抽1張材料牌）

（5）雉雞（這回合上山採集的玩家抽一張材料牌）

4. 事件類（紅色卡牌）

事件類卡牌包含以下具體卡牌，即：

（1）回家寫功課（這回合玩家只能進行部落巡禮）

（2）下雨（這回合玩家只能待在少年會所）

5. 材料合成（淡黃色卡牌）

材料合成牌用於合成手中所獲得的材料，有以下具體卡牌，即：

（1）弓（ka-da-ris）：長枝竹＋長枝竹＝2

（2）草猴（lu-tung）：姑婆芋＋藤＋木頭＝9

（3）籠子（sel-ti-van）：長枝竹＋桂竹＝4

（4）置物架（ra-ra）：長枝竹＋桂竹＝4

（5）矛（ku-tan）：桂竹＋桂竹＝2

圖 6.19　原住民「文創」產品——卑南少年會所桌遊卡牌

　　筆者在調查中，發現這款桌遊很受原住民孩子們的歡迎，孫賈尚軒介紹說：

　　　　他們都很喜歡玩這個，因為我們設計的時候大家都有參與談
　　論，小孩子也有很多想法是我們想不到的。這款遊戲對參與過猴祭
　　的小孩子就上手比較快，沒有參與過猴祭的呢，玩一次之後也覺得
　　很有意思，會想要瞭解猴祭更多。〔註114〕

　　遊戲以最高分玩家獲勝。在遊戲過程裏，巧妙地將卑南族少年猴祭的過程完整呈現出來，讓卑南族兒童在輕鬆愉快的遊戲中學習傳統卑南族從服飾穿著、除喪、刺猴、鞭笞晉升一整個猴祭的流程，寓教於樂，可以讓他們互動式、沉浸式體會到卑南族的部落文化。

　　除了設計桌遊之外，孫賈尚軒團隊打算未來幾年內成立一個卑南族的青年社團，暫時命名為「卑南青年早起奮進會」，他說：

　　　　希望有一個平臺，讓卑南族的青年們更加團結在一起，真正能
　　做一些實實在在的事情。不要總是喊著大而空的口號，而是真正為
　　卑南族的教育、文化傳承和自己的部落發展做一些事情。〔註115〕

　　孫賈尚軒一直關注著卑南族的教育，在花東縱谷管理處他組織附近小學的原住民學生開展課後輔導，這份工作沒有薪水且是完全自願的行為，孫賈尚軒在繁忙工作之餘仍要研究小學生的課本。他經常開車接送這些學生，「要對每一個學生的學習負責。」

　　孫賈尚軒補習的工作多是利用學生課後的時間，幫助原住民學生完成作業。而對於學習有困難的學生，孫則有針對性地對其進行一對一講解。所輔導的課程均為學校課堂上的課程，孫再次講解並加以練習。輔導時間為週一至週五，其中週一至週四多為上課教學，週五多為輔導其完成學校老師布置的作業。補習屬小班教學，更加有針對性，教學環境也更加寬鬆。筆者在調查中發現，來此補習的多為附近卑南國小的原住民學生，學生基礎參差不齊。補習的課堂氛圍與學校教育大不相同，在這裡強調有針對性開展補習教學，而教學方式也採用較為生動有趣、較能被原住民學生所理解的方式進行授課，比如在一堂講解「因素與倍數、通分」的課程中，孫賈尚軒先通過一個小題引入通分的

―――――――――――――――――

〔註114〕訪談詳情：孫賈尚軒（男，卑南族），訪談時間：2019年12月26日上午10
　　　　時，訪談地點：臺東縣花東縱谷景區管理處二樓。
〔註115〕訪談詳情：孫賈尚軒（男，卑南族），訪談時間：2019年12月26日上午10
　　　　時，訪談地點：臺東縣花東縱谷景區管理處二樓。

概念，然後利用課本上對於此問題的分析，藉由「圖解法」去解釋數學原理，
與學校的課堂相比氣氛則更加輕鬆及融洽。

圖 6.20　部落成員自發組織卑南學生課後補習課堂

右一為孫賈尚軒

以孫賈尚軒為代表的自發性民間組織規模較小，所帶來的教育影響力輻
射範圍較小，通常只影響本部落及臨近部落，且較為缺乏系統化的專業規範及
長遠的規劃。但不可否認的是，民間組織也將成為原住民社會教育的一股新
生力量。他們扎根於部落，最為瞭解原住民部落教育的需求，也最為熟知本族
群傳統文化的內涵價值。他們自發性的教育實踐也在重塑原住民傳統「知識
觀」，也為原住民社會教育提供可持續發展的建議以及行動策略。

（四）高齡及終身教育

上個世紀 60 年代，聯合國教科文組織與眾多專家學者一道提出「終身教
育」這一概念，並著力推動其發展。此舉之下，「終身教育」也逐漸受到各國
以及社會各界的重視。2015 年起，臺灣原住民文化健康站（以下簡稱「文健
站」）由「原住民族委員會」負責，主要從事原住民長期照顧的相關事務，是
對原住民高齡化社會推行的應對政策，為部落中的高齡老人提供更便利的多
元化整合型的社區照顧服務。以「族人照顧族人，在地安養」的理念，在原住
民地區按照一村（里）設文健站為目標，根據原住民聚集區的人口及需求，開
設社區式家庭照顧的服務據點。服務對象為部落內 55 歲以上的健康、亞健康
或輕度失能的原住民老人，每一個文健站服務人數最多可至 50 人，每週開站
服務天數不等，有 3 天與 5 天。筆者在調查中發現，臺東地區的原住民文健站

多以每週開站服務 5 天居多，服務對象為本部落內的老人，這些老人多數身體健康，但大多腿腳不靈便，每日前往文健站需輔助車代步，極個別老人存在輕度失能需要人貼身照顧的現象。文健站的服務項目主要包括簡易健康照顧，如測量血壓、血糖；基本的日常照顧；提供休閒娛樂活動；簡單舒緩的體能訓練，如健身操；為老人提供午間的餐食及日常零食等。

截止至 2019 年底，臺東地區共有 67 個部落文健站，居於全臺首位。其中，臺東市 11 個、關山鎮 2 個、達仁鄉 6 個、長濱鄉 8 個、鹿野鄉 5 個、延平鄉 3 個、成功鎮 7 個、東河鄉 2 個、卑南鄉 6 個、大武鄉 5 個、池上鄉 4 個、金峰鄉 4 個、蘭嶼鄉 1 個、太麻里鄉 2 個、海端鄉 1 個。〔註116〕有學者研究顯示臺東地區原住民對文健站的需求人口比佔了全臺灣的 19.77%，為需求人數次高的地區。並通過對臺東地區文健站可近性分析，即每個村裏的文健站資源在人口中心點 15 公里範圍內會面臨多少的服務需求者，該學者認為整體而言臺東地區的文健站有近 80.28% 屬尚可至適中範圍內，〔註117〕也就是說臺東地區文健站的設置狀態較為良好。

筆者在調查中走訪了臺東地區數個文健站，以臺東縣卑南鄉下賓朗部落的文健站為例，分析文健站在社會教育中對高齡原住民產生的教育影響。

下賓朗文健站每週開站服務 5 天，即週一至週五，周末休息閉站。其服務對象為下賓朗部落裏 55 歲以上的老人，其中以原住民占絕大多數，但其中不乏嫁過來的「漢人媳婦」。在工作日，每天早上 8 點起，便有老人陸陸續續步行或騎電動車來到文健站，老人見到彼此的姐妹、玩伴、鄰居便相互打招呼，接著便圍坐在一起拉起家常。待絕大多數老人到齊後，文健站的工作人員會安排給每位老人測量血壓並詢問老人的身體狀況有無不適。確認過老人的身體狀態後，工作人員便安排開展一些休閒娛樂活動，如編織等手工藝、合唱原住民古調、玩益智類的小遊戲等。筆者幾次走訪下賓朗文健站時，發現老人們上午在編織羊角鉤，或是在排練參加臺東原住民歌謠比賽的曲目，或是為了即將到來的聖誕節而製作聖誕花環的小裝飾品。老人們雖肢體不太協調，但總能在工作人員的鼓勵及幫助下完成歌謠排練，或是手工藝品的製作。

〔註116〕黃思：《臺灣原住民部落文化健康站之可近性分析》，東海大學公共事務碩士專班碩士論文，2020 年，第 41 頁。

〔註117〕黃思：《臺灣原住民部落文化健康站之可近性分析》，東海大學公共事務碩士專班碩士論文，2020 年，第 84〜85 頁。

圖 6.21　臺東下賓朗文化健康站

1. 原住民歌謠比賽

2019 年 12 月，在筆者調查期間，臺東地區正在舉辦原住民歌謠比賽，全臺東各個部落以文健站為單位，進行古調、歌謠的表演比賽。為了贏得此次比賽的勝利，下賓朗文健站的老師及老人們很是用心，他們相約午休後再回到文健站進行歌謠的排練。

下賓朗部落有一個「媽媽小姐」合唱團，主要由部落中的婦女擔任合唱團的成員，耆老孫大山因會樂器，則負責使用鋼琴及手風琴作為伴奏。在這次比賽的準備過程中，合唱團裏的老人們起到了帶頭作用，孫優女負責主唱及指揮，其餘的老人則分為三個聲部。下賓朗文健站為了比賽準備的歌曲是幾首卑南語歌曲的串燒，三個聲部配合，歌聲婉轉動聽。

上了年紀的老人，在排練中要一直保持長時間站立或是多次移動走位，老人們雖步履蹣跚，但仍然堅持一遍又一遍的排練。那個需要坐輪椅的老姆姆在身邊菲傭的照顧下，也與同伴一起排練，雖然聲音已不再嘹亮，但她卻跟著節奏張著嘴巴發出微弱的聲音。一下午的排練下來，指揮兼領唱的孫優女的嗓子已沙啞，但仍然仔細叮囑同伴們回家要練習，要注意聽伴奏跟上節奏。孫秀女說：「她就喜歡搞這些，因為她自己也喜歡唱歌啊。之前『中研院』的老師來我們這裡採集卑南族的古調歌謠，都在她家錄的。」

圖 6.22　下賓朗文化健康站的老人歌唱排練

　　排練結束，筆者跟隨孫優女前往她的家中。在孫優女的家中，她拿出一本
卑南族下賓朗除草完工祭的歌本，說：「這就是我們下賓朗除草完工祭我們婦
女會唱的歌謠，裏面還有幾首是我唱的，我放給你們聽。」於是，她拿出老式
的錄音機，插進光盤，孫優女明亮的歌聲便傳了出來。「這裡面的歌啊都是在
我這間房間裏面錄的，也算是個小錄音室吧。」一樓大門左手邊的一間小房間
裏面拜放著一些音響、麥克風等錄音設備，房間的牆壁也貼了厚厚的吸音棉，
四周角落則堆放著書籍、歌譜及筆記。

　　　　我本身就喜歡唱歌，平時沒事我們幾個就會在一起唱。現在不
　　　是有這個比賽嘛，我就帶動著我們部落裏的老人們一起來玩，讓他
　　　們也動一動，活動下身體，唱唱歌也鍛鍊大腦嘛。還有就是，我們
　　　卑南族的古調歌謠還是要傳承下去的，如果這些老一輩都不再唱
　　　了，那年輕人就更不會唱了。我們除草完工祭的歌，這些都是我們
　　　下賓朗的版本，去到其他部落又會不一樣了，所以每一個部落的古
　　　調和歌謠很獨特，需要被記錄下來，不然慢慢地就沒有人還記得
　　　了。〔註118〕

　　數天後，2019 年 11 月 29 日，原住民歌謠比賽在臺東大學的運動場拉開
帷幕，來自臺東地區的原住民以各自文健站為單位，圍坐在運動場的四周，好

〔註118〕訪談詳情：孫優女（女，卑南族），訪談時間：2019 年 11 月 26 日上午 10 時，
　　　　訪談地點：臺東縣卑南鄉下賓朗孫優女家。

不熱鬧。各個文健站都將各自的手工藝成品擺放展示在各自的展示臺上，有手工縫製阿美族特色的挎包、有布農族特色的手編手鏈、有卑南族特色紋飾的服飾等等，還有各類家具裝飾品等等。其中一個阿美族部落文健站的工作人員說：

> 這些工藝品都是我們的老人家自己動手做的，你看這個背面都有寫製作人的姓名和年齡，這些老人家是跟著我們的老師一起完成的，很不容易呢。我們也是愛心義賣，得到的錢會用到改善老人的長照環境、設備和餐食上。〔註119〕

圖 6.23　下賓朗文健站的老人們參加歌謠比賽

歌謠比賽正式開始後，臺東地區不同的原住民族群如阿美族、布農族、卑南族、排灣族、魯凱族等依次上臺表演，最有特色的當屬布農族的「報戰功」、阿美族及卑南族的古調演出。下賓朗文健站的老人們身著卑南特色紋樣的服飾，頭戴花環，伴隨著演唱，舞臺前方另有兩位頭髮花白的老姆姆，一位在理線縫製卑南族服飾，一位在給身旁年幼的孩童講述卑南族的傳說故事。這種情景式的展演方式不僅展現了卑南族古調的魅力，同時也展示了卑南族的歷史文化傳統，凸顯了文化傳承的理念。集聽覺、視覺、感覺多元於一體的演出，收穫了評委一致好評。順利完成演出的老人們很是開心：

〔註119〕訪談詳情：一名文健站的工作人員（女，阿美族），訪談時間：2019 年 11 月 29 日上午 10 時，訪談地點：臺東縣臺東大學運動場。

這麼多人都看到我們下賓朗的表演，感受到我們卑南族的文
化，為我們鼓掌，我們都很開心呢。讓他們看看我們卑南族也很會
唱歌嘛。〔註120〕

2. 手工編織課堂

在聖誕節前夕，下賓朗文健站在製作聖誕花環，即用彩色的毛線纏繞在環
形紙板的周圍，形成一個五彩繽紛的「毛線環」，之後用綢帶、聖誕老人等小
對象再進行裝飾。老人們很是熱衷於這種動手的手工藝課程，都在忙活著手中
的毛線，每個桌子上幾團的毛線總是被拿來拿去，「這個顏色的毛線呢，哦，
在你這哦」、「紅色，黃色，藍色，然後配什麼顏色好呢」、「你做得很慢呢，我
都開始做第二個啦」，「這個毛線繞來繞去很麻煩呢，很費時間呢」。大家一邊
熱火朝天地製作手工，一邊又不忘和身邊的同伴聊天。孫秀女把筆者和另一個
同伴拉過去，說：「來，這個給你們，你們來做，你們做的肯定比我好。」於
是就把只做了一半的花環遞給了我們，我們也不負姆姆〔註121〕的期待，一邊
搭配顏色，一邊纏繞毛線，就這樣繞呀繞，十分鐘後毛線花環的雛形已經顯
現。這時姆姆又從工作人員那裡拿來了幾條絲帶、一個聖誕老人和一張卡片，
對我們說：「你們把這個也貼上去，好看。」我們接過姆姆給我們的材料，想
著怎麼搭配才更合適，姆姆也在一旁給我們提意見。終於，我們一起完成了姆
姆的作品，姆姆很開心地拿著聖誕花環去找她的姐妹炫耀，「你看這是我的花
環，她們倆幫著做的，很好看呢。我要把我的名字貼上去，掛在牆上。」看著
牆上的作品，姆姆說：

這種動手的課程我不太做得來，有些人就很喜歡，她們心很細，
手也很巧，你看三姆姆的配色一看就是我們卑南族嘛。我呢，很大
大咧咧，有時一搞搞不好就不搞了，哈哈，但是和這麼多姐妹朋友
在一起就很開心啦，做什麼不重要啦。但是哦，經常動動手，能夠
讓我們不會變笨，本來我們已經很笨啦，哈哈。所以呢，活動一下
還是有好處嘛。〔註122〕

〔註120〕訪談詳情：孫優女（女，卑南族），訪談時間：2019 年 11 月 29 日上午 10 時，
訪談地點：臺東縣臺東大學運動場。

〔註121〕原住民語「奶奶、外婆」的意思。

〔註122〕訪談詳情：孫秀女（女，卑南族），訪談時間：2019 年 12 月 22 日上午 10 時，
訪談地點：臺東縣卑南鄉下賓朗部落文健站。

圖 6.24　下賓朗文化健康站的老人製作的手工編織品

在我們的對面還有一位更加年長的姆姆，她坐在輪椅上，身邊有一位菲傭在幫助她完成手工，老姆姆是輕度失能，腿腳不便，每天由菲傭照顧起居及飲食，在文健站的活動也由其陪同，在需要動手的環節，菲傭便幫她完成，即使這樣，老姆姆的「出勤率」也是很高，秀女姆姆說：

> 她喜歡來這裡，不然家裏就她一個人，那麼大的房子，孩子又
> 不在身邊，會很難的。在這裡有我們這麼一群老東西陪著，唱唱歌
> 什麼，她也會開心點呢。〔註123〕

文健站通常會提供一頓午餐給老人們，老人們需自己動手取餐具再排隊盛飯及打菜。通常午飯分為主食、蔬菜、肉類及湯品，都是文健站的工作人員精心搭配、製作。老人們取餐後和同伴圍坐在一起，聊天、吃飯不亦樂乎。午餐後老人們陸續回家進行午休，對於腿腳不便的老人，工作人員也很負責地送他們回家。

縱觀之，原住民部落文健站在原住民社會教育發揮著巨大作用，主要有以下幾點：

首先，文健站是傳承原住民特色文化的一個重要場合，原住民特色服飾及古調在這裡被延續。老人的孫輩常常被祖輩帶來，受到原住民文化的耳濡目

〔註123〕訪談詳情：孫秀女（女，卑南族），訪談時間：2019 年 12 月 22 日上午 10 時，
　　　　訪談地點：臺東縣卑南鄉下賓朗部落文健站。

染，有利於對本土文化的認知及鄉土情懷的凝聚以及原住民傳統「知識觀」的重建；

其次，休閒娛樂及文教活動的開展，如手工藝、歌詠課程，可以使原住民老年人不與社會脫節，鍛鍊大腦及提升肢體的靈活度，為後續的社會教育提供基礎及保障；

最後，通過一些有組織的原住民活動，以文健站為單位，相較於部落的行政機構，成員更容易集中及組織，成員們在較為輕鬆、歡快的氛圍裏，展示社會教育的成果。其組織性較強，更加有利於社會教育的深入及落實。

已步入老年的原住民群體，他們身上印刻著社會及歷史變遷的痕跡，作為掌握本族群歷史文化傳統的部落耆老，他們不願意原住民文化逐漸消逝，他們在文健站接觸到原住民文化，也在與同伴學習及分享的過程中，增加了他們對於本文化的理解及認同。同時，這也有利於原住民「高齡化」社會的正常運行及實現原住民文化的「再教育」。

（五）原住民教育輔導中心

因社會發展需要解決日益嚴重的家庭問題，臺東縣親職教育諮詢中心作為臺東縣家庭教育中心的前身成立於 1989 年，隸屬於臺東縣文化中心推廣組。臺東因族群多元，經濟、教育及文化資源不足等原因，再加上外出打工就業人數逐年增加，因而造成隔代教養及單親等狀況日趨增加。為解決臺東地區出現的家庭問題及狀況，臺東縣家庭教育中心於 2004 年正式設立。

因臺東地區為原住民聚居區，故臺東家庭教育中心設置針對原住民家庭教育的課程，對原住民教育進行輔導。以 2020 年 9 月份的活動安排為例，以下列舉涉及原住民家庭教育的相關活動安排如下表所示：

表 6.14　臺東原住民家庭教育中心課程安排（2020 年 9 月）

日　期	活動名稱	地　點	講　師
9 月 5 日 07：50～12：00	性別及社區婦女教育：消除性別暴力：當代原住民槓上性別平等	雲時客棧	社工
9 月 5 日 08：30～12：40	原住民親職教育計劃——親職教育講座	泰源國中	輔導組長
9 月 5 日 8：30～12：30	原住民家庭教育試辦計劃——大手牽小手親子社區服務方案	金崙村活動中心	社工

9月5日 13：30～16：30	家庭展能教育支持計劃——那些電影教我們的教養二三事	長濱圖書館	老師
9月5日 13：30～16：00	原住民家庭教育試辦計劃——青少年情婚前育課程	關山鎮電光活動中心	老師
9月12日 07：50～12：00	性別及社區婦女教育：女體迷思：傳統文化下原住民女性身體自主意識	霎時客棧	社工
9月12日 13：30～16：00	原住民家庭教育試辦計劃——青少年情婚前育課程	關山鎮電光活動中心	老師
9月17日 07：40～12：40	親職效能——原住民親職教育	泰源國小	導師
9月19日 13：30～16：00	原住民家庭教育試辦計劃——青少年情婚前育課程	關山鎮電光活動中心	老師
9月29日 17：30～20：30	原住民家庭教育試辦計劃——親子交享網	武陵國小	老師

資料來源：筆者根據臺東家庭教育中心網站：https://ttc.familyedu.moe.gov.tw 重新編制。

　　通過對以上活動內容的分析，臺東家庭教育中心作為社會教育的機構，關注本地區原住民發展，開設涉及原住民的活動課程主要為原住民女性的性別教育、原住民青少年的婚戀觀教育以及原住民家庭的親子互動教育等，為臺東地區原住民家庭教育提供指導與幫助，有助於原住民教育體系的完善。

二、社會教育面臨的發展困境

　　如今，原住民社會教育仍然面臨技職教育緊缺的發展困境。從臺東地區的原住民群體來看，原住民學生輟學率較高，因家庭經濟原因或自身對繼續求學不感興趣的輟學生大多選擇外出打工以維持生計。從實施義務教育以來，已經有大批的原住民子弟流入都市，因加工業及基礎工程建設的勞動力缺口較大，輟學的原住民子弟多選擇此類髒、累、差的工作。

　　　　每年驪歌響起，在山地國中的校門口，就會有資方雇請的遊覽
　　車載著原住民的孩子們到都市，每個孩子們都充滿信心和希望，可
　　是他們終將發現，他們成了勞動市場的牛馬。〔註124〕
李亦園在《社會文化變遷中的臺灣原住民青少年問題》中顯示20世紀70

〔註124〕莫那能口述，劉孟宜整理：《一個臺灣原住民的經歷》，臺北：人間出版社，
　　2014年8月，第234頁。

年代末，臺東地區的布農族、排灣族、阿美族及雅美族的青少年外出賺取工資從事的主要工作偏向於體力或技術性較低的工作，從事非體力工作者較少，在職業的適應上易產生困難。〔註125〕如今，臺東的原住民青少年群體仍然如此，他們大多在輟學或畢業後前往都會區從事餐飲服務、汽車修理等偏體力且技術性不高的工作。

技職教育作為原住民社會教育體系中的一部分，相對於一般教育而言，它處於學業與就業之間，它的存在承接學業與就業之間的轉換，也是一般教育階段過渡到就業謀生階段的重要教育形式。在受技職教育的過程中，原住民可以選擇相應的方向及課程，並接受專業技術性的職業培訓。但觀之，臺東地區的原住民教育體系，技職教育無論是從規劃還是具體落實，它所佔的份額並不大，在整體原住民教育體系中極易被忽視。

一方面，社會對原住民技職教育缺乏宣傳及適度的導向。筆者在調查中發現，臺東地區的部分原住民父母表示並不清楚技職教育的具體內容，也不清楚如果子女完成技職教育後會對他們的職業選擇及人生規劃帶來哪些影響，「我們不知道技職教育可以學什麼，學習修理汽車嗎，還是幹嘛的。不清楚學了這些出來之後，能不能掙到錢，能不能養活自己。」另一方面，大多數技職教育提供普適性的方向及課程供學生選擇，而針對原住民文化特點的技職教育則較為缺乏。臺東地區的原住民擁有各自有特色的技藝技能，如編織、雕刻、刺繡等，而技職教育針對原住民技藝技能的職業培訓所佔比例仍較少。

在訪談中，孫賈尚軒認為：

> 現在的教育系統要求德育、智育全面發展。像現在的補習班還有補習籃球課的，希望能獲得體育課加分。有些也在學習個人才藝，比如學習鋼琴等。但最終還是看成績，現在的社會環境還是注重萬般皆下品惟有讀書高。大的社會需要百工百業，技能職業教育和大學教育培養的人才是不同的。技術職業教育目標是趕快上班、上手，大學目標則是研究更多。二者的訓練是不同的，而現在社會更多的需要技術職業教育出來的人，讓他能實際上手。但是作為父母，很難去看待讓孩子去上大學還是從事技術職業教育這個問題。從結構上面講，研究機構是大學，支持社會的是技術職業教育。比如現在

〔註125〕參見李亦園：《臺灣土著民族的社會與文化》，臺北：聯經出版社，1982年，第431～432頁。

有些大學開設長期照顧的課程，學生 4 年畢業後去做行政，不會在
第一線去照顧老人，而現在開設的長照專班，學習幾百個小時後，
就可以去照顧老人和小孩了。這就是二者之間的區別。〔註126〕

如今在臺東地區，一方面，關於技職教育的社會宣傳及導向仍不足，原住
民家長對其接受度不高，仍未在原住民的觀念中作為繼續提升教育水平的一
個選項。另一方面，實際上當地原住民相關的技職教育資源也較為稀缺，不足
以覆蓋原住民群體，成為制約當地原住民學生專業型人才培養的一個不可忽
視的原因，這對於原住民教育發展無疑是一個阻礙。

三、原住民社會面臨的教育發展困境

（一）「污名化」問題較嚴重

由於權力關係的不平等，少數民族和弱勢群體在媒體中的再現容易受到扭
曲與污名化。〔註127〕加拿大社會學家戈夫曼將被污名者歸為四種類型，即社
會越軌者、內群體的越軌者、弱勢／少數群體人員及低層社會人員。〔註128〕
他認為污名根源在於其身體、性格或者族群的某種特質，但這種特質並不是污
名，只是不受歡迎的對象或者根據標準而被排斥的對象。〔註129〕戈夫曼進一
步闡釋污名與刻板印象之間的關係，他認為污名是由社會去定義的，並在社會
交往中被不斷識別以及強化。反之，污名又會進一步強化排斥。〔註130〕戈夫
曼認為污名是由社會建構出來的，它反映社會現實而並非個體的內在屬性，正
常人和蒙受污名者的區別不在於個體本身，而是來自從何種社會視角去看待
他們。〔註131〕臺灣學者謝世忠將族群污名定義為「一個族群，特別是少數民
族，具有某種確實的或虛構的或想像出來的特質，而這種特質不僅是與該族相

〔註126〕　訪談人：孫貴尚軒（男，1975 年生，卑南族），訪談時間：2019 年 12 月 26
　　　　　日上午 10 點，臺東縣卑南鄉花東縱谷景區管理處二樓孫貴尚軒的辦公室。
〔註127〕　譚光鼎：《被扭曲的他者：教科書中原住民偏見的檢討》，《課程與教學季刊》，
　　　　　2008 年 11 月第 4 期。
〔註128〕　〔加〕歐文・戈夫曼著，宋立宏譯，《污名：受損身體管理箚記》，北京：商
　　　　　務印書館，2009 年，第 195 頁。
〔註129〕　〔加〕歐文・戈夫曼著，宋立宏譯，《污名：受損身體管理箚記》，北京：商
　　　　　務印書館，2009 年，第 5～8 頁。
〔註130〕　〔加〕歐文・戈夫曼著，宋立宏譯，《污名：受損身體管理箚記》，北京：商
　　　　　務印書館，2009 年，第 98～101 頁。
〔註131〕　〔加〕歐文・戈夫曼著，宋立宏譯，《污名：受損身體管理箚記》，北京：商
　　　　　務印書館，2009 年，第 8～11 頁。

接觸之他族所敬而遠之的，同時也是他本身所厭惡的。這種特質常常就是該族群本身。」〔註132〕

　　從原住民稱謂上的變化最能體現「污名化」現象始終伴隨著原住民族群歷史的發展。清朝統治時期，將臺灣原住民稱之為「番」，在《說文解字》中這樣解釋：「獸足謂之番」〔註133〕。「番」這個字體現了當時主流社會價值觀將原住民視為幾乎等同於野獸的存在，並以「生」與「熟」的區別將野蠻和拒絕被馴化的原住民歸為「生番」，將順從和被馴服的原住民歸為「熟番」。從列維・斯特勞斯關於食物「生」與「熟」二元對立的理論中〔註134〕可以看出，文化的作用是由「生」轉為「熟」的關鍵。在對於臺灣原住民的劃分來看，蘊含著陌生的、缺少文化的、野蠻的與熟知的、被教化的、較為文明的二元對立。之後的日據時期，總督府延續此稱謂，將原住民稱之為「蕃人」、「蕃童」及「蕃婦」，「人」與「蕃」的界線被強化。在殖民者的眼中，原住民是不穿上衣、不講衛生、茹毛飲血的野蠻人，雖後來統一改稱「高砂族」，並在後期「皇民化」運動時期企圖將原住民改造成為真正的日本人，但卻未改變原住民處於「次等國民」〔註135〕的族群地位。光復初期，原住民變為官方口中的「山胞」，他們被非原住民群體稱為「番仔」，或是極力掩飾自己原住民的身份，以本族為恥，或是在填報戶口時放棄自己原住民身份。

　　時至今日，伴隨著多元文化的風潮及原住民族群意識的覺醒，原住民的族群地位已得到了提升，其生存環境得到了改善，社會主流價值觀及輿論都給予原住民充分的認可及鼓勵，但不可否認的是，當今臺灣社會對原住民仍存在族群偏見，仍有部分人認為原住民的智商低於漢人，或是認為他們性格暴躁易怒。一部分原住民受這種族群偏見的影響，甚至對自身的文化及認同產生了懷疑，「原住民都有嚴重的自卑感，進而試圖拋棄自己原有認同，而這些情境也都是發生在與漢人接觸過程上。」〔註136〕謝世忠認為這種特質常常

〔註132〕 謝世忠：《認同的污名——臺灣原住民的族群變遷》，臺北：自立晚報社，1987年，第29頁。

〔註133〕 〔清〕段玉裁：《說文解字注》，北京：中華書局，2013年，第50頁。

〔註134〕 參見〔法〕列維・斯特勞斯著，周昌忠譯：《神話學：生食和熟食》，北京：中國人民大學出版社，2007年。

〔註135〕 日據時期，日本人屬「一等國民」，漢人次之，原住民的地位遠遠不及二者，是「次等國民」。

〔註136〕 謝世忠：《認同的污名——臺灣原住民的族群變遷》，臺北：自立晚報社，1987年，第34頁。

與一些刻板印象發生關聯，諸如貧窮、低等劣勢，此族群成員也常因為不安定感而對外界產生防衛。同時，也會表現出畏畏縮縮以及強烈的自卑感，或是誇大的自尊。〔註137〕

成見固然是一種非理性的態度，但它不一定是具有敵意的，它可能只是輕視的、誤解或誤判的。〔註138〕部分群體乃至主流社會仍存在對原住民這樣的成見，在這樣的社會文化語境下，原住民的文化價值被低估，進而對於原住民這個群體的教育發展及文化傳承作出誤判，或認為它並不值得投入優質的教育資源，或認為其文化是不適應時代發展的，更無所謂延續及傳承。筆者在調查中發現，仍有部分人持這種觀點，將原住民及其文化進行「污名」處理，也凸顯了整體社會對於文化的包容度不夠，說到底，還是民族中心主義的心理在作祟，這也成為當今關於原住民教育發展存在的問題之一。

（二）教育體制不完善

首先，如今整個社會對原住民的認知仍存在偏見，對原住民的文化價值及重要性認識不足，甚至存在原住民被「污名化」的狀況，由此導致原住民的教育問題仍未得到真正的重視，原住民的主體教育權力無法真正有效地施行，進而使得頒布的一系列相關政策面臨著無法有效落實與實行的困境。

其次，臺東地區原住民多族群，且各族之間的社會組織及傳統文化差異較大，其教育模式無法照搬或完全複製一種模式。臺東地區關於原住民教育將多族群的原住民不加區別地對待，缺少可以具體實施的、有針對性的多族群教育規劃。

再次，臺東地區原住民的教育行政制度亦不夠完善，依據原住民一般教育與民族教育課綱要求，層級向下開展實施的過程中，存在教育反饋不到位的現象，無法將原住民教育的具體問題及時反饋，並作出修復與完善。

最後，臺東地區的原住民教育未形成一套較為完整的體系，對於原住民教育的規劃及部署較為零散。其一，各級學校的原住民教育培養缺少鏈條化的交互體系；其二，家庭、部落與學校三者之間的關係及作用，在教育制度中體現不明，只是較為籠統地分別闡釋各自的教育規劃，未達成一體化的教育方案。

〔註137〕謝世忠：《認同的污名——臺灣原住民的族群變遷》，臺北：自立晚報社，1987年，第29～30頁。

〔註138〕謝世忠：《認同的污名——臺灣原住民的族群變遷》，臺北：自立晚報社，1987年，第47頁。

　　縱觀之，臺東地區的原住民教育體系仍然存在諸多需要改善之處，如果對此不重視，勢必會阻礙原住民教育發展。

小　結

　　如今，原住民教育有了新的發展，主要體現在多維度、多層級、多面向的教育實踐上。首先，原住民的學校教育從族語及民族教育課程的雙重培養路徑出發，不同族群的原住民學校根據本族群原住民文化的特點及發展需求，制定了相應的教育發展規劃；其次，原住民的部落（或社區）教育實踐主要體現在原住民社區大學的設立、原住民民族教育中心的發展以及原住民族語培訓課堂的創制等方面，以原住民為導向的部落（或社區）教育強調了原住民在教育中的主體性；最後，原住民的社會教育涉及原住民電視臺拓展媒介教育領域、注重原住民技藝技能培訓的文化傳承領域、聯合原住民民間社團的教育力量、考慮原住民高齡及終身教育的必要性，以及發揮社會扶助及導向作用於原住民的家庭教育發展，進而豐富了原住民社會教育的內涵及意義。

　　同時，在多族群文化互動的過程中，臺東原住民教育面臨多層級的發展困境。首先從家庭層面觀之，族語教育消沉、隔代教養、父母對教育漠視、酗酒影響家庭教育功能及部落事務參與度低是當今臺東地區原住民教育發展面臨的困境。其次，從部落（或社區）層面觀之，原住民社會組織及文化制度的功能逐漸被稀釋是當今臺東地區原住民教育發展面臨的窘境。再次，從學校層面觀之，原住民「少子女化」趨勢、文化差異被忽略、課程設置與安排不合理、師資力量薄弱以及基礎設施不足是當今臺東地區原住民教育發展面臨的困境。最後，從社會層面觀之，原住民「污名化」問題較嚴重以及原住民教育體制有待完善是當今臺東地區原住民教育發展遭遇的難題。究其根本原因，可以認為是原住民語言及文字權力之喪失。經過前兩個歷史時期原住民的傳統「知識觀」已逐漸式微，其語言也逐漸走向衰落，由此喪失了教育主體的話語權。

　　可以說，在多元文化教育的語境下，原住民的「知識觀」也在重建。在此過程中，原住民被賦權及增能，使得他們對如何發展原住民教育有了一定的話語權，其多元教育的實踐，便是他們爭取教育權利的體現。但另一方面，從原住民教育的發展困境來看，原住民的教育賦權之路仍處於探索階段，需要適應現代社會發展，並且又要修復前兩個歷史階段對原住民教育產生的負面影響。

第七章 結 語

第一節 知識、權力與臺灣原住民教育

福柯認為知識是在詳述的話語實踐中可以談論的東西。同時，它也是一個空間，在這個空間裏，主體可以占一席之地，以便談論它在自己的話語中所涉及的對象。〔註1〕在他看來，權力是一種關係，而知識促使權力對人發生作用。同時，知識是由權力造就的，權力的運作恰恰和知識的積纍之間存在著密切聯繫。〔註2〕知識與權力相互作用，密切配合，通過正誤、虛實、理性及瘋狂等判定規則對作為個體的人進行規訓及操控。從這個意義上來講，知識並不是客觀的，而是權力作用下的結果，它是屈從於權力的。若符合制定者的目標及意圖，那麼這些知識便是正確的、值得讚美及表彰的以及理性的，若不符合則會被視為是荒謬、錯誤及非理性的。因此，並無完全客觀的知識，亦不存在完全客觀中立的教育目標及教育內容。

一方面，權力作用於知識，但另一方面，知識又反過來促使權力發生效用。擴展至教育的維度，可以認為權力會影響乃至控制教育內容的選擇。意味著權力決定了教育內容的設置，即採取何種方式方法或模式以及挑選哪些教育內容施之於受訓者。反過來，教育內容的設置亦會加強權力，或增強權力的施行範圍，或加固權力自身的力量體系。進而權力的效用可以得到最大程度

〔註1〕 〔法〕福柯著，謝強、馬月譯：《知識考古學》，北京：生活・讀書・新知三聯書店，2003 年，第 203 頁。

〔註2〕 黃瑞祺主編：《再見福柯：福柯晚期思想研究》，杭州：浙江大學出版社，2008年，第 118 頁。

的發揮，使得教育這一行動策略可以為權力服務〔註3〕，為其奉獻柔順的受訓者以及其內化於胸的強烈認同。知識通過教育這一柔性的手段被轉化為權力可以發生作用的工具，並藉由教育的手段作用於受訓者。

通過以上對於臺灣原住民教育發展歷程的梳理，借助福柯關於知識與權力關係的理念，筆者發現，權力的滲入及運作始終伴隨著原住民的教育歷程，可以說權力影響著原住民教育在不同歷史時期的發展樣態。在外來統治權力的作用下，不同時期的原住民教育生產出不同的新「知識」。反過來，新型「知識觀」的構建又會強化權力的使用，促使權力進一步作用於原住民的教育，對其教育內容、範圍、效用等產生深刻的影響。可以說，「知識觀」總是基於歷史經驗的，是實踐的產物。它是一套內化的意識形態與行動策略的集合，它的載體是人，並依靠這一載體完成傳遞及延續。可以認為，原住民教育是權力與知識相互作用的產物。

不同時期原住民教育中的知識與權力的互動關係，可以用模型表示如下：

在原住民傳統教育的文化生態環境中，受來自外部權力的影響較弱，其傳統教育有其發展及傳承的固定模式。就其內容而言，則是建立在原住民「知識觀」基礎上的教育，是他們適應生態環境，以及與周邊族群互動過程中自然而然形成的。日據時期之前，原住民受外來文化影響較弱，自身原住民傳統文化力較強。此時期的原住民傳統教育以其固有文化及意識形態為主導，圍繞嚴苛的訓練、道德禮儀的教授以及傳統文化特質的傳習三方面施以教育。

圖 7.1　不同時期原住民教育模型圖一

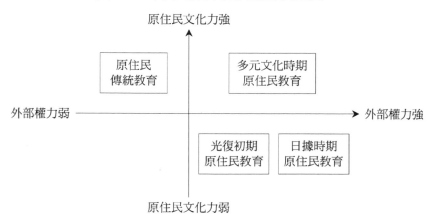

〔註 3〕 參見李孔文、王嘉毅：《福柯知識權力理論及其教育學意蘊》，《華東師範大學
　　　　學報（教育科學版）》，2011 年第 29 卷第 3 期。

圖 7.2　不同時期原住民教育模型圖二

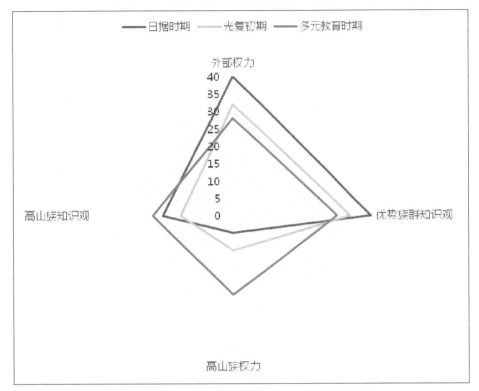

　　日據時期，原住民文化受外來強制權力的侵入而發生變遷，其傳統「知識觀」的主體地位亦根據權力的更迭而逐漸產生變化。隨著日本殖民者「理蕃」由綏撫轉向強制，其對原住民的操控也愈加嚴密。日本文化也通過日本語的輸入為媒介，透過文字及書寫權力的操控，以學校教育及社會教育的教育形式滲入原住民的日常生活場域，形成以居於統治地位、強勢文化為中心的知識霸權主義。在這種知識霸權主義的控制及改造下，原住民教育變為一元的教育模式，其實質為「同化」教育。福柯曾經提出，現代社會的權力比起舊時君主制度下的懲罰體系以及 18 世紀人道主義的懲戒模式，相對而言較為溫和，但它卻悄無聲息地滲透進日常生活中，如學校、兵營、工廠等，對個體的操控卻更為嚴格及周密，對個體的身心進行有意識的控制及改造。〔註 4〕正如福柯所言，日本殖民者正是通過學校教育及社會教育對原住民施以嚴格規訓，這種教育方式本身就是權力的體現。它體現了日本優勢族群的「知識觀」

〔註 4〕〔法〕福柯著，劉北成、楊遠嬰譯：《規訓與懲罰：監獄的誕生》，北京：三聯
　　　書店，1999 年。

逐漸滲透及嵌入原住民社會的過程，並在殖民政治強權的支配下佔據了知識的主導權。

在特定的時間與空間中，權力會形成某種暫時的意識形態或文化霸權。伴隨著語言所產生的權力關係，會涉及文化詮釋的權力、意義的賦予、再現、認知等等意義的過程〔註5〕，進而權力影響意義的建構。從宏觀上看，這種規訓的權力體現在日本強權政治的管理統治力上；從微觀上看，這種規訓的權力以所有可能的方法及途經滲透進學校教育及社會教育的日常教育活動中，進而試圖瓦解原住民文化的內核，重塑原住民的「知識觀」。

在這一過程中，毫無疑問，日本文化居於主導及優勢地位，而原住民傳統文化處於弱勢地位。此時期原住民的傳統教育受到干預，原先以部落「知識觀」為基礎的傳統教育逐漸喪失了其教育主體地位。原住民在傳統上無文字，傳統教育均依靠口耳相傳。日本殖民者將日文帶入原住民部落，此時，文字不僅僅是書寫、溝通及表達的工具，又是新型「知識觀」的表達。這種以日本文化為核心的新「知識觀」又成為權力布展的作用體，它掌控著教育的話語權，對原住民教育的內容、形式、範圍、程度達至密切監控。部分受過日本教育的原住民青年，因掌握了這種新型「知識」而擁有在「蕃社」中的統治地位，這便是「知識」賦權的過程。這一時期，原住民並不掌握權力，其傳統「知識觀」也被日本文化所壓制，處於「脫嵌」的狀態。可以說日據時期的原住民教育處於外部權力與以日本文化為核心的優勢「知識觀」的交互作用之下。

在光復初期，臺灣國民黨政府以政治權力規定全盤「漢化」的社會改造方針，試圖迅速擺脫日本殖民的陰影。此時期，漢文化作為社會的主導文化，是居於主流及優勢地位的「知識觀」；而原住民的傳統「知識觀」不被認可並且被迫「去特殊化」，其擁有較弱的文化力，居於弱勢地位。相較於日據時期，光復初期對原住民的教育政策就其同化程度而言，則稍遜一籌。但就其兩段時期而言，其共同點在於對原住民施以教育都是將原住民自身的文化排除在外，是基於規訓權力的同化教育政策，其意圖為改造原住民成為「日本人」或是「漢人」，即「他者的身體」。如福柯所述，操縱規訓技術的目的在於培養出符合要求的「馴順的肉體」〔註6〕。此外，在規訓權力之下形成新的「知識觀」，也改

〔註5〕 參見陳明仁：《東臺灣歷史再現中的族群與異己——以胡傳之〈臺東州採訪冊〉的原住民書寫為例》，臺北：稻鄉出版社，2005年，第132頁。

〔註6〕 〔法〕福柯著，劉北成、楊遠嬰譯：《規訓與懲罰：監獄的誕生》，北京：三聯書店，1999年，第156頁。

變了原住民原有的認知結構,受教育者「也被呈獻給新的知識形式」〔註7〕。此時期,原住民教育未被單列出來,而是包含在統一的教育規劃及政策中。在外部權力強勢操控下,這種「普適性」教育的實施使得優勢族群的「知識觀」佔據主導,而原住民教育處於外部權力強,自身文化力較弱的狀態,其「知識觀」失去了話語權,致使原住民教育發展受限。

在 20 世紀 80 年代的多元文化發展時期,伴隨著原住民族群的覺醒,他們為爭取權利而奔走,興起的「原住民運動」不僅使原住民的發展問題獲得更多的關注,也影響了原住民教育的發展進程。在多元文化的語境下,臺灣社會為原住民教育提供了良好的社會環境。一方面,《原住民族教育法》的頒布,標誌著第一次以法律的形式肯定原住民教育的地位,並且給予其教育發展以明確地指導;另一方面,由官方主導進行原住民教育的課改,增加原住民民族教育的內容,多元文化課程為原住民教育發展注入了活力。

在此時期,在社會主導權力的推動以及原住民文化力較強的語境下,原住民教育呈現出較好的發展態勢,多元教育理念成為主流,原住民教育也顯現出多元的特徵。其傳統「知識觀」對於原住民教育而言,處於「嵌入」及「再嵌」的狀態,可以視為臺灣原住民傳統「知識觀」走向「復興」。原住民教育也在適應性政策的推動下,根據多族群文化的特徵調整家庭、部落、學校及社會教育的內涵。原住民教育發展的多元實踐體現了原住民掌握了更多的權力,他們可以採取多種途徑改善其教育發展環境。另一方面,原住民也在此過程中提升了族群地位,擁有更多的話語權。正如學者譚光鼎認為如今原住民教育發展是由「廢墟到重建」的過程〔註8〕,其重構過程,也是原住民傳統「知識觀」重構的過程。它在外部權力的引導以及原住民自身的不斷努力下,實現自我的賦權及增能,逐漸向主體性教育靠攏。但仍要看到原住民教育面臨家庭、部落、學校及社會多層級的發展困境,在如何適應現代社會發展以及延續族群文化的問題上仍處於摸索階段。究其根本原因,可以認為是原住民語言及文字權力之喪失,帶來傳統「知識觀」的衰落。經過前兩個歷史時期原住民的傳統「知識觀」已逐漸式微,其語言也逐漸走向衰落,進而影響原住民教育發展進程,造成如今多重教育發展困境。

〔註7〕 〔法〕福柯著,劉北成、楊遠嬰譯:《規訓與懲罰:監獄的誕生》,北京:三聯書店,1999 年,第 175 頁。

〔註8〕 參見譚光鼎:《臺灣原住民教育:從廢墟到重建》,臺北:臺灣師範大學書苑,2002 年。

　　由此，本研究表明：日據以來的臺灣原住民教育是知識與權力交互作用的體現。一方面，權力造就了知識，形成全新的「知識觀」，它改變了原住民的認知結構，並形成全新的教育形式及內容。另一方面，知識促使權力發生作用，相較於日本文化及漢文化的強勢地位而言，原住民的文化始終處於弱勢地位，當原住民的「知識觀」無法獲得足夠的話語權時，便會影響原住民教育的發展。對當今原住民教育現實與未來的考量需將其放置於歷史的維度中，通過梳理及對比不同時期原住民教育的發展路徑，分析原住民教育在不同歷史階段的教育內容、性質、範圍及效果，思考權力與知識二者之間產生的張力對於原住民教育的影響。

第二節　原住民教育啟示與思考

　　卑南學者孫大川認為，原住民部落社會與宗教信仰的逐漸瓦解，語言文字權力之喪失，以及族群人口之質變，這些都清楚地警醒著我們：原住民乃是一群屬「黃昏」的民族。稱其為「黃昏」的民族主要因為「黃昏意識」正是他們靈魂深處最深的煎熬、困惑的真實寫照。作為原住民，無論就文化傳統、歷史記憶或是生存空間而言，都不得不需要面對本族群正慢慢由「黃昏」步入「黑夜」的尷尬處境。若無法對此處境有著清晰的認知，那麼所做的反思反省以及行動策略都是存在偏差，是不中肯的。因此，我們認為當前原住民問題的本質包含一種弔詭，一種張力（tension）。就像黃昏同時具有白天與黑夜的某些屬性一樣，它處於一種過渡的狀態，既不可以宣判原住民的傳統文化已經死亡，也不可以鼓吹其日正當中的幻象。反過來說，「我們既要勇敢接受民族文化死亡或黑夜的來臨，同時也要積極地在黃昏時刻準備好油燈，點亮慢慢長夜。」〔註9〕

　　教育是一個民族發展的希望，它正如點點星光，可以照耀一個民族未來的路。現代教育理論通常將學生視為教育的主體，針對原住民教育，應將原住民學生視為教育的主體。若將教育範圍進一步泛化，不再侷限於學校教育，而是擴大至部落（或社區）教育以及社會教育的層面，原住民則毫無疑問應當成為教育的主體。他們應當擁有選擇、決斷的權力。縱觀臺灣原住民的歷史，他們在歷史的顛沛流離中失去了話語權，其族語、價值觀及傳統部落文化等「知識

〔註9〕參見孫大川：《久久酒一次》，臺北：張老師文化出版社，1991年，第82～83頁。

觀」在外部權力的控制下逐漸流失。如今，他們在教育層面的話語權仍呈現弱勢的狀態，之前非原住民族群對於原住民教育的規劃，更多的是「他者的想像」。正如孫大川將其稱為「黃昏的民族」，從文化的興盛程度來看，這一「黃昏的民族」在歷經社會更迭，他們本民族的文化及傳統隨著劇烈的社會變遷而呈現急速消亡的狀態，不利於原住民教育的發展。

首先，從民族自決及文化自決〔註 10〕的語境來看，民族自決指的是一個民族可以決定自己的命運，不受其他民族的歧視或不平等對待；「文化自決」則強調在社會互動的語境下，處於自我〔註 11〕文化背景的「本地」或「本族」人可以擁有對其文化「自決」的權力，即他們有權對其教育施以改變、并決定如何改變。從日據時代及光復後的不同階段來看，臺灣原住民都處於被統治的從屬地位，他們並不掌握社會資本，亦不掌控主流話語權。社會道德文化及主流價值觀都由他者文化群體所操控，原住民總是在被動地被灌輸他者文化，反而他們自己獨有的傳統文化在歷史進程中被不斷打磨、淘洗，以致於有走向衰落之勢。這裡存在文化的不對等性，這也是當今臺灣原住民教育不可被忽略的關鍵所在。日據時代施以日式的殖民教育，光復初期又採用全盤「山胞平地化」的均質化教育方案，在社會的更迭及變遷過程中，原住民作為教育的主體卻遊走在由他者編訂的知識圖式的邊緣。他們失去了可以選擇的權力，也不能抉擇以何種方式發展本族的教育。

學者譚光鼎認為歷來原住民教育問題的核心在於主體地位的喪失，進而使得固有傳統文化走向衰落，甚至滅絕成為廢墟。要重建原住民教育，就要恢復原住民的主體性。〔註 12〕原住民作為弱勢群體亦或是邊緣群體，在主流文化

〔註 10〕 「文化自決」涉及發展人類學的「維柯斯計劃」（Vicos Project）及行動人類學的「福克斯計劃」（Fox Project）。「維柯斯計劃」是由美國康奈爾大學的人類學家在 1951 年至 1964 年間，對秘魯維柯斯莊園的印第安人開展的社區發展研究。在維柯斯計劃中，研究者有意識積極地參與介入去指導變遷，即並不教導維柯斯人應如何去改變，而是直接去改變他們。而「福克斯計劃」是由美國芝加哥大學人類學系 Sol Tax 在 1948 年至 1962 年間對美國衣阿華州 Tama 地區福克斯印第安人所做的關於發展的研究項目。相較於「維柯斯計劃」，「福克斯計劃」則突出強調「自決」（self-determination）的概念，即要達成社區內部形成「自決」，並不指導社區應如何改變，而是發現什麼是可以被改變的，將自我決定的權力交予社區自行處理。

〔註 11〕 即「me」與「other」語境下的「me」。

〔註 12〕 參見譚光鼎：《臺灣原住民教育：從廢墟到重建》，臺北：臺灣師範大學書苑，2002 年。

中仍不佔優勢，他們的教育地位相較於非原住民全體仍是劣勢。大至教育政策的制定，小至教科書及課綱的編訂，雖有原住民參與其中，但他們並非擁有足夠的話語權可以去選擇本族的教育發展路徑，甚至有時他們處於「失聲」甚至是「缺位」的狀態。學者陳枝烈認為應提供原住民有權利與機會選擇自己所要接受的教育形態與內容，而不是只提供一套漢族中心的教育制度。〔註13〕從民族自決和文化自決的語境來看，應給予原住民教育主體更多的選擇權，原住民從本族的文化特質及歷史傳統的背景下，對適合本族教育及文化發展的方向做出選擇。

其次，從「文化自覺」〔註14〕的語境來看，正如上文所述，應給予原住民可以選擇的權力，但這種選擇權是建立在「文化自覺」基礎之上的。只有原住民對本文化「自美其美」，對他者文化「美人之美」，才能更好地適應社會變遷，達成發展原住民教育的訴求。正如卑南學者孫大川所述：「整整一個世紀的自我否定，原住民早已喪失了自我整合的力量。這正是今天台灣原住民問題的核心。一個不再能對自己文化引發美感的人，不但要面臨認同的危機，也將失去想像力和創造力，成了貧乏的存在，一個空洞的軀殼。」〔註15〕當今我國臺灣的原住民要加強「文化自覺」的意識，不以民族人數的多寡來區分文化的「強」與「弱」。在多元文化的語境下，每個文化都應有其一席之地，我國臺灣地區的原住民文化是這樣，大陸地區的少數民族亦是如此。他們擁有獨特的文化特質及歷史傳統，在社會變遷的過程中仍保有知識與記憶，形成獨一無二的祭典儀式、口述歷史及工藝技能，這些都是他們可以引以為傲的文化資本。同時，秉持中華民族多元一體格局理念，作為「多元」之一的原住民，更應該密切團結、共休戚同命運，加強與大陸地區其他少數民族之間的溝通與聯繫，在相互學習中，共同尋找民族教育的發展之道。

最後，從主體與權力的語境來看，臺灣原住民自身要發揮主觀能動性，增強部落的凝聚力，為民族教育及人才培養爭取更多應得的權利。同時，其他族群或是研究者要摒除民族偏見，給予原住民教育發展以一定的支持與扶助。教

〔註13〕 參見陳枝烈：《原住民教育：18 年的看見與明白》，屏東：臺灣屏東教育大學出版社，2010 年。

〔註14〕 費孝通先生認為「文化自覺」指的是對己文化有「自知之明」，為了更好地適應新環境而加強對文化轉型的自主能力，能夠獲得文化選擇的自主地位。

〔註15〕 孫大川：《山海世界：臺灣原住民心靈世界的摹寫》，臺北：聯合文學出版社，2010 年，第 197 頁。

育的核心思想和最終落腳點是以人為本，它的發展離不開人的參與。對臺灣原住民教育而言，「人」包含了多個層面的參與者。正如福柯所言「當我們今天考慮兒童問題的時候，家庭、醫療、精神病學、精神分析學、學校、司法機關的因素並不是均質分布的，而是在相互之間建立聯繫、交叉指涉、補充、劃分界限的關係，同時在一定程度上保持自身的特定樣式。」〔註16〕原住民教育需要家庭、部落、學校及社會等不同行為主體間的密切配合和共同努力，才能獲得教育的話語權，突破原住民教育困境的重圍，促進作為個體「人」的發展以及教育的不斷完善。

　　但由於筆者學術能力有限，對本論題只能淺嘗輒止，對原住民教育的認知仍有許多漏洞及不足。如未能對我國臺灣其他地區的原住民教育問題進行深入的調查研究，以致於無法對整個臺灣原住民文化及教育發展形成全局觀的認識，這也是筆者寫作該論文的遺憾之一。

〔註16〕嚴鋒譯：《權力的眼睛——福柯訪談錄》，上海：上海人民出版社，1997 年，第 162 頁。

參考文獻

（以下按照首字母順序排序）

一、中文文獻

1. 〔巴西〕保羅‧弗雷勒著，方永泉譯：《受壓迫者教育學》，臺北：巨流出版社，2003 年。

2. 〔德〕海德格爾著，孫周興譯：《走向語言之途》，臺北：時報文化出版社，1993 年。

3. 〔法〕福柯著，劉北成、楊遠嬰譯：《瘋癲與文明：理性時代的瘋癲史》，北京：生活‧讀書‧新知三聯書店，1999 年。

4. 〔法〕福柯著，劉北成、楊遠嬰譯：《規訓與懲罰：監獄的誕生》，北京：三聯書店，1999 年。

5. 〔法〕福柯著，謝強、馬月譯：《知識考古學》，北京：生活‧讀書‧新知三聯書店，2003 年。

6. 〔法〕福柯著，嚴峰譯：《權力的眼睛：福柯訪談錄》，上海：上海人民出版社，1997 年。

7. 〔法〕列維‧斯特勞斯著，周昌忠譯：《神話學：生食和熟食》，北京：中國人民大學出版社，2007 年。

8. 〔加〕歐文‧戈夫曼著，宋立宏譯，《污名：受損身體管理箚記》，北京：商務印書館，2009 年。

9. 〔美〕愛德華‧W‧薩義德著，王宇根譯：《東方學》，北京：生活‧讀書‧新知三聯書店，2019 年。

10. 〔美〕傑羅姆‧布魯納著，宋文裏、黃小鵬譯：《布魯納教育文化觀》，北京：首都師範大學出版社，2011 年。

11.〔美〕羅伯特·雷德菲爾德，王瑩譯：《農民社會與文化：人類學對文明的一種詮釋》，北京：中國社會科學出版社，2013 年。

12.〔美〕瑪格麗特·米德著，周曉虹、周怡譯：《文化與承諾：一項有關代溝問題的研究》，石家莊：河北人民出版社，1987 年。

13.〔美〕歐文·戈夫曼著，黃愛華、馮鋼譯：《日常生活中的自我呈現》，杭州：浙江人民出版社，1989 年。

14.〔清〕陳英：《臺東志》，附錄於《臺灣歷史文獻叢刊第 81 種：臺東州採訪冊》，南投：臺灣省文獻委員會，1993 年。

15.〔清〕段玉裁：《說文解字注》，北京：中華書局，2013 年。

16.〔清〕胡傳：《臺東州採訪冊》，南投：臺灣省文獻委員會，1993 年。

17.〔清〕蔣毓英著，陳碧笙校注：《臺灣府志校注》，廈門：廈門大學出版社，1985 年。

18.〔清〕吳贊誠著，臺灣銀行經濟研究室編：《吳光祿使閩奏稿選錄》，臺北：臺灣銀行經濟研究室，1966 年。

19.〔日〕古野清人著，葉婉奇譯：《臺灣原住民的祭儀生活》，臺北：「原民」文化出版社，2000 年。

20.〔日〕鈴木質著，林川夫譯：《臺灣蕃人風俗志》，臺北：武陵出版社，1998 年。

21.〔日〕田中薰，楊男郡譯：《臺灣百年曙光——學術開創時代調查實錄》，臺北：南天書局，2005 年。

22.〔日〕小泉鐵著，黃延婷、何佩儀譯：《臺灣土俗志》，臺北：「原住民族委員會」，2014 年。

23. 奧格布、馮增俊、吳一慶：《教育理論中的互動模式和解釋模式》，《現代外國哲學社會科學文摘》，1988 年第 3 期。

24. 奧格布、馮增俊、吳一慶：《教育理論中的結構功能主義和生態學研究方法》，《現代外國哲學社會科學文摘》，1988 年第 3 期。

25. 奧格布、馮增俊、吳一慶：《教育人類學的分析框架》，《現代外國哲學社會科學文摘》，1988 年第 1 期。

26. 奧格布、馮增俊、吳一慶：《教育人類學的研究目的和研究方法》，《現代外國哲學社會科學文摘》，1988 年第 1 期。

27. 白明亮：《文化的教育思考》，《教育理論與實踐》，2001 年第 10 期。

28. 財團法人「原住民族文化事業基金會」:《107 年度原住民族電視臺收視調查研究報告》,2018 年 12 月。

29. 蔡元隆、張淑媚:《日治後期校園忠君愛國思想的強化:以嘉義市初等學校為例》,《臺北市立教育大學學報》,2009 年第 2 期。

30. 陳國強,林嘉煌著:《原住民文化》,上海:學林出版社,1988 年。

31. 陳國強編:《原住民風情錄》,成都:四川民族出版社,1994 年。

32. 陳國強編:《原住民神話傳說》,福州:福建人民出版社,1980 年。

33. 陳建樾:《從「化外」到「化內」——20 世紀 80 年代之前的臺灣「原住民」政策述評》,《民族研究》,2003 年第 4 期。

34. 陳蓮櫻:《臺灣原住民運動與原住民教育關係之探討》,《原住民教育季刊》,2004 年 6 月第 34 期。

35. 陳美珍:《原住民學童家庭教養與學業成就表現之探討——以大武山國小為例》,屏東大學教育學系碩士論文,2015 年。

36. 陳明仁:《東臺灣歷史再現中的族群與異己——以胡傳之〈臺東州採訪冊〉的原住民書寫為例》,臺北:稻鄉出版社,2005 年。

37. 陳奇祿、李亦園及唐美君著:《日月潭邵族調查報告》,臺北:南天書局有限公司,1958 年。

38. 陳憲明、汪明輝:《臺灣山地鄉的酒類消費與飲酒問題》,《師大地理研究報告》,1993 年第 20 期。

39. 陳佑升:《酗酒者子女的原生家庭經驗》,臺南大學諮商與輔導學系碩士論文,2009 年。

40. 陳昱升:《原住民族群教育在國教體系下的迷失》,《國教新知》,2012 年第 59 卷第 1 期。

41. 陳枝烈:《都市原住民兒童適應問題之探討——二個兒童的晤談》,《原住民教育季刊》,1996 年第 1 期。

42. 陳枝烈:《排灣族文化之田野研究及其對國小社會科課程設計之啟示》,臺灣高雄師範大學教育研究所博士論文,1994 年。

43. 陳枝烈:《臺灣原住民教育》,臺北:臺灣師範大學師苑出版社,1997 年。

44. 陳枝烈:《原住民族教育:18 年的看見與明白》,屏東:臺灣屏東教育大學出版社,2010 年。

45. 鄧毓浩:《從民族主義論臺灣原住民教育實施之研究》,臺灣師範大學

「三民主義」研究所博士論文，1996 年。

46. 董建輝、張雪婷：《規訓之術：日據時期的臺灣原住民教育》，《廈門大學學報（哲學社會科學版）》，2019 年第 4 期。

47. 董建輝、鄭偉斌：《文化「理蕃」：日本對臺灣原住民族的殖民統治》，《廈門大學學報（哲學社會科學版）》，2017 年第 1 期。

48. 達西烏拉彎・畢馬（田哲益）：《走入布農的世界》，臺北：海翁出版社，1998 年。

49. 馮增俊：《教育人類學芻議》，《當代研究生》，1986 年第 2 期。

50. 高慧娟、呂芳川：《原住民勞工節制飲酒改變歷程之探討：以東部某部落為例》，《慈濟大學人文社會科學學刊》，2015 年第 19 期。

51. 高偉光：《屏東縣原住民國小學生父母教養方式與情緒智力關係之研究》，屏東大學社會發展學系碩士論文，2018 年。

52. 宮本延人，楊南郡譯：《羈旅殘映》，《臺灣百年曙光——學術開創時代調查實錄》，臺北：南天書局，2005 年。

53. 郭佑慈：《日治時期臺東廳一般行政區原住民教育探討——以臺東廳馬蘭社、卑南社為例》，《臺灣原住民研究》，2011 年第 4 期。

54. 國分直一，楊南郡譯：《蕃界南路山海行》，《臺灣百年曙光——學術開創時代調查實錄》，臺北：南天書局，2005 年。

55. 國家語言文字工作委員會組編：《中國語言生活狀況報告 2019》，北京：商務印書館，2019 年。

56. 洪川：《教育人類學述評》，《西南師範大學學報》，1987 年第 3 期。

57. 黃惠慈：《原住民社區家庭教育推廣的工作模式》，《原住民教育季刊》，2000 年第 3 期。

58. 洪俊暉：《控制與動員：日治時期臺灣總督府對阿美族的治理》，臺灣師範大學臺灣文化及語言文學研究所碩士論文，2011 年。

59. 何美瑤：《從家庭因素探究原住民父母教育觀之學業成就之研究》，《學校行政》，2006 年第 41 期。

60. 黃瑞祺主編：《再見福柯：福柯晚期思想研究》，杭州：浙江大學出版社，2008 年。

61. 黃思：《臺灣原住民部落文化健康站之可近性分析》，東海大學公共事務碩士專班碩士論文，2020 年。

62. 後山文化工作協會著：《臺東耆老口述歷史篇》，臺東：臺東縣立文化中心，1999 年。

63. 郝時遠：《臺灣「原住民」教育問題論述》，《中央民族大學學報（哲學社會科學版）》，2003 年第 5 期。

64. 黃行：《漢語拼音與少數民族文字拼音化》，《語言教學與研究》，2012 年第 5 期。

65. 黃雅平：《以多元文化理論探討原住民教育政策之論述與實踐》，臺灣暨南國際大學公共行政與政策學系碩士畢業論文，2006 年。

66. 李安民：《關於文化涵化的若干問題》，《中山大學學報（哲學社會科學版）》，1988 年第 4 期。

67. 李季順：《原住民教育一條鞭體制之建構：走出一條生路》，臺北：臺灣展望文教基金會，2005 年。

68. 李孔文、王嘉毅：《福柯知識權力理論及其教育學意蘊》，《華東師範大學學報（教育科學版）》，2011 年第 29 卷第 3 期。

69. 李天雪：《民族過程：文化變遷研究的新視角》，《廣西民族研究》，2005 年第 4 期。

70. 李亦園：《社會文化變遷中的臺灣原住民青少年問題：五個村落的比較研究》，「中央」研究院民族學研究所集刊 48，臺北：「中央」研究院民族學研究所，1979 年。

71. 李亦園：《臺灣土著民族的社會與文化》，臺北：聯經出版社，1982 年。

72. 李亦園等：《馬太安阿美族的物質文化》，臺北：「中央」研究院民族學研究所，1962 年。

73. 李亦園等著：《南澳的泰雅人》，臺北：「中央」研究院民族學研究所，1964 年。

74. 李亦園與許木柱：《社會文化變遷與原住民青少年問題：以環山泰雅族為例的初步研究》，刊於文崇一、李亦園、楊國樞等編：《社會變遷中的青少年問題研討會論文專集》，「中央」研究院民族學研究所專刊之 24，臺北：「中央」研究院民族學研究所。

75. 李瑛：《原住民成人教育與轉型學習理論初探》，《成人教育》，1996 年第 33 期。

76. 連橫：《臺灣通史（下冊）》，北京：商務印書館，2017 年。

77. 廖千惠、許智香:《生命的揉雜與創生:另一種對臺灣原住民文化處境與教育的思考與解讀》,《原住民教育季刊》,2006 年第 6 期。

78. 林惠祥:《臺灣番族之原始文化(影印本)》,上海:上海文藝出版社,1991 年。

79. 林惠祥:《中國民族史》,上海:上海書店,1937 年。

80. 林品桐譯著:《總督府檔案專題翻譯(八)教育系列之一:臺灣總督府公文類纂教育史料彙編與研究(明治二十九年七月至明治三十四年十二月)(下)》,南投:臺灣省文獻委員會,2001 年。

81. 劉春榮、吳清山、陳明終:《都會原住民兒童生活適應與學習適應及其關聯研究》,《初等教育學刊》,1995 年第 4 期。

82. 劉克襄譯著:《後山探險:十九世紀外國人在臺灣東海岸的旅行》,臺北:自立晚報社文化出版部,1992 年。

83. 鹿野忠雄,楊南郡譯:《山、雲與蕃人——臺灣高山紀行》,臺北:玉山社,2000 年。

84. 呂秋華:《線上遊戲小學生玩家經驗之質性研究》,屏東師範學院教育心理與輔導學系碩士論文,2005 年。

85. 馬克斯・韋伯著,康樂等譯:《經濟與歷史 支配的類型》,桂林:廣西師範大學出版社,2010 年。

86. 馬淵東一著,楊南郡譯:《臺灣原住民族移動與分布》,新北:「原住民族委員會」,臺北:南天書局,2014 年。

87. 孟祥瀚編纂:《增修臺東縣史・教育篇》,臺東:臺東縣政府,2018 年。

88. 莫那能口述,劉孟宜整理:《一個臺灣原住民的經歷》,臺北:人間出版社,2014 年。

89. 牟中原、汪幼絨:《原住民教育》,臺北:師大書苑有限公司,1997 年。

90. 鳥居龍藏著,楊南郡譯:《探險臺灣:鳥居龍藏的臺灣人類學之旅》,臺北:遠流出版社,2012 年。

91. 鳥居龍藏著,林琦譯:《紅頭嶼土俗調查報告》,臺北:唐山出版社,2016 年。

92. 歐柏伶:《布農族神話故事應用於校園彩繪牆製作之研究——以花蓮縣卓溪國小為例》,臺東大學美術產業學系碩士論文,2017 年。

93. 潘裕豐:《析論原住民族教育之師資培育政策》,《臺灣原住民研究論叢》,

2009 年第 6 期。

94. 蒲忠成：《日治時期對於原住民的教化及其影響》，《當代教育研究》，2005年第 4 期。

95. 森丑之助，楊南郡譯：《生蕃行腳——森丑之助的臺灣探險》，臺北：遠流出版社，2012 年第三版。

96. 石與華：《淺談都市原住民教育之發展——臺北市原住民教育現狀》，《原住民教育季刊》，2001 年第 2 期。

97. 宋龍生：《卑南公學校與卑南族的發展》，南投：臺灣文獻館，2002 年。

98. 宋龍生：《臺灣原住民史：卑南族史篇》，南投：臺灣省文獻委員會，1998年。

99. 宋龍生：《臺灣原住民史料彙編 4：卑南族的社會與文化（上冊）》，南投：臺灣省文獻委員會，1997 年。

100. 宋龍生：《臺灣原住民史料彙編 4：卑南族的社會與文化（下冊）》，南投：臺灣省文獻委員會，1997 年。

101. 孫大川：《Baliwakes：跨時代傳唱的部落音符——卑南族音樂靈魂陸森寶》，宜蘭：傳統藝術中心，2007 年。

102. 孫大川：《夾縫中的族群建構：臺灣原住民的語言、文化與政治》，臺北：聯合文學出版社，2010 年第 2 版。

103. 孫大川：《久久酒一次》，臺北：張老師文化出版社，1991 年。

104. 孫大川：《山海世界：臺灣原住民心靈世界的摹寫》，臺北：聯合文學出版社，2010 年。

105. 臺灣省文獻委員會編：《日本據臺初期重要檔案》，臺中：臺灣省文獻委員會，1977 年。

106. 臺灣總督府警察本署編，陳金田等譯：《日據時期原住民行政志稿第三卷（原名：理蕃志稿）》，南投：臺灣省文獻委員會，1998 年。

107. 臺灣總督府警務局理蕃課編，陳連濬譯：《理蕃之友・第一卷》，新北：「原住民族委員會」，2016 年。

108. 臺灣總督府警務局理蕃課編，黃幼欣譯：《理蕃之友・第二卷》，新北：「原住民族委員會」，2016 年。

109. 臺灣總督府警務局理蕃課編，陳瑜霞譯：《理蕃之友・第三卷》，新北：「原住民族委員會」，2016 年。

110. 臺灣總督府臨時臺灣舊慣調查會著,「中央」研究院民族學研究所編譯:《番族慣習調查報告書（第二卷）》,臺北:「中央」研究院民族學研究所,2000 年。

111. 臺灣總督府臨時臺灣舊慣調查會著,「中央」研究院民族學研究所編譯:《蕃族調查報告書》,臺北:「中央」研究院民族學研究所,2015 年。

112. 譚光鼎:《被扭曲的他者:教科書中原住民偏見的檢討》,《課程與教學季刊》,2008 年第 4 期。

113. 譚光鼎:《原住民學生適應與流失問題——新竹縣原住民學生的探究》,《原住民教育季刊》,2002 年第 3 期。

114. 譚光鼎:《臺灣原住民教育:從廢墟到重建》,臺北:臺灣師範大學書苑,2002 年。

115. 譚光鼎:《原住民教育研究》,臺北:五南圖書出版公司,1998 年。

116. 湯仁燕:《臺灣原住民的文化認同與學校教育重構》,《教育研究集刊》,2002 年第 4 期。

117. 滕星、蘇紅:《多元文化社會與多元一體教育》,《民族教育研究》,1997 年第 1 期。

118. 滕星:《回顧與展望:中國教育人類學發展歷程——兼談與教育社會學的比較》,《中南民族大學學報》,2006 年第 5 期。

119. 滕星:《涼山彝族社區學校實施彝漢雙語教育的必要性》,《民族教育研究》,2000 年第 1 期。

120. 滕星:《壯漢雙語教育的問題及轉向》,《廣西民族大學學報（哲學社會科學版）》,2012 年第 4 期。

121. 滕星:《民族教育概念新析》,《民族研究》,1998 年第 2 期。

122. 滕星:《中華民族多元一體格局中的新疆雙語教育》,《新疆教育學院學報》,2011 年第 1 期。

123. 滕星:《民族文化傳承與雙語教育發展》,《思想戰線》,2015 年第 2 期。

124. 藤井志津枝:《日治時期臺灣總督府理蕃政策》,臺北:文英堂出版社,1997 年。

125. 田富達、陳國強:《原住民民俗》,北京:民族出版社,1995 年。

126. 王川:《教育人類學》,《外國教研》,1987 年第 2 期。

127. 王連生:《教育人類學的基本原理與應用之研究》,臺北:「教育部」教育

計劃小組，1980 年。

128. 王雅萍：《到他者的學習之路——原住民教育課程的行動實踐與反思》，臺北：臺灣政治大學出版社，2015 年。

129. 王雅玄：《進入情境與歷史：臺灣原住民教師的多元文化素養及其實踐》，《臺東大學教育學報》，2008 年第 1 期。

130. 王雅玄：《臺灣原住民學校教育溯源——日治時期山地初等教育研究》，《臺灣初等教育學刊》，1999 年第 7 期。

131. 王友葉：《福柯的知識——權力理論闡釋及當代發展》，安徽大學社會學碩士畢業論文，2018 年。

132. 維克多·特納著，黃劍波、柳博贇譯：《儀式過程：結果與反結構》，北京：中國人民大學出版社，2006 年。

133. 吳福蓮：《從文化的觀點看原住民教育》，族群互動與泰雅族文化變遷學術研討會（花蓮慈濟大學），2000 年。

134. 吳仁華：《臺灣光復初期教育轉型研究（1945～1949）》，福州：福建教育出版社，2008 年。

135. 吳天泰：《原住民教育概論》，臺北：五南圖書出版公司，1998 年。

136. 吳文藻：《論社會學中國化》，北京：商務印書館，2010 年。

137. 吳曉蓉、張詩亞：《貴州省民族文化進校園的教育人類學考察》，《民族教育研究》，2011 年第 3 期。

138. 小川尚義，淺井惠倫：《臺灣高砂族原語傳說集（翻印）》，臺北：南天書局，1995 年。

139. 夏曼·藍波安：《冷海情深》，臺北：聯合文學出版社，2010 年 4 月第 2 版。

140. 夏曉鵑：《失神的酒：以酒為鑒初探原住民社會資本主義化過程》，《臺灣社會研究季刊》，2010 年 3 月第 77 期。

141. 謝世忠：《認同的污名——臺灣原住民的族群變遷》，臺北：自立晚報社，1987 年。

142. 徐敏民：《日語教育是奴化教育的尖兵》，《探索與爭鳴》，1995 年第 12 期。

143. 徐佑驊、林雅慧、齋藤啟介：《日治臺灣生活事情》，臺北：翰蘆圖書，2016 年。

144. 許世珍：《雅美族紅頭嶼社傳說一則》，「中央」研究院民族學研究所集

刊，1960 年第 9 期。

145. 許錫慶譯：《臺灣教育沿革志》，南投：臺灣文獻館，2010 年。

146. 許育典：《人的自我實現作為原住民教育基本權的核心結構》，《成大法學》，2002 年第 3 期。

147. 許育典：《文化差異、多元文化國與原住民教育權》，《成大法學》，2002 年第 4 期。

148. 許志庭：《課程內容篩選的階級權力及其影響性——以原住民的教育困境為例》，《原住民教育季刊》，2000 年第 1 期。

149. 楊翠雲、林惠如、馮翠霞：《以傅柯知識權力觀點論述健康團體角度下的戒檳榔行為》，《高雄護理雜誌》，2013 年第 30 卷第 3 期。

150. 嚴鋒譯：《權力的眼睛——福柯訪談錄》，上海：上海人民出版社，1997 年。

151. 楊士範：《地方方志、原住民飲酒描述與族群政治——一個知識社會學角度的考察》，《臺灣原住民族研究季刊》，2012 年 6 月第 5 卷第 2 期。

152. 姚克明：《雅美族與健康有關的生活方式及其特異的衛生觀念與行為之調查研究》，臺北：臺灣省公共衛生研究所，1982 年。

153. 伊能嘉矩，粟野傳之丞：《臺灣蕃人事情》，臺北：臺灣總督府民政局文書課，1900 年。

154. 伊能嘉矩著，臺灣文獻館譯：《臺灣文化志（下冊）》，新北：大家出版社，2017 年。

155. 伊能嘉矩著，溫吉編譯：《臺灣番政志》，臺北：臺灣省文獻會，1957 年。

156. 餘光弘：《環山泰雅人的社會文化變遷與青少年調適》，臺灣大學考古人類研究所碩士論文，1976 年。

157. 袁同凱：《George D. Spindler 與文化教育人類學的成長——兼述弱勢群體或少數民族在學業上遭遇的不公待遇》，《西北民族研究》，2010 年第 3 期。

158. 詹棟樑：《教育人類學》，臺北：五南圖書出版公司，1986 年。

159. 詹棟樑：《教育人類學理論》，臺北；五南圖書出版公司，1989 年。

160. 張善楠、黃毅志：《臺灣原漢族別、社區與家庭對學童教育的影響》，臺北：師大書苑，1999 年。

161. 張詩亞：《多元文化與民族教育價值取向問題》，《西北師大學報（社會科學版）》，2005 年第 6 期。

162. 張詩亞：《共生教育論：西部農村貧困地區教育發展的新思路》，《當代教育與文化》，2009 年第 1 期。

163. 莊孔韶：《人類學與中國教育的進程》，《民族教育研究》，2000 年第 2 期。

164. 莊孔韶：《教育人類學》，哈爾濱：黑龍江教育出版社，1989 年。

165. 周德禎：《從同化、族群認同到族群融合——以原住民教育作為討論的起點》，《原住民教育季刊》，1997 年第 8 期。

166. 中國科學院民族研究所福建少數民族社會歷史調查組編：《原住民簡史簡志合編》，中國科學院民族研究所福建少數民族社會歷史調查組，1959 年。

167. 中國教育學會編：《多元文化教育》，臺北：臺灣書店，1993 年。

168. 芝苑・阿仁、劉建政、林江義：《淡江中學的原住民族教育》，《原教界——原住民教育情報志》，2006 年第 8 期。

169. 鄭重信：《教育人類學導論》，臺北：「教育部」教育計劃小組，1980 年。

170. 鄭偉斌、董建輝：《臺灣原住民族傳統人名製度及其變遷》，《三峽論壇》，2016 年第 6 期。

171. 趙素貞：《臺灣原住民族語教育政策之分析》，屏東教育大學教育行政所博士論文，2010 年。

172. 張耀宗：《文化差異、民族認同與原住民教育》，《屏東教育大學學報》，2007 年第 26 期。

173. 張耀宗：《臺灣原住民教育史研究（1624～1895）》，臺灣師範大學教育研究所博士論文，2003 年。

174. 張耀宗：《「殖民現代性」作為論述日治時期臺灣教育的一個研究面向》，《彰化師大教育學報》，2013 年第 23 期。

175. 張耀宗：《牡丹社事件後清代臺灣原住民義學的發展》，《市北教育學刊》，2014 年第 46 期。

176. 鄭政誠：《認識他者的天空：日治時期臺灣原住民的觀光行旅》，臺北：博揚文化事業有限公司，2005 年。

177. 張中元：《日治時期原住民初等教育之探究——以呂家公學校（1905～1945）為例》，臺東大學教育研究所教育行政碩士論文，2005 年。

二、外文文獻

1. 北村嘉惠：《日本植民地下の臺灣先住民教育史》，札幌：北海道大學出版會，2008 年。

2. 松田吉郎：《臺灣原住民と日本語教育——日本統治時代臺灣原住民教育史研究》，東京：晃洋書房，2004 年。

3. 臺北「帝國」大學土俗・人種學研究室：《臺灣高砂族系統所屬の研究》，東京：刀江書院，1935 年。

4. 臺灣總督府官方文書課：《蕃人公學校ノ一（現況）》，臺灣總督府第九統計書，1907 年。

5. 臺灣總督府官房調查課：《蕃人公學校ノ一（現況）》，臺灣總督府第二十五年統計書，1923 年。

6. 臺灣總督府警務局編：《高砂族の教育》，臺北：成文出版社有限公司，1999 年。

7. 臺灣總督府民政部內務局學務科：《公學校一覽其二（蕃人公學校）》，臺灣總督府學事第八年報，1912 年。

8. 臺灣總督府民政部學務部：《公立學校一覽（4）公學校（其二）（蕃人公學校）》，臺灣總督府學事第十六年報，1919 年。

9. 臺灣總督府內務局文教科：《蕃人學齡兒童（總數）》，臺灣總督府學事第二十二年報，1926 年。

10. 臺灣總督府內務局學務科：《公立學校一覽（4）蕃人公學校》，臺灣總督府學事第十七年報，1920 年。

11. J. U. Ogbu. Cultural Discontinuities and Schooling: A Problem in Search of An Explanation. Anthropology and Education Quarterly 1982 (4).

12. J. U. Ogbu. Variability in Minority School Performance: A Problem in Search of An Explanation. Anthropology and Education Quarterly 1987 (4).

13. J. U. Ogbu. H. D. Simons. Voluntary and Involuntary Minorities: A Cultural-ecological Theory of School Performance with Some Implications for Education. Anthropology and Education Quarterly 1998 (2).

三、報刊

1.《ハイトウンから　農業講習生來北》,《臺灣日日新報》,1939-10-24（02）。

2.《蕃人讀本編纂》,《臺灣日日新報》,1915-10-01（02）。

3.《蕃人觀光之效果》,《臺灣日日新報（漢文版）》,1907-12-18（02）。

4.《蕃人教育の福音　蕃人讀本一二卷成る》,《臺灣日日新報》,1915-05-04（07）。

5. 《蕃人青年團の幹部講習會》,《臺灣日日新報》,1936-02-20（05）。

6. 《蕃人任學校教員》,《臺灣日日新報（漢文版）》,1905-12-15（02）。

7. 《蕃童生徒來北》,《臺灣日日新報》,1912-03-05（02）。

8. 《蕃族出身之二青年》,《臺灣日日新報》,1907-11-12（05）。

9. 《高砂族青年が　檜舞臺で獅子吼　全國雄辯大會に臺灣代表として　ナンリユウ君が登壇》,《臺灣日日新報》,1940-03-17（05）。

10. 《建築臺東神社》,《臺灣日日新報》,1909-06-06（06）。

11. 《教育蕃人》,《臺灣日日新報（漢文版）》,1908-07-08（02）。

12. 《臺東蕃地蔬菜賽會》,《臺灣日日新報（漢文版）》,1923-06-23（06）。

13. 《臺東蕃觀光感想》,《臺灣日日新報（漢文版）》,1906-12-26（02）。

14. 《臺東蕃人觀光》,《臺灣日日新報》,1915-05-23（07）。

15. 《臺東蕃人授產茶煙試作》,《臺灣日日新報（漢文版）》,1936-05-06（04）。

16. 《臺東觀光蕃人の到著》,《臺灣日日新報》,1909-07-22（02）。

17. 《臺東農會》,《臺灣日日新報（漢文版）》,1910-04-15（03）。

18. 《臺東農會新港支會農產品評及教衛展》,《臺灣日日新報（漢文）》,1936-01-19（04）。

19. 《臺中通信臺東蕃童來遊》,《臺灣日日新報》,1912-03-05（05）。

20. 《臺東農會の設立》,《臺灣日日新報》,1908-11-24（01）。

21. 《昨年之教育事業（上）》,《臺灣日日新報（漢文版）》,1906-01-07（03）。

四、電子資源

1. 臺東大南國小網站:http://www.dnps.ttct.edu.tw/bin/home.php、https://school.boe.ttct.edu.tw

2. 臺東教育處網站:http://www.ttct.edu.tw/home2/page06.php、http://www.ttct.edu.tw/home2/page05.php

3. 臺東蘭嶼國小網站:http://co.boe.ttct.edu.tw/data/108/144685/108

4. 臺東武陵國小網站:
http://sfs.boe.ttct.edu.tw/data/144690/school/docup/mariok_330_107%BE%C7%A6~%AE%D5%A5Z-%AAZ%B3%AE%B0%EA%A4p.pdf

5. 臺東縣大武國小網站:http://co.boe.ttct.edu.tw/data/108/144637/108

6. 臺灣教育統計處網站:https://stats.moe.gov.tw/statedu/chart.aspx?pvalue=41

跋

　　時至今日，我仍記得在廈門大學圖書館二樓 B 區，伴著電腦和一摞摞圖書資料度過蟬鳴的夏季、和煦的秋季和詩意的冬季。在博士論文的誕生過程中，我時而彷徨，時而焦慮，時而興奮，時而感動，期待我的論文「寶寶」能夠早日「出生」。

　　業師董建輝教授在我的學術道路上對我影響頗深。從博士論文的選題、開題、初稿、二稿、三稿……答辯，業師在百忙之中仍為我指導論文，提出寶貴的修改建議，看著滿屏的批註我讀懂了業師的良苦用心。業師曾說過：「你以後就是吃學術這口飯的，對待學術首先一定要有嚴謹的態度。」令我記憶猶新。業師對待人生豁達樂觀的態度也深刻感染了我，自帶「俠客」氣息的董老師在人生道路上為我們後輩解憂，「要沒心沒肺才開心，人生就是這樣」。我知道老師所說的「沒心沒肺」指的是讓我們不要太鑽牛角尖，要心胸開闊，目光長遠，積極向上，永遠對生活充滿無限的熱情，這樣才能收穫內心的安寧與幸福。師母徐雅芬老師更是把我們當做自家兒女對待，對我關愛有加，特此感謝！

　　此外，還要感謝臺灣政治大學的張中復教授、臺東大學的林清財教授以及梁忠銘教授、花蓮慈濟大學的潘朝成教授、臺灣藝術大學的李國坤教授、桃園的施瀚星一家人以及臺東卑南族吳花枝、孫優女、孫秀女、孫菊花、孫來春、孫大山一家、林蕙瑛、何李春花、林清美、布農族江八郎、各個小學的校長以及部落的族人。特別感謝吳花枝阿姨，為我們提供食宿並對我們關愛有加。正是因為有這些教授和原住民朋友們的幫助，我的調查研究才得以順利開展，能夠認識他們也是我的幸運，是我人生的寶貴財富。

最後，再次感謝業師董建輝教授的推薦，感謝花木蘭文化出版社的賞識，感謝出版社楊嘉樂老師以及其他工作人員的幫助和協助，使我的拙作得以出版，和讀者見面，並接受專家、教授、學者及同行的批評。

2022 年 8 月 1 日

於重慶